CHURCHILL E ORWELL

Título original:
Churchill and Orwell

Tradução: Miguel Mata
Revisão: Edmundo Vale Cruz

Capa de FBA
Na capa:
Winston Churchill: © Library of Congress/Corbis/VCG via Getty Images
George Orwell: © Popperfoto/Getty Images

Depósito Legal n.º 447927/18

Biblioteca Nacional de Portugal – Catalogação na Publicação

RICKS, Thomas E., 1955-

Churchill e Orwell: a luta pela
liberdade. - (Extra-coleção)
ISBN 978-972-44-2129-2

CDU 929

Paginação:
João Jegundo

Impressão e acabamento:
PENTAEDRO, LDA.
para
EDIÇÕES 70
em
outubro de 2018

EDIÇÕES 70, uma chancela de Edições Almedina, S.A.
Avenida Engenheiro Arantes e Oliveira, 11 – 3.º C - 1900-221 Lisboa / Portugal
e-mail: geral@edicoes70.pt

www.edicoes70.pt

Thomas E. Ricks

CHURCHILL E ORWELL

A LUTA PELA LIBERDADE

70

Dedicado a todos os que procuram
preservar as nossas liberdades.

Índice

CAPÍTULO 1

DOIS WINSTONS

No dia 13 de dezembro de 1931, um político inglês de cinquenta e sete anos de idade, membro do parlamento mas indesejado no governo formado pelo seu partido, saiu de um táxi na Quinta Avenida, em Nova Iorque.[1] Estava na cidade para uma digressão como palestrante para tentar recuperar uma parte da pequena fortuna que tinha perdido na queda da Bolsa, dois anos antes. Sendo inglês, e estando possivelmente distraído pelas suas preocupações, olhou para o lado errado da avenida e não viu o automóvel que se deslocava a cerca de 50 km/h: foi atirado para o passeio e arrastado, ficou com algumas costelas partidas e um lanho na cabeça. Se tivesse morrido, hoje era recordado por meia dúzia de especialistas na história britânica do princípio do século XX. Mas não morreu. Chamava-se Winston Churchill.

Quase seis anos depois, a 20 de maio de 1937, outro inglês acordou antes do amanhecer e saiu da sua toca desconfortável numa trincheira da Guerra Civil de Espanha, no nordeste do país, relativamente perto dos Pirenéus. Apesar de ser um soldado, a sua verdadeira profissão era escritor, um autor menor de romances medíocres que não vendiam grande coisa. Considerava-se de esquerda, mas no seu livro mais recente, no qual se tinha virado para a sociologia jornalística e estudado os pobres de Inglaterra, havia causado algum sururu e talvez perdido alguns amigos por criticar os socialistas. No entanto, em Espanha, estava integrado nas forças socialistas pró-governamentais da República. Era um homem alto e, ao deslocar-se pelas trincheiras viradas para oeste para ver como estavam os homens da sua secção, ficou com a cabeça recortada pelo sol que se erguia por trás. A cerca de 175 metros de distância, um atirador especial nacionalista viu-o e disparou uma bala de 7 mm revestida de cobre.[2] O tiro foi certeiro: a bala atravessou a parte inferior do pescoço do inglês, falhando uma carótida por pouco. Ele caiu atordoado. Sabia que tinha sido atingido, mas estava em estado de choque e não percebia onde se encontrava. Quando lhe disseram que fora no pescoço, preparou-se para morrer dentro de minutos – nunca tinha ouvido falar em ninguém que tivesse sobrevivido àquele tipo de ferimento. Se tivesse morrido, talvez hoje fosse recordado apenas por meia dúzia de especialistas nos romancistas ingleses menores de meados do século XX. No entanto, não morreu. Chamava-se Eric Blair, mas o seu pseudónimo literário era George Orwell.

Aparentemente, eram dois homens muito diferentes. Churchill era mais robusto em todos os aspetos: nasceu vinte e oito anos antes de Orwell e morreu quinze anos depois. Contudo, em alguns aspetos fundamentais, eram almas gémeas. Nos seus anos cruciais, que se sobrepuseram em meados do século, debateram-se com as mesmas questões: Hitler e o fascismo, Estaline e o comunismo, a América e a sua preensão em relação à Grã-Bretanha. Responderam com as mesmas qualidades e instrumentos: o seu intelecto, a sua confiança nas próprias conclusões, mesmo quando criticados pela maior parte dos seus contemporâneos, e a sua perícia extraordinária com as palavras. E nortearam-se ambos pelos princípios nucleares da democracia liberal: liberdade de pensamento, de expressão e de associação.

Os seus caminhos nunca se cruzaram[3], mas admiravam-se mutuamente à distância, e quando George Orwell começou a escrever *1984* chamou «Winston» ao seu herói. Churchill gostou tanto do livro que o leu duas vezes[4].

Não obstante todas as diferenças, a sua prioridade dominante, o compromisso com a liberdade humana, deu-lhes uma causa comum. E eles foram efetivamente dois homens muito dissimilares, com percursos de vida bastante diferentes. A extroversão exuberante de Churchill, a sua perícia com a palavra falada e a urgência de uma defesa desesperada durante a guerra conduziram-no a um triunfo comunitário que contribuiu muito para moldar o mundo em que vivemos. A personalidade cada vez mais fleumática e introvertida de Orwell, combinada com um idealismo firme e com o compromisso com a exatidão na observação e na escrita, levaram-no, enquanto escritor, a lutar para proteger a privacidade do indivíduo no mundo moderno.

Um dos problemas de abordar ambos em simultâneo é que Churchill continua a ser uma presença sonora e persistente. Se olharmos para qualquer acontecimento dos anos 40, vemo-lo a participar ou a discursar sobre ele e depois, passados alguns anos, a escrever sobre o assunto. Um membro do governo queixou-se uma vez que debater com Churchill era como «discutir com uma banda de metais»[5]. O filósofo político Isaiah Berlin disse que Churchill via a vida como um desfile liderado por si próprio[6]. «Devo dizer que gosto de cores vivas», escreveu Churchill. «Não fingir que sou imparcial em relação às cores. Gosto das garridas e tenho muita pena dos pobres castanhos»[7].

Em meados do século XX, ambos mostraram o caminho, em termos políticos e intelectuais, ao reagiram às ameaças totalitárias do fascismo e do comunismo. No dia em que a Grã-Bretanha entrou na Segunda Guerra Mundial, Churchill declarou: «Trata-se de uma guerra, vista na sua natureza inerente, para estabelecer e ressuscitar a estatura do homem.»[8] Dois anos mais tarde, Orwell expressou com preocupação a mesma ideia no seu estilo mais simples: «Vivemos numa época em que o indivíduo autónomo está a desaparecer.»[9]

Orwell e Churchill reconheceram que a grande questão do século, em última análise, não era quem controlava os meios de produção, como Marx julgara, nem como funcionava a psique humana, como Freud ensinara, mas sim como preservar a liberdade do indivíduo numa era em que o Estado se estava a tornar poderosamente intrusivo na vida privada. O historiador Simon Schama descreveu-os como os arquitetos do seu tempo[10]. Eles foram, disse Schama, «aliados muitíssimo improváveis»[11]. A sua causa comum foi impedir que a vaga de «assassínios de Estado», que começou a aumentar nos anos 20 e 30 atingindo o pico na década de 40, continuasse a crescer.

* * *

Um dia, nos anos 50, um dos netos de Churchill assomou à porta do avô. É verdade, perguntou a criança, que o senhor é o homem mais importante do mundo? Churchill, numa forma tipicamente sua, respondeu: «Sim, e agora põe-te a andar.»[12]

A teoria histórica do «Grande Homem» é muito criticada nos nossos dias. No entanto, às vezes, os indivíduos têm muito peso. Churchill e Orwell tiveram um impacto duradouro na forma como vivemos e pensamos. Não foram os criadores do Ocidente próspero e liberal do pós-guerra – com o seu crescimento económico sustentado e a sua expansão dos direitos iguais para as mulheres, negros, homossexuais e minorias marginalizadas –, mas os seus esforços contribuíram para criar as condições políticas, físicas e intelectuais que tornaram esse mundo possível.

Admirava-os desde há muito tempo separadamente, mas interligaram-se para mim quando interrompi durante algum tempo a minha cobertura jornalística da Guerra do Iraque e estudei a Guerra Civil de Espanha de 1936-1939. Ao investigar a participação de Orwell, dei-me conta de que ele e Churchill tinham sido correspondentes de guerra, tal como eu era na altura. Orwell cobriu a guerra em Espanha, na qual também combateu, e Churchill fez o mesmo na Guerra dos Bóeres, em 1899-1902[13].

* * *

Quem foram estes homens, que argumentos usaram para preservar um espaço para o indivíduo na vida moderna e como formaram as suas opiniões?

Este livro centra-se no ponto fulcral das suas vidas, as décadas de 30 e 40. O cerne das histórias de ambos reside no mesmo período crucial, da ascensão dos nazis ao pós-Segunda Guerra Mundial. Neste período, quando tantos dos seus pares desistiram da democracia, considerando-a um fracasso, nem um nem outro perderam de vista o valor do indivíduo no mundo e tudo o que isto significa: o direito de discordar da maioria, o direito de estar persistentemente errado, o direito de desconfiar do poder da maioria e a necessidade de afirmar que as autoridades supremas podem estar erradas – em especial, quando aqueles que ocupam o poder acreditam convictamente que não estão.

Tal como Orwell escreveu, «Se a liberdade significa alguma coisa, é o direito de dizer às pessoas o que não querem ouvir»[14] – em especial, na sua perspetiva, factos que não queriam reconhecer. Orwell procurou exercer este direito durante toda a sua vida.

Churchill contribuiu para nos dar a liberdade de que hoje usufruímos. Os escritos de Orwell sobre a liberdade influenciam a forma como pensamos sobre ela. A vida e a obra de ambos compreendem-se melhor neste contexto. E nós compreenderemos melhor o mundo em que vivemos, e talvez fiquemos mais bem preparados para lidar com ele como eles lidaram tão bem com o seu.

Olhemos agora para eles quando eram jovens e começaram o seu percurso.

CAPÍTULO 2

CHURCHILL, O AVENTUREIRO

Num dia tipicamente chuvoso de dezembro de 1884, em Brighton, no sul de Inglaterra, Winston Churchill, um garoto ruivo de dez anos recém-matriculado na Miss Thomson's School, pôs-se a puxar a orelha a outro miúdo durante a aula de belas-artes. A vítima fartou-se e espetou um canivete no peito do seu algoz, o jovem Winston.

Churchill não teve problema nenhum em admitir que tinha sido «um rapaz problemático»[1]. No entanto, omitiu o incidente nos seus escritos autobiográficos, talvez porque até a sua mãe o culpou. «Não tenho dúvida nenhuma de que o Winston apoquentou terrivelmente o garoto – que seja uma lição para ele»,[2] escreveu Jennie Churchill ao pai de Winston, que estava na Índia. Além do mais, disse ela, a lâmina só tinha penetrado meio centímetro na carne do filho, o bastante como aviso mas não para causar uma ferida grave. Um mês depois, quando recebeu a notícia, Lorde Randolph Churchill, o pai dissoluto, respondeu com petulância: «Espero que não haja mais facadas.»

Hoje em dia, pais como os de Churchill arriscam-se a ser acusados de negligência criminosa. O pai, uma figura em ascensão no Partido Conservador, mal terá falado com o filho. Décadas mais tarde, Churchill escreveu que só se lembrava de ter tido «três ou quatro conversas íntimas com ele»[3]. Quando estava na escola em Brighton, à beira-mar, a cerca de 100 km a sul de Londres, Churchill ficou triste quando leu que o pai se tinha deslocado à cidade para proferir um discurso e não o tinha visitado. Numa carta, criticou o pai: «Não me veio visitar no domingo, quando esteve em Brighton.»[4] Mais tarde, quando estava a estudar em Harrow, Churchill montou uma campanha para que o pai o fosse visitar por ocasião de uma cerimónia de entrega de prémios. «O senhor nunca me veio ver»,[5] ralhou ele. Observou queixosamente que a escola ficava apenas a trinta minutos de comboio de Londres. «Se apanhar o das 11h07 em Baker Street, está em Harrow às 11h37.» E também escreveu à mãe. «Por favor, convença o Papá a vir. Ele nunca o fez.» Lorde Randolph não foi.

A mãe de Churchill tinha com que se entreter. Jennie Jerome Churchill era «uma mulher bela, frívola, uma pantera com diamantes», como disse um dos biógrafos de Churchill. Segundo uma estimativa por baixo, teve dezanove amantes[6]; outras dizem que dormiu com duzentos homens, mas os biógrafos cautelosos consideram isto um exagero. Segundo um dos melhores, o político britânico Roy Jenkins, «é um número demasiado redondo»[7].

Seja como for, conclui Con Coughlin, especialista na fase inicial da vida de Churchill, *Lady* Randolph Churchill tinha «uma vida social bastante ativa, e ficamos por aqui»[8]. Numa altura em que só se viam tatuagens nas pessoas da zona mais duvidosa das docas, ela tinha uma serpente pintada no pulso esquerdo[9]. Depois da morte precoce do primeiro marido – o pai de Winston –, chocou a sociedade londrina ao casar com um jovem vistoso da idade do filho. E depois de ser divorciar, casou-se com outro que também era da idade de Winston. Anos mais tarde, ter-se-á lamentado: «Nunca me heide habituar a não ser a mulher mais bela.»[10]

Uma vez, nas férias do Natal, os pais de Churchill, sempre atarefados, despejaram-no em cima da avó, a duquesa de Marlborough. Semanas depois, ela escreveu-lhes aliviada: «O Winston regressa hoje à escola. *Entre nous*, ainda bem, que ele não é fácil de aturar.»[11]

Na escola primária, a chibata era usada sem parcimónia, ao ponto de provocar gritos e fazer sangue. «Eu odiava aquela escola»,[12] escreveu Churchill. Os pais transferiram-no para a academia de Brighton, pequena e esclarecida. Churchill, que talvez sofresse de défice de atenção, foi sabiamente autorizado a estudar apenas os temas que lhe interessavam, facto que recordou como sendo «Francês, História, muita Poesia de cor e sobretudo Equitação e Natação»[13]. Mas apesar de ser mais feliz, Churchill conseguiu ser o último em comportamento[14].

Mais tarde, o seu tutor no internato considerou Churchill notável pelo seu «esquecimento, descuido, falta de pontualidade e irregularidade em todos os aspetos»[15]. Porém, não obstante estas falhas, ele aprendeu a escrever na adolescência. «Absorvi a estrutura essencial da frase inglesa comum – que é uma coisa nobre»,[16] escreveu ele. A sua perícia com a língua inglesa foi o seu principal ativo nas suas duas carreiras, a de político e a de escritor. Churchill publicou cerca de quinze milhões de palavras[17], mas a sua educação académica ficou-se por ali e durante toda a sua vida teve grandes lacunas nos seus conhecimentos.

Churchill recordou que saiu da escola «consideravelmente desencorajado»[18]. Os pais não o consideraram suficientemente inteligente para ser advogado e ele foi despachado para o exército, o destino comum de todos os rebentos broncos da aristocracia britânica. A força terrestre era mais acessível para os tapadinhos do que a Royal Navy, que era considerada mais importante para a defesa da ilha, logo, mais dada à meritocracia. Mas mesmo com a fasquia tão baixa, só à terceira[19] é que Churchill foi admitido em Sandhurst, a academia do exército britânico para as armas de infantaria e cavalaria. Churchill foi aceite na cavalaria, para a qual a competição era mais fácil porque muitos jovens não tinham dinheiro para cavalos e para os respetivos moços de estábulo. Segundo Churchill, «Por conseguinte, aos que ficavam no fundo da lista era oferecido o acesso mais fácil, para a cavalaria»[20]. A escolha também se coadunou com o gosto de Churchill pelo conforto e pela pompa. Além de se poder deslocar a cavalo em vez de andar a pé, observou ele, «os uniformes da cavalaria eram muito melhores dos que os da Infantaria»[21].

Vale a pena citar extensamente a carta que o pai lhe escreveu em agosto de 1893, por ele ter sido finalmente aceite em Sandhurst, para compreender o fardo terrível – um pai desiludido – que Churchill carregou toda a sua vida. Lorde Randolph escreveu ao filho:

> Com todas as vantagens que tinha, com todas as capacidades que julga tontamente possuir e que alguns dos seus parentes lhe atribuem, com todos os esforços que foram desenvolvidos para lhe tornar a vida fácil e agradável e para que o seu trabalho não fosse opressivo nem desagradável, este é o grande resultado que consegue, entre a 2.ª e a 3.ª categorias, que só servem para oficiais num regimento de cavalaria...

> Não voltarei a escrever sobre este assunto e não precisa de se dar ao trabalho de responder a esta parte da minha carta porque eu já não dou importância nenhuma a nada do que possa dizer acerca dos seus dotes e feitos...
>
> Você tornar-se-á um mero vagabundo social, um dos centenas de falhados da escola pública, e degenerará para uma existência miserável, infeliz e fútil. Se assim for, a culpa dessa desgraça será só sua.[22]

Lorde Randolph Churchill estava a morrer, provavelmente de sífilis, o que talvez explique o seu tom meio amalucado. «Estava afetado pela paralisia mental progressiva da qual acabou por morrer»,[23] escreveu o neto, Randolph, filho de Winston. Mas mesmo à beira da morte, teve energia suficiente para continuar a rebaixar o filho, que escreveu queixosamente à mãe que para Lorde Randolph «nunca faço nada bem»[24]. O pai morreu em janeiro de 1895, quando Winston tinha vinte anos.

A morte do pai parece ter acendido uma mecha em Winston. Um filho que sobrevivesse a uma criação como a dele ficaria completamente afetado ou, com alguma sorte, muito confiante. Churchill teve muita sorte. A morte do pai parece tê-lo libertado. Nos anos seguintes, viajou como um foguetão da Inglaterra para a Índia, para a fronteira afegã, para a Inglaterra, para o Sudão, para a Índia, para a Inglaterra e depois para a África do Sul, dando início a uma carreira brilhante.

* * *

Churchill disse mais tarde: «Ganhei muito por não forçar demasiado o meu cérebro quando era novo»[25]. De forma típica, tentou transformar uma coisa negativa em algo positivo: em 1921, disse que «é um erro ler demasiados livros bons quando se é muito jovem... Os jovens devem ter cuidado com as leituras, como os velhos com o que comem. Não devem comer muito. Devem mastigar bem»[26].

Churchill não frequentou a universidade. A sua verdadeira educação só terá começado quando já era quase um homem feito, um oficial de cavalaria em Bangalore, na Índia. Ali, longe de casa, no inverno de 1896, foi «possuído pelo desejo de aprender»[27]. Churchill devorou sofregamente Aristóteles, Platão, Macaulay, Schopenhauer, Malthus e Darwin[28].

Mais significativamente, consumiu *Declínio e queda do Império Romano,* de Gibbon. «Fui imediatamente subjugado pela história e pelo estilo. Durante as horas cintilantes do dia indiano, desde que deixávamos os estábulos até as sombras do entardecer anunciarem a hora do polo, eu devorava Gibbon.»[29] A influência de Gibbon na prosa de Churchill nota-se de imediato. Esta frase, escolhida quase ao acaso nas profundezas do terceiro volume da história de Gibbon, podia facilmente ter sido escrita por Churchill: «Com as suas compridas lanças fixadas no suporte, os guerreiros esporeavam furiosamente os seus cavalos em direção ao inimigo, e a cavalaria ligeira dos turcos e árabes raramente conseguia resistir ao peso direto e impetuoso da sua carga.»[30] Compare-se com esta passagem do relato de Churchill da Batalha de Omdurman, nos arredores de Khartoum, em 1898: «Quando os sucessores dos sarracenos desceram as longas e lisas encostas que conduziam ao rio e ao seu inimigo, esbarraram no fogo de espingarda de duas divisões e meia de infantaria bem treinada, formada em duas linhas, em ordem cerrada, e apoiada por pelo menos 70 canhões na margem do rio e nas canhoneiras, tudo a disparar com uma eficiência imperturbável.»[31] Churchill obrigou-se a ler diariamente vinte e cinco páginas de Gibbon e o dobro da *História de Inglaterra* em cinco volumes de Macaulay[32].

George Orwell disse: «A boa prosa é como uma vidraça.»[33] Mas se a prosa de Churchill fosse uma janela, seria um vitral cintilante no fundo do transepto de uma catedral. O seu estilo é ocasionalmente floreado e até mesmo espalhafatoso, mas ele sabia o que estava a fazer. Estava intoxicado com a linguagem, deliciado com as matizes e os sons das palavras. «Ele gosta de usar quatro ou cinco palavras com o mesmo significado, como um velho que nos mostra as suas orquídeas: não para as exibir, só porque gosta delas», observou o seu médico do tempo da guerra, Charles Wilson[34].

Segundo Isaiah Berlin, «a linguagem de Churchill é um meio que ele inventou porque precisava. Tem um ritmo ousado, ponderoso, bastante uniforme e facilmente reconhecível, que se presta à troça (incluindo à dele), como todos os estilos individuais pronunciados»[35]. Nem toda a gente tinha a mesma opinião. O escritor Evelyn Waugh, talvez a única pessoa que preferiu o filho de Churchill, o perverso e alcoólico Randolph Churchill, ao pai, troçou de Churchill como «um mestre da prosa pseudoneoclássica»[36].

Tal como muitos autodidatas, Churchill levou a vida absolutamente confiante no que sabia e abençoadamente ignorante do que não sabia. O que sabia, sabia-o bem, mas nunca leu nem pareceu saber da existência de uma quantidade enorme de literatura. Churchill conheceu Henry James num almoço, em 1903, mas compreensivelmente interessou-se menos pelos comentários do Mestre do que pelo outro americano sentado à mesa, a bela e jovem atriz Ethel Barrymore[37]. Doze anos depois, ficou novamente sentado à mesa com Henry James, e voltou a ignorá-lo, dando a uma conviva a impressão de que «nunca tinha ouvido falar em Henry James e não percebia porque é que nós ouvíamos com uma atenção tão reverente e uma paciência tão descabida aquele velho bastante enfadonho. Ignorou-o, contradisse-o, interrompeu-o, não lhe mostrou consideração nenhuma»[38].

Quando a sua amiga Violet Asquith, posteriormente Violet Bonham Carter, então com dezanove anos de idade, lhe recitou «Ode to a Nightingale», de Keats, ele não conhecia o poema, que é um dos cem mais famosos da língua inglesa[39]. Churchill deve ter reparado no seu ar de surpresa porque quando se voltaram a encontrar ele tinha decorado o poema, e ainda as seis odes de Keats, que lhe recitou uma por uma. O seu médico pessoal escreveu que ele só terá lido *Hamlet* depois dos oitenta, mas não é certo, dado que ele citou partes da peça antes disso[40]. Seja como for, *Sir* Desmond Morton, conselheiro de Churchill durante a guerra, concluiu que o seu conhecimento factual era, em termos globais, «espantosamente superficial»[41].

Em público, Churchill raramente estava calado e para ele quase tudo era público. A única atividade que Violet Asquith se recordou de ele praticar em silêncio foi a pintura, um passatempo que ele adotou na meia-idade, quando não ocupava nenhum cargo público e estava numa espécie de exílio político[42]. Durante as conversas, quando não tinha mais nada que dizer, recitava grandes excertos de poesia, geralmente de Byron ou Pope[43].

Tal como muitos escritores, em especial os que vivem do que escrevem, Churchill desenvolveu uma atitude profissional em relação à escrita. «Escrever um livro não é muito diferente de construir uma casa»,[44] disse ele, de reunir os materiais e colocá-los sobre alicerces firmes. Churchill meditou sobre a importância da frase sólida e na configuração dos parágrafos, que «devem encaixar automaticamente uns nos outros como as carruagens ferroviárias»[45].

* * *

Depois de aprender a escrever e de terminar a sua autoeducação, Churchill sentiu-se pronto para se fazer ao mundo. Foi à procura de guerras sobre as quais escrever, com a intenção de se cobrir de alguma glória para se lançar na política. Nos anos seguintes, procurou freneticamente o combate. Em 1897, quando se registaram algumas escaramuças na fronteira indo-afegã, entre os britânicos e as tribos pashtuns locais, Churchill partiu do seu posto em Bangalore em busca de ação na orla noroeste do subcontinente, um trajeto de cerca de 2400 km. Não conseguiu ser integrado no contingente militar, mas a mãe arranjou-lhe trabalho a cobrir o conflito para o *Daily Telegraph*, o início da longa relação de Churchill com o jornal londrino. Quando as inevitáveis baixas abriram uma vaga, ele passou para o ativo. Em meados do mês, foi destacado para o 31.º Regimento de Infantaria do Punjabe.

Na realidade, Churchill não assistiu a uma guerra, mas sim a algumas semanas de escaramuças. A operação de setembro de 1897 só é recordada hoje por causa da presença de Churchill, que esteve debaixo de fogo. «Não há nada na vida tão excitante como ser-se alvejado sem se ser atingido», observou ele memoravelmente[46].

Talvez os seus camaradas o tenham achado demasiado excitado. O tenente Donald McVean, que partilhou brevemente uma casa com ele durante os combates na fronteira afegã, escreveu no seu diário que o único receio de Churchill era ser ferido na boca[47].

Já que o combate contra as tribos afegãs era a única guerra que havia, Winston aproveitou-a ao máximo. Em dois meses de escrita, transformou as poucas semanas de escaramuças que presenciou num pequeno livro, *The Story of the Malakand Field Force*. Se tivesse sido escrito por outra pessoa qualquer, talvez nunca tivesse sido publicado. No entanto, o jovem tinha o apoio de uma força formidável em Londres. A mãe contactou um agente literário e um editor para transformar as reportagens dele num livro[48]. Meses depois, aquando da publicação, ela prometeu ao filho: «Vou "vendê-lo" judiciosamente»[49] – e assim fez, contactando os críticos literários e os editores de jornais de Londres.

The Story of the Malakand Field Force é um livro insípido, um tanto ou quanto agradado com o seu tom espirituoso, enquanto relata os acontecimentos da breve ofensiva britânica. Quando os cristãos combatem guerreiros tribais muçulmanos, Churchill observa com uma ironia arrogante: «Ainda bem que a religião da paz está geralmente mais bem armada.»[50] A prosa de Churchill denota um pouco uma atitude de «duro»: «Dispararam uma meia dúzia de tiros contra o acampamento, mas a única coisa que fizeram foi incomodar os que têm o sono leve.»[51] Qualquer pessoa que seja acordada com tiros disparados na sua direção não achará isto credível, até porque não sabe se a coisa vai continuar ou intensificar-se.

Churchill foi confiante na sua avaliação do livro: «o meu estilo é bom – nalgumas partes, até é clássico»[52]. É um exagero. No entanto, o seu esforço inaugural oferece vislumbres do futuro Churchill.

Talvez para o jovem Churchill o mais importante tenha sido os elogios feitos ao livro. Depois de duas décadas a sentir-se ignorado, negligenciado e insultado, ser aplaudido foi um prazer bem-vindo e invulgar. «A leitura das críticas positivas na imprensa foi um grande tónico», diz Simon Read no seu estudo sobre esta fase da vida de Churchill. «Churchill nunca tinha sido elogiado daquela forma. Tinha-se habituado, quando andava a estudar, a ouvir o pai e os professores a expressarem a sua desilusão.»[53]

CHURCHILL EM ÁFRICA

E assim se lançou o jovem Winston Churchill. Pediu licença do exército, embarcou para Inglaterra e apresentou-se em Londres como autor recém-publicado. Usou o livro para fazer contactos com figuras importantes e depois usou os contactos para ser incluído na expedição britânica que estava a ser formada para combater os islamitas no Sudão. Decorrido apenas um ano sobre a sua primeira experiência de combate, Churchill participou noutra ronda bélica, integrando uma carga de cavalaria nos arredores de Khartoum, numa batalha na qual os britânicos massacraram os guerreiros tribais sudaneses. Churchill também transformou as suas experiências num livro, *A Reconquista do Sudão*. De seguida, regressou à Índia, participou num torneio de polo e disse adeus ao exército.

Churchill apostava numa carreira política. Com as suas reportagens jornalísticas e dois livros, era suficientemente conhecido para ser convidado a candidatar-se ao parlamento. Em julho de 1899, com apenas vinte e cinco anos de idade, participou nas eleições e perdeu por pouco. Foi um desempenho suficientemente respeitável para o marcar como alguém em ascensão.

A sua sorte marcial não lhe fugiu. Desenhava-se outro combate na periferia do Império. Menos de quatro meses depois das eleições, Churchill partiu para a África do Sul para cobrir um conflito que em breve se tornaria a Guerra dos Bóeres[54]. Mas não estava para passar privações. Levou duas caixas de vinho, dezoito garrafas de *whisky* e Porto, *brandy* e vermute – seis garrafas de cada. Chegou à África do Sul em finais de outubro de 1899. Quando regressou a Inglaterra, menos de um ano depois, era famoso.

A sua aventura começou no dia 15 de novembro de 1899. Apenas duas semanas depois da sua chegada à África do Sul, Churchill estava a bordo de um comboio blindado enviado para a frente de combate em reconhecimento. Segundo ele, estava «desejoso de sarilhos»[55] e conseguiu um lugar a bordo. Pouco depois de entrar no território controlado pelos bóeres, o comboio foi atacado por peças ligeiras de campanha. O maquinista acelerou e algumas carruagens descarrilaram, provavelmente por causa de os bóeres terem sabotado os carris.

Churchill entrou em ação. Durante mais de uma hora, debaixo de fogo, ajudou o comandante britânico a organizar as tropas, a retirar as carruagens descarriladas da linha e a engatar a locomotiva. Finalmente, o comboio começou a retirar a passo de caracol. Estava cheio de feridos e alguns soldados seguiam a pé abrigados do outro lado do comboio. De repente, contrariamente ao plano gizado à pressa, o comboio começou a acelerar, deixando a infantaria para trás. Churchill disse ao maquinista para parar do outro lado de uma ponte sobre o Blue Krantz, enquanto ele ia buscar a infantaria. Ao aproximar-se, viu homens, mas não eram britânicos. Um cavaleiro armado com uma espingarda aproximou-se. Churchill tentou sacar a pistola, mas o coldre estava vazio – ele tinha tirado a pistola para facilitar o seu trabalho de pôr a locomotiva em marcha. Rendeu-se e tornou-se prisioneiro dos bóeres.

Para um jovem tão endiabrado, tornar-se prisioneiro de guerra foi quase uma tortura. Churchill ficou encarcerado com outros oficiais britânicos numa escola, em Pretória, a capital bóer. «As horas rastejam como centípedes. Nada nos entretém. Ler é difícil, escrever é impossível... Eu odiei todos os minutos do meu cativeiro, mais do que odiei qualquer outro período da minha vida», recordou ele[56]. Churchill protestou, dizendo que era correspondente de guerra, mas os bóeres disseram-lhe que ele estava armado e que fora visto a ajudar os militares britânicos durante o combate.

Uma noite, em meados de dezembro de 1899, quando estava cativo há menos de um mês, Churchill trepou uma parede, esquivou-se a uma sentinela – talvez tenha havido suborno – e seguiu as estrelas até uma linha de caminho de ferro que ele sabia estar localizada a cerca de 750 metros. Agachou-se junto de um comboio que estava a sair de uma estação. «Lancei-me para os vagões, tentei agarrar-me a qualquer coisa mas falhei, tentei novamente, consegui, e fui levantado do chão – bati com os pés no carril.»[57] Churchill meteu-se num monte de sacas de carvão vazias e adormeceu. Segundo ele, não houve uma canção de embalar mais agradável «do que o barulho do comboio que levava um prisioneiro evadido a 40 km à hora para longe da capital inimiga».

Foi uma aventura perfeita para um jovem imperialista prometedor. Churchill dirigiu-se para a fronteira de Moçambique, a cerca de 450 km de distância. De dia, dormia nos campos; à noite, esgueirava-se para dentro de um comboio de passagem. Quando já estava a ficar sem comida nem forças, encontrou a casa de um gestor mineiro escocês que era simpatizante da causa britânica. Churchill apresenta o episódio como um golpe de sorte, mas é importante perguntar se não lhe terão dito para procurar o homem, que o alojou duzentos metros abaixo da superfície numa mina abandonada. O escocês deu a Churchill velas, whisky, charutos e um frango, e um exemplar do livro *Uma aventura na Escócia*, de Robert Louis Stevenson. Entretanto, foi preparada a fuga do jovem fugitivo, no meio de uma carga de fardos de lã a bordo de um comboio destinado à colónia portuguesa. Quando Churchill chegou a Lourenço Marques, a capital, apresentou-se ao cônsul britânico. O diplomata, receando que os bóeres o recapturassem na cidade, pô-lo a bordo de um cargueiro destinado à África do Sul. Depois de regressar, Churchill proferiu um discurso e juntou-se novamente às forças britânicas no seu duplo papel de oficial e correspondente de guerra, o que na altura era considerado completamente aceitável.

Nos meses seguintes, Churchill deliciou-se com os artigos dos jornais britânicos sobre as suas aventuras. «Os jornais... abundavam em elogios extravagantes ao meu comportamento», quer em relação ao incidente do comboio, quer em relação à fuga. «Tornei-me bastante famoso na altura.»[58]

Contudo, depois de algumas reportagens desconexas, Churchill partiu para Inglaterra decidido a usar a sua fama crescente para relançar a sua carreira política. Chegou no verão de 1900, mas a mãe não o foi receber – estava atarefada com os preparativos para o seu segundo casamento, com o capitão George Cornwallis-West, um homem vistoso que era vinte anos mais novo do que ela e dezasseis dias mais velho do que Winston[59]. Anos mais tarde, Churchill dedicou apropriadamente um capítulo inteiro das suas memórias ao «Comboio Blindado», dado que o episódio foi a sua rampa de lançamento de celebridade menor para grande figura da vida pública britânica.

Desde o início que muitos pares de Churchill não o consideraram totalmente impecável na sua educação, caráter e temperamento. «Nos meios *Tory* e sociais em geral, ele... era um marginal, um fura-vidas, um intrometido que se publicitava a si próprio», observou Violet Asquith[60]. Em outubro, decorridos apenas doze meses depois do seu cativeiro e fuga, Churchill foi eleito para o parlamento.

O AVENTUREIRO TORNA-SE POLÍTICO E MARIDO

A viagem de foguetão estava apenas a começar. Quatro anos depois de ser eleito para a Câmara dos Comuns, Churchill trocou o Partido Conservador pelo Partido Liberal, uma das razões pelas quais os conservadores tenderam a desconfiar dele durante muito tempo. Em abril de 1908, com apenas trinta e três anos de idade, Churchill foi convidado por H. H. Asquith, recém-nomeado primeiro-ministro (e pai de Violet), para integrar o governo. O rei Eduardo VII não ficou impressionado com ele e disse ao filho: «é quase mais grosseirão no governo do que foi na oposição.»[61]

No mesmo ano, Churchill cortejou e desposou a mulher que seria a sua confidente mais íntima durante mais de meio século. Há anos que cortejava mulheres com resultados medíocres. Tornou-se extremamente chegado a Violet Asquith, mas parecia achar o romantismo estranho. Ela estava aparentemente à espera de que ele lhe fizesse uma proposta, mas ele não fez. Na primavera de 1908, interessou-se por outra, uma mulher muito menos proeminente, Clementine Hozier, pertencente a um ramo menor e empobrecido da aristocracia escocesa, e que a dada altura até tinha dado aulas de francês para complementar os seus rendimentos.

Em agosto de 1908, Violet soube que Churchill tinha proposto casamento a Clementine. «Não sei se ele vai acabar por se importar que ela seja estúpida como uma porta», escreveu ela à sua melhor amiga, Venetia Stanley. «Não quis – mas precisa muito – uma mulher crítica e reformatória que lhe preencha as lacunas nos gostos e etc., e não o deixe meter o pé na argola.»[62] Alguns anos depois, numa das complicações bizarras da vida aristocrática britânica, o pai de Violet apaixonou-se pela amiga dela, Venetia. Durante as reuniões do governo sobre a Grande Guerra, ele distraía-se a escrever-lhe cartas de amor.

Seja como for, não é provável que Violet tivesse tolerado a falta de romantismo de Churchill. Alguns anos mais tarde, quando estavam os dois na popa de um iate, no Adriático – continuaram a ser muito chegados –, ela suspirou: «Que perfeição!»

«Sim», retorquiu Churchill. «Alcance perfeito – visibilidade perfeita.»[63] E a seguir explicou-lhe como se poderia bombardear as cidades costeiras.

Clementine Hozier também tinha antecedentes complicados. Segundo alguns biógrafos, o seu pai biológico era Bertram Mitford,[64] o avô das seis irmãs Mitford que deixaram a sua marca na Grã-Bretanha nos anos 30 e 40. «Clementine não tinha a certeza absoluta da identidade do pai», observa o escritor e político Boris Johnson.[65]

A personalidade de Clementine revelou-se muito mais importante para Churchill do que a sua ascendência. Casar com Clementine terá sido a escolha mais sensata que Churchill fez na vida. Ela era reservada e uma observadora discreta do mundo; não era como ele, e era completamente diferente da mãe dele: conhecia o receio de não ter dinheiro e a vida do cidadão anónimo. E ao contrário de Violet, não era uma política em potência. Em vez de ofuscar Churchill ou de rivalizar com ele, Clementine ancorou-o quando ele estava maniacamente em alta e manteve-o à tona quando ele estava miseravelmente em baixo. Anos mais tarde, disse-lhe: «Só porque sou uma pessoa banal e te amo sei sempre o que está certo para ti e o que é bom para ti.»[66] Winston e Clementine casaram-se em setembro de 1908, semanas depois do anúncio do noivado. Na cerimónia, quiçá de forma significativa, «Bertie» Mitford sentou-se ao lado da mãe de Clementine[67].

* * *

Em 1911, Churchill foi nomeado para o cargo importante de primeiro lorde do Almirantado, o responsável pela Royal Navy, que ocupava quando eclodiu a Primeira Guerra Mundial. Em 1915, foi considerado um dos principais arquitetos dos desembarques britânicos em Galípoli, na Turquia. A operação foi um desastre. Depois de nove meses de combates, os Aliados retiraram-se da península. Em troca de ganhos insignificantes, sofreram mais de 50 000 mortos.

Churchill, que arcou com uma grande parte da culpa pela malograda campanha na Turquia, foi subitamente corrido do cargo e ficou atordoado. «Como um monstro marinho pescado nas profundezas, ou um mergulhador içado repentinamente, as minhas veias ameaçavam rebentar com a pressão», recordou ele. Ao refletir sobre os acontecimentos da guerra, acrescentou: «Eu estava cheio de ansiedade e sem ter como a aliviar.»[68] Ao procurar uma forma de se ocupar e acalmar, dedicou-se à pintura. Foi uma distração que o serviu bem durante muitas décadas.

Mas retirar-se da vida pública e contemplar os campos ingleses não bastavam para o ajudar na desgraça nem para lhe oferecer o regresso à proeminência. Churchill não se considerava culpado por Galípoli, mas viu a necessidade de se penitenciar, e ofereceu-se como voluntário para a guerra em França. Chegou à frente em novembro de 1915 e durante alguns meses comandou um batalhão estacionado nas primeiras linhas. «É um cenário selvagem», escreveu ele a Clementine. «Lixo e porcaria por todo o lado, sepulturas integradas nas defesas e lama omnipresente; e neste cenário, sob um luar deslumbrante, rastejam e deslizam hostes de ratazanas enormes, incessantemente acompanhadas pelos tiros das espingardas e metralhadoras e pelos silvos e assobios venenosos das balas que passam por cima.»[69] Mas mesmo assim, ficou admirado por se sentir muito melhor em França do que em Inglaterra. «Encontrei felicidade e contentamento como não sentia há muitos meses.»

Depois de uma vida de champanhe e boa comida, viver ao lado de terceiros no meio da lama foi o mais próximo que Churchill alguma vez esteve da vida do homem comum. Mas mesmo assim, tratou de aliviar a sua situação. Pediu à mulher que lhe enviasse «grandes nacos de carne em salmoura; queijos Stilton, natas; presuntos; sardinhas – frutos secos; também podias tentar enviar uma grande tarte de carne de vaca; mas nada de tetraz nem de coisas finas enlatadas. Quanto mais simples, melhor e em quantidade também, que a carne das rações é dura e não sabe a nada»[70].

Clementine, sensível às mudanças de humor de Churchill, procurou apoiá-lo quando o seu ânimo caiu a pique. «Querido», escreveu ela em fevereiro de 1916, «uma das cartas que recebi ontem foi escrita num tom de desalento. Peço-te que não deixes esse estado de espírito aumentar e nem macular permanentemente o teu coração e a tua mente»[71].

Quando ia a casa de licença, Clementine sentia que ele dava demasiada atenção à política e pouca às necessidades dela. «Meu querido, estas graves preocupações públicas são muito cansativas – Da próxima vez que te vir, espero que haja um bocadinho de tempo só para nós os dois.» Ela não disse que necessitava de mais intimidade sexual, mas quase: «Ainda somos novos, mas o Tempo voa e rouba o amor e só deixa a amizade, que é muito poderosa, mas não é estimulante nem calorosa.»[72] Pamela Digby, que casou com Randolph Churchill durante a Segunda Guerra Mundial, e que teve conversas íntimas com Clementine sobre os seus problemas com ele, recordou décadas mais tarde que ficou com a impressão de que os homens da família Churchill tinham pouco apetite carnal. Pamela disse ao seu biógrafo que a sua vida sexual com Randolph deixava muito a desejar. «Em termos de sexo, o Randolph, tal como alguns outros Churchills, não parecia muito interessado. E o excesso de bebida também não o ajudava a ter um desempenho bom ou frequente.»[73] Por outro lado, refira-se que Winston e Clementine foram pais em 1909, 1911, 1914, 1918 e 1922.

A secção da frente de Churchill estava relativamente tranquila porque a maior parte dos combates travava-se em Verdum, a sul. Mesmo assim, o batalhão sofreu baixas. Em maio de 1917, estava tão desfalcado que foi retirado das primeiras linhas para ser amalgamado com outras unidades.

Churchill aproveitou para voltar a casa e à política. Em julho, regressou ao governo como ministro das Munições.

Churchill foi derrotado nas eleições parlamentares de 1922 e 1923. Em abril de 1924, escreveu à mulher, que estava em França de férias, que ele e as crianças se estavam a divertir no campo. «Bebo champanhe a todas as refeições e baldes de clarete e soda entre refeições, e a comida, apesar de simples, é excelente. À noite, ouvimos o gramofone e... jogamos *mahjong*.»[74] No mesmo ano, foi eleito para o parlamento, quando um governo trabalhista tomou posse pela primeira vez. Porém, com o Partido Liberal num turbilhão, Churchill regressou ao Partido Conservador, e ter-se-á gabado: «Qualquer um pode ser vira-casacas, mas é preciso algum engenho para ser revira-casacas.»[75] Nem todos os seus antigos camaradas conservadores o acolheram bem. Lorde Beaverbrook, seu amigo e aliado político, escreveu que entre os *Tories* «ele era detestado, suspeito e temido»[76].

Mas mesmo assim, em finais de 1924, quando o jovem governo trabalhista caiu e os conservadores recuperaram o poder, Churchill foi recompensado com o importante cargo de chanceler do Tesouro, o equivalente a ministro das Finanças ou secretário do Tesouro noutros países. Isto foi psicologicamente significativo para ele porque o cargo fora o mais alto ocupado pelo pai na sua carreira meteórica. Lorde Randolph ocupou-o apenas durante cinco meses, em 1886.

Todavia, em finais da década de 20, também ele seguiu as pisadas do pai de outra forma: metendo-se em quezílias com os líderes do seu partido e esperando que a sua vontade fosse obedecida. Contudo, em 1929, quando os conservadores foram substituídos pelo segundo governo trabalhista, foi corrido do poder. As finanças pessoais estavam nas últimas por causa da sua especulação no mercado bolsista. Enquanto tentava recuperar, dedicou-se à escrita e às palestras – por isso o encontrámos na Quinta Avenida, em dezembro de 1931, a olhar distraidamente para o lado errado sem ver o carro que se aproximava.

CAPÍTULO 3

ORWELL, O POLÍCIA

Se Churchill passou os primeiros anos da sua vida de adulto à procura do poder e da proeminência, Orwell passou os seus à procura de um tema central. E acabou por encontrá-lo: o abuso do poder. É o fio condutor de todos os seus escritos, desde as primeiras obras até ao fim.

* * *

O escritor que conhecemos por «George Orwell» nasceu com o nome de Eric Blair, em junho de 1903, em Bengala, na Índia. O pai, filho de um oficial do Exército Indiano, era um burocrata menor do departamento do Funcionalismo Público Indiano responsável pelo cultivo e transformação do ópio. A maior parte era exportada para a China, o que ajudava a equilibrar as enormes importações britânicas de chá, porcelana e seda. De facto, em meados do século XIX, o comércio do ópio representava 15% das receitas da Índia[1]. A mãe era de uma família francesa, os Limouzins, que cultivavam chá na Birmânia.

Mas Blair não passou a infância na Birmânia. Quando tinha menos de um ano de idade, a mãe levou-o juntamente com a irmã, que era mais velha, para Inglaterra; instalaram-se em Henley-on-Thames, a oeste de Londres. Durante alguns anos, o petiz não viveu muito longe de Winston Churchill, que servia na região num esquadrão dos Oxfordshire Hussars.

No primeiro inverno, Eric, com sete meses de idade, teve um ataque de bronquite[2].

É possível que a primeira palavra proferida pelo jovem Eric Blair, com cerca de dezoito meses de idade, tenha sido «mau»[3]. Tal como Churchill, Orwell era um jovem infeliz. O cunhado, Humphrey Dakin, que antipatizou fortemente com Orwell desde que ele era miúdo, descreveu-o como «um garoto gordo... sempre a choramingar. E dissimulado, a dizer mentiras e coisas assim»[4]. Orwell teve duas irmãs, uma mais velha e outra mais nova. Cunhou a expressão «Big Brother», mas não teve nenhum irmão.

Tal como Churchill, Orwell raramente viu o pai, que se deslocou da Birmânia para visitar a família em 1907 e regressou definitivamente depois de se reformar, em 1912. «Raramente vi o meu pai antes dos oito anos», observou Orwell[5]. Nessa altura, já tinha sido despachado para um internato. A figura distante do pai «parecia-me ser apenas um velho com uma voz rouca que estava sempre a dizer "Não faças isso"»[6]. Assim começou o seu eterno ceticismo em relação à autoridade.

O jovem Eric detestou o primeiro internato, St. Cyprian's, no East Sussex. Mais tarde, descreveu-o de forma tão implacável no ensaio «Such, Such Were the Joys», que o texto não foi publicado durante a sua vida para evitar processos por difamação. «Com oito anos de idade, tiraram-me subitamente de um ninho quente e lançaram-me para um mundo de força, fraude e secretismo, qual peixinho dourado atirado para um tanque cheio de lúcios», recordou Orwell[7].

Na escola, Orwell, sozinho e aterrorizado, começou a urinar na cama. Levou uma tareia do reitor, que enquanto lhe batia com o pingalim entoava ritmicamente «me-ni-no por-co». Orwell disse aos amigos que não lhe tinha doído, mas alguém com autoridade ouviu a sua afirmação orgulhosa e ele foi chamado para a segunda dose – a tareia foi tão forte que o pingalim se partiu. Orwell concluiu que vivia num mundo em que era impossível ser bom – não tinha querido urinar na cama, tinha tentado parar mas não conseguira. Orwell chamou à sua conclusão «a grande lição da minha infância».[8]

Orwell também acabou por compreender que estava na escola com uma propina reduzida, ou seja, como bolseiro. Não era um ato de caridade da escola: a sua missão era ter êxito académico e entrar para uma escola de topo, Eton ou Harrow, o que aumentaria a reputação do seu estabelecimento de ensino. É possível discernir o princípio do socialista adulto quando o rapaz percebeu que os alunos mais ricos nunca eram sovados, independentemente do seu comportamento. «Quem sofria eram os rapazes pobres mas "espertos". Os nossos cérebros eram uma mina de ouro na qual ele [o reitor] tinha investido dinheiro, e nós tínhamos de ser espremidos para rendermos dividendos.»[9] Orwell saiu da escola convencido de que a vida tinha duas regras terríveis: os fortes venciam sempre os fracos e qualquer projeto que ele tentasse fracassaria.

No entanto, Orwell fez o que se pressupunha fazer e ganhou a preciosa bolsa para Eton. Estranhamente, depois de se formar em Eton, com dezanove anos de idade, em vez de tentar entrar para a universidade, Orwell alistou-se na Polícia Imperial Indiana, que o enviou para a Birmânia. Ainda hoje é difícil perceber o que é que ele tinha na cabeça. Segundo escreveu, uma das lições que tinha aprendido na escola era «quebrar as regras ou morrer»[10]. Ele não tinha nada que o recomendasse como defensor de qualquer tipo de lei, e muito menos de uma lei construída para aplicar a repressão colonialista. Contudo, nos quatro anos seguintes, foi esse o seu trabalho. Talvez quisesse saber o que era estar do lado dos fortes, o que era ser a autoridade.

Por conseguinte, tal como Churchill, Orwell chegou à maturidade num canto remoto do Império Britânico, na Birmânia Superior, a cerca de 2500 km a sudeste da fronteira afegã, onde Churchill tinha andado vinte e cinco anos antes e sobre a qual escrevera *The Story of the Malakand Field Force*. Orwell viveu na Birmânia entre finais de 1922 e meados de 1927 e foi oficial da Polícia Imperial. Orwell esteve na Birmânia porque os britânicos tinham anexado o centro e o norte da região em 1866, uma medida supervisionada pelo pai de Winston, Lorde Randolph Churchill, durante o seu breve mandato como secretário de Estado da Índia.

Orwell não impressionou os seus superiores e foi despachado para a cidade de Katha, na extremidade norte do caminho de ferro birmanês, a 130 km da fronteira chinesa[11]. Foi naquela cidade remota no rio Irrawaddy que ele amadureceu e desenvolveu a perspetiva que influenciou a sua carreira de escritor. Consideremos este momento observado de perto num dos primeiros ensaios, «A Hanging», quando ele escoltou um hindu condenado durante 40 metros até à forca:

> Apesar de ir agarrado pelos ombros por dois homens, desviou-se ligeiramente para o lado de modo a evitar uma poça de água. É curioso, mas até àquele momento eu não tinha compreendido o que significa destruir um homem saudável e consciente. Quando vi o prisioneiro desviar-se da poça compreendi o mistério, a imoralidade inenarrável, de ceifar uma vida no auge. O homem não estava moribundo, estava tão vivo como nós.[12]

Inspirado nos seus anos na Birmânia, Orwell escreveu o seu primeiro romance, *Dias birmaneses*, que na realidade é mais uma memória do que uma obra de imaginação pura. Segundo ele escreveu numa carta anos mais tarde, «Uma grande parte foi simplesmente a relatar o que vi»[13].

A melhor forma de ler o livro é como um estudo sobre o abuso do poder nas suas diversas formas. Em «Shooting an Elephant», um dos seus melhores ensaios, Orwell escreveu aquilo a que assistia diariamente:

> e de perto ao trabalho sujo do Império. Os desgraçados prisioneiros aglomerados nas jaulas fedorentas das cadeias, os rostos cinzentos e recesos dos condenados a penas de longa duração, as nádegas marcadas de homens espancados com bambu...[14]

Orwell deixou a polícia com apenas vinte e quatro anos. Regressou a casa e vagueou por Londres e Paris. Anos mais tarde, terminou *Dias birmaneses*, que foi publicado depois do segundo livro que ele escreveu, *Na penúria em Paris e em Londres*. Mas na vida de Orwell, a Birmânia antecedeu Paris e Londres.

O relato da sua estada na Birmânia é franco e direto. O anti-herói de *Dias birmaneses* é Flory, um negociante de madeira vagamente liberal, entediado e descontente, que vive num pequeno posto colonial no remoto norte da Birmânia, junto do rio Irrawaddy. Flory assemelha-se ao que Orwell se poderia ter tornado caso tivesse ficado mais dez anos na Birmânia: um homem infeliz «na casa dos trinta e cinco», com cabelo preto e espesso, bigode preto aparado e pele macilenta. «Tinha um rosto muito emaciado... com bochechas descarnadas e olhos encovados e definhados.»[15] A principal diferença entre Orwell e Flory é a característica física mais notável da personagem: um sinal de nascença cor de vinho do Porto na bochecha esquerda, que torna Flory muitíssimo constrangido.

Flory conhece Elizabeth Lackersteen, uma jovem britânica que foi enviada para a Birmânia para encontrar marido. Ela não gosta muito dele, aliás, desdenha do seu interesse pela arte e pela literatura e desconfia muito da sua simpatia pela vida e pela cultura birmanesas. Só começa realmente a gostar mais dele quando ele adota uma atitude imperial, como quando mata um pombo a tiro. No entanto, a atitude imperialista é a faceta que ele mais despreza em si próprio e gostaria de ter a coragem de se elevar acima dela. Mas Elizabeth está cada vez mais desesperada por causa dos apalpões noturnos do tio com quem mora. Dadas as suas circunstâncias difíceis, ela parece decidir-se por Flory, mas um funcionário menor birmanês, um intriguista e corrupto magistrado regional, humilha Flory levando a amante birmanesa que ele mandou embora a denunciá-lo em público. Elizabeth corta relações com Flory e este, subjugado pela vergonha e pelo abandono e caído num profundo isolamento emocional, suicida-se com um tiro. Depois de ele morrer, o sinal de nascença «hediondo»[16] desaparece.

Estes acontecimentos são servidos num guisado de maquinações sociais e políticas de britânicos e birmaneses em torno de questões comezinhas de prestígio e honra, tais como qual será o birmanês convidado para entrar para o Clube Europeu da cidade, que foi instruído pelas autoridades britânicas no sentido de liberalizar a sua política de admissão racista[17]. O livro, com as suas observações do exercício interminável, mesquinho e cruel do poder social, parece ocasionalmente uma combinação de Jane Austen e M. Forster, cuja obra *Passagem para a Índia* foi publicada quatro anos antes de Orwell começar a escrever o seu livro sobre o declínio do Império.

No princípio do livro, ao fazer o enquadramento do cenário, Orwell escreve: «Em qualquer cidade da Índia, o Clube Europeu é a cidadela espiritual, a verdadeira sede do poder britânico, o nirvana pelo qual os funcionários e milionários indígenas anseiam em vão.» Este clube específico, pequeno e isolado, deixou-se ficar para trás e nunca convidou um «nativo» para membro. Quando o clube é instruído no sentido de o fazer, três membros objetam energicamente. «Escarumbinhas barrigudos a exalarem cheiro a alho na nossa cara à mesa do *bridge*»,[18] diz um deles, numa frase intencionalmente feia. Dos outros dois membros, Flory gosta da ideia, e o chefe de facto da comunidade britânica, o paternalista Sr. Macgregor, resigna-se a cumprir as instruções que recebeu.

As reviravoltas do enredo transmitem quase sempre uma mensagem, tendo em conta o quadro ideológico bastante tosco que Orwell usa. Por exemplo, uma britânica que se queixa da «preguiça» dos seus criados diz: «Em alguns aspetos, estão a ficar quase tão maus como a nossa classe mais baixa em Inglaterra.»[19] Quando um oficial britânico de visita dá um pontapé no mordomo do clube, leva um ralhete de um membro, que lhe diz: «Quem tem de dar pontapés nos nativos somos nós, não é você.»[20] Flory diz a um médico indiano, o seu único verdadeiro amigo, que tem vergonha de viver «a mentira de que estamos aqui para elevar os nossos pobres irmãos negros e não para os roubar.»[21] O Império, declara ele, assenta na construção de bancos e prisões e em chamar a isso progresso[22]. Em suma, diz Flory, «O Império Britânico não passa de um estratagema para dar monopólios comerciais aos ingleses – ou antes, a gangues de judeus e escoceses.»[23] Não existe nenhuma indicação de que Orwell estivesse a ser irónico com o seu duplo ataque étnico, em especial, tendo em conta a sua identificação estreita com Flory. Em termos históricos, é verdade que a exportação de ópio da Índia para a Birmânia foi controlada por duas empresas, a companhia escocesa de Jardine Matheson e uma família judaica iraquiana, os Sassoons, que se tornaram britânicos (Siegfried Sassoon, o memorialista e poeta da Primeira Guerra Mundial, pertencia a esta família).

É um livro menor mas não é mau. É melhor do que do que as obras iniciais de Churchill (em especial, do que a sua única obra de ficção, o merecidamente esquecido *Savrola*), mas isto deve-se, em parte, ao facto de naquela altura da sua carreira Orwell ser um escritor mais experiente do que Churchill.

Se Orwell não tivesse escrito obras mais poderosas, é provável que *Dias birmaneses* fosse hoje recordado como um estudo literário obscuro mas ocasionalmente interessante sobre o império. Muitos anos mais tarde, Orwell recordou o tempo de juventude:

> Eu queria escrever grandes romances naturalistas com finais infelizes, cheios de descrições pormenorizadas e comparações cativantes, e com muitas passagens aparatosas nas quais as palavras fossem parcialmente usadas por causa do seu som. E na realidade, o meu primeiro romance, *Dias birmaneses*, que escrevi com trinta anos mas que projetei muito antes, é bastante esse tipo de livro.[24]

Mas não deixa de ser uma história legível, principalmente hoje, devido às perspetivas que oferece sobre a natureza do império e do imperialismo em geral. «Nenhum europeu quer saber de provas»,[25] afirma U Po Kyin, o maquiavélico funcionário birmanês, na primeira cena do livro. «Quando um homem tem rosto negro, a suspeita basta como prova» – uma observação que ele usa inteligentemente em benefício próprio. Mais tarde, o narrador recorda ao leitor que Flory «tinha esquecido que a maior parte das pessoas só se consegue sentir bem num país estrangeiro quando denigre os habitantes»[26] – não é uma verdade universal, mas aplica-se bem à lamentável comunidade britânica de *Dias birmaneses*.

No fim, Flory sente-se miserável, com nojo de si próprio e desesperado. As suas últimas palavras são uma mentira: diz ao seu cão, que está aterrorizado: «O dono não te faz mal.»[27] De seguida, mata o animal com um tiro e suicida-se.

Orwell redigiu uma cena em que Flory escreve o seu próprio epitáfio, mas retirou-a da versão final do livro: «Aprendam comigo como não se deve viver.»[28] No fim do livro, Flory é apenas mais uma vítima do império. Uma das mensagens é que o povo inglês, tal como os birmaneses, está subjugado pelo sistema imperial.

Talvez seja esta a consequência mais importante da estada de Orwell na Birmânia. Se na escola ele aprendeu a ser cético em relação à autoridade, na Ásia ele aprendeu que o exercício do poder pode corromper. Detestou o que o poder lhe fez e receou o que lhe poderia ter acontecido caso tivesse continuado a zelar pela aplicação da lei colonialista. Em *Shooting an Elephant*, Orwell escreveu: «Quando o branco se transforma em tirano está a destruir a sua própria liberdade. Torna-se uma espécie de fantoche oco e afetado, a figura convencionada do *sahib*.»[29] Esta conclusão traduziu-se na rejeição liminar dos seus antecedentes na burocracia das colónias britânicas.

* * *

É difícil imaginar a bofetada que foi este livro sobre os britânicos na Birmânia para os ingleses da classe média que geriam os assuntos quotidianos do Império Britânico. Em meados dos anos 30, ainda era comum, na cultura inglesa, retratar o Império como uma força para o bem, como fonte da educação, do comércio e do primado da lei nos locais mais remotos da Ásia e da África. Era raro um autor britânico retratar o Império como uma força para o mal, motivada pelos motivos mais vis. «Na altura, achei o livro um bocado apatetado, se é que me faço entender», recordou o cunhado de Orwell, Humphrey Dakin, que era funcionário público. «Ele andava à procura de porcaria e sordidez e de outras coisas assim e encontrou-as.»[30] Para evitar processos por difamação movidos por pessoas que se reconhecessem na história, o livro foi publicado primeiro nos Estados Unidos. Mas houve quem pensasse numa reação mais direta: o antigo instrutor da polícia de Orwell terá jurado que se voltasse a encontrá-lo lhe daria umas chibatadas[31].

A conclusão crucial que Orwell tirou da sua estada na Birmânia foi que «os oprimidos têm sempre razão e os opressores estão sempre errados»[32]. Orwell escreveu que era «uma teoria errada, mas também é o resultado natural de se ser um dos opressores».

Para se penitenciar pelo seu tempo como opressor, Orwell mergulhou num processo prolongado de abnegação depois de regressar à Europa. Passou algum tempo a viver como um vagabundo em Inglaterra. Depois, na primavera de 1928, lançou-se para o submundo parisiense. Viveu e trabalhou em condições imundas. Teve o primeiro ataque de pneumonia, o início de uma série de problemas nos pulmões que o afetaram nas duas últimas décadas da sua vida. Passou fome. Tudo isto foi principalmente porque quis: ele tinha uma tia em Paris, Nellie Limouzin, que teria cuidado dele caso ele lhe tivesse pedido. Mas não era disso que andava à procura. Mais tarde, Orwell disse a um amigo que as suas poupanças tinham sido roubadas por uma rapariga de nome Suzanne, «uma putinha» que ele tinha engatado num café. «Era linda e tinha uma figura de rapaz, da safra de Eton, era absolutamente desejável.»[33] Em finais de 1928, Orwell começou a escrever ensaios para jornais franceses e ingleses. Ainda assinava com o seu verdadeiro nome, Eric Blair.

Orwell regressou a Inglaterra em finais de 1929. Foi viver com os pais, que se tinham mudado para a vila de Southwold, na costa sudeste, que era preferida pelos funcionários reformados do funcionalismo público indiano. Orwell ganhou algum dinheiro como tutor e depois empregou-se como professor numa pequena escola secundária. Cortejou Brenda Salkeld, uma professora de ginástica que gostava muito de literatura.

Declarou-se várias vezes, mas teve de aceitar as suas recusas. De seguida, teve um caso breve com outra mulher.

Depois, Orwell decidiu experimentar o submundo britânico. Apanhou lúpulo com vagabundos. Dormiu no passeio em Trafalgar Square. Tentou ser preso. Viveu em vários abrigos onde os homens eram alimentados a lavagem e tratados como cães.

Orwell combinou as suas experiências em Inglaterra e em França numa espécie de memória ficcionada que foi publicada em 1933 com o título *Na penúria em Paris e em Londres*. Foi a primeira vez que publicou sob o pseudónimo «George Orwell», combinando um nome muito inglês com o de um afluente do estuário a sul de Southwold, o rio Orwell.

Orwell escreveu numa época em que era considerado legítimo os ricos ignorarem e até desdenharem da forma como a maior parte das pessoas vivia e trabalhava. Dois bons exemplos são a romancista britânica Vita Sackville-West e o marido, o medíocre talentoso Harold Nicolson. Consideravam-se a nata da sua geração: pessoas boas, decentes, tolerantes e cultas, o melhor tipo de pessoas produzidas pela melhor parte da melhor nação da Terra. «Sou um homem feliz, honesto e carinhoso»,[34] confidenciou Nicolson ao seu diário. Um dos objetos do seu carinho era Guy Burgess, que, nos anos 50, foi exposto como membro de uma rede aristocrática de espiões soviéticos recrutados por H. A. R. «Kim» Philby em Cambridge, na década de 30[35].

Nicolson era snobe até à medula. Uma vez, escreveu à mulher: «Somos humanos, caridosos, justos e tudo menos vulgares. Meu Deus, não somos nada vulgares!»[36] Nicolson concordou absolutamente com o comentário de outro dos seus amantes, o crítico literário Raymond Mortimer, de que «as massas não querem saber da verdade da mesma forma que nós»[37].

«Detesto a democracia», confidenciou Sackville-West a Nicolson. «Quem dera que *la populace* nunca tivesse sido encorajada a sair do lugar que lhe pertence. Gostava de os ver bem alimentados e bem alojados como vacas T. T., mas não mais articulados do que elas» (as «vacas T. T.» eram testadas para averiguar se tinham tuberculose, que ainda era uma ameaça na Inglaterra de meados do século XX, como George Orwell veio a descobrir). Numa carta que escreveu uma semana depois, ela disse que estava bastante aliviada por não ser uma moura de trabalho. «Não seria horrível se fôssemos uma pessoa que apenas se limitasse a existir, a viver dia após dia, todos cheios de preocupaçõezinhas idiotas sem importância nenhuma? Por exemplo, lavarmo-nos, limpar os degraus da entrada e coscuvilhar sobre os vizinhos?»[38]

Por conseguinte, foi com alguma legitimidade que Orwell perguntou, em *Na penúria em Paris e em Londres*: «O que é que a maior parte das pessoas cultas sabe da pobreza?»[39] Foi precisamente no mundo «vulgar» do trabalho e da sobrevivência, a vida da maioria esmagadora da humanidade, que ele procurou mergulhar para descrever ao mundo. Por vezes, é muito duro na sua narrativa, como quando descreve imparcialmente «Charlie», um jovem inútil que é um cliente habitual no bar do bairro, a contar que pagou para violar uma mulher de vinte anos que estava cativa. «Puxei-a da cama e atirei-a para o chão. E depois caí-lhe em cima como um tigre!... Renovei o ataque, cada vez mais selvagem. Ela tentou escapar, gritou novamente a pedir misericórdia mas eu ri-me na cara dela.»[40] Talvez Orwell tenha feito mal em dedicar seis páginas do seu pequeno livro (213 páginas) a esta história de terror tipo Poe. É um desvio do seu verdadeiro tema, mostrar as questões que preocupavam os pobres de Paris e de Londres na década de 30: terem o que comer, aquecerem-se, dormirem o mínimo até se levantarem e irem trabalhar, e embebedarem-se com vinho rasca no sábado à noite.

Foi um livro que ele teve de escrever tanto para si próprio como para os leitores, um passo essencial na sua viagem pela vida e para a literatura. Ao mergulhar na imundície, na fadiga e na fome do trabalhador pobre, Orwell penitenciou-se pela sua vida colonial. Na Birmânia, tinha-se juntado voluntariamente aos opressores europeus. Agora, viveria voluntariamente entre os oprimidos da Europa. «Compreendi que tinha sido… um ato de expiação por ele ter servido a causa do colonialismo britânico passando cinco anos na Birmânia como oficial da Polícia Imperial»,[41] observou o filósofo A. J. Ayer, que trabalhava para os serviços secretos britânicos quando conheceu Orwell em Paris, no fim da Segunda Guerra Mundial.

Na penúria em Paris e em Londres, que foi publicado em janeiro de 1933, é um livro mais importante como obra de transição de Orwell, uma parte da sua busca de si próprio como escritor e observador. O tom é um pouco incerto e tremido, em especial, no primeiro terço do livro.

Tal como muitos escritores jovens, Orwell deixou-se levar pelo choque fácil, como na cena da violação. Outra passagem, no princípio do livro, sugere que ele é um turista da pobreza, que não está encurralado naquele mundo: um dia, quando estiver faminto e um inseto lhe cair dentro do copo de leite, a sua conclusão é: «Não há nada a fazer, é deitar o leite fora e passar fome.»[42] Qualquer pessoa que estivesse genuinamente a passar fome há muito tempo, e não a fazer uma excursão pela fome, tirava o inseto do copo e bebia o leite. Os pobres estão acostumados aos insetos.

Por vezes, *Na penúria em Paris e em Londres* parece um guia tétrico do mundo exótico dos pobres urbanos. Em várias partes do livro, Orwell mostra a estrutura hierárquica de um segmento da sociedade proletária, uma preocupação que, de forma inconsciente, parece ser bastante britânica.[43] No restaurante onde trabalha, o vértice da pirâmide é ocupado pelo gerente do hotel, depois seguem-se, por ordem decrescente, o chefe do restaurante, o chefe dos criados, o chefe dos cozinheiros, o chefe do pessoal, os cozinheiros, os criados, os aprendizes de criados, os lavadores de pratos e as criadas de quarto. Perto do fim do livro, o narrador regressa a Inglaterra para viver nas ruas de Londres, onde discerne uma nítida estrutura de castas entre os mendigos. «Existe uma linha divisória rígida entre os que apenas cravam e os que tentam dar alguma coisa em troca do dinheiro.»[44] Os mais prósperos são os artistas de rua, tais como os organistas, acrobatas e pintores de passeios. Por baixo, situam-se os que fingem vender fósforos, atacadores, lavanda ou cantar hinos – o fingimento é necessário, explica ele, porque pedir dinheiro a troco de nada é ilegal. Orwell, qual escritor de viagens, oferece um glossário da vida na rua, definindo palavras em calão como «o tretas», «o mangas» e «o sapatão»[45] (dançarino de rua).

Orwell tinha apenas vinte e cinco anos quando foi para Paris, e as falhas do livro são as de um jovem escritor que ainda está a aprender o ofício. O escritor tinha um sentido excessivo do olfato, e, por vezes, *Na penúria em Paris e em Londres* parece ter mais que ver com o fedor dos miseráveis do que com os seus sofrimentos ou modos de sobrevivência. Nas suas deslocações matinais para o trabalho no metro de Paris, ele «ficava entalado na massa oscilante de passageiros, nariz com nariz com um hediondo rosto francês que exalava cheiro a vinho azedo e alho»[46]. Ao contrário do que sucede em *Dias birmaneses*, ninguém nos diz que as pessoas que exalam cheiro a alho são barrigudas. Orwell era particularmente sensível àquela planta pungente: em 1939, quando passou um inverno em Marrocos a trabalhar na lavoura, descobriu que o seu leite se tornara imbebível porque a vaca da sua pequena quinta tinha comido alho selvagem[47]. Mas conseguia cozinhar com alho. Mais à frente no livro, fica repugnado com «lençóis [que] fediam tanto a suor que eu não os conseguia ter ao pé do nariz»[48]. Existem outros oito casos no livro em que Orwell refere os cheiros do seu ambiente, que são geralmente repugnantes.

É importante dizer duas coisas. A primeira é que a sensibilidade ao odor é um tique presente numa grande parte da escrita de Orwell. A segunda – e mais perturbante – é que é o cheiro da humanidade que o repugna. Quando ele refere os cheiros da natureza, mesmo de um celeiro, é quase sempre com aprovação. Em contraste, está sempre pronto para se horrorizar com a humanidade.

O livro tem outro fio condutor que é mais repelente: uma espécie de preconceito imediato e natural em relação aos judeus que Orwell encontra. Num café, vê «Um judeu sozinho num canto, de focinho enfiado no prato… a comer toucinho com um sentimento de culpa»[49]. O «focinho» animalesco da frase é particularmente inquietante. Noutra ocasião, Orwell repete uma história que lhe foi contada pelo seu amigo Boris, um ex--soldado russo, segundo a qual um judeu lhe tinha oferecido os serviços sexuais da filha por cinquenta francos – «Um velho judeu horrível, com uma barba vermelha como Judas Iscariotes»[50]. Este tipo de anti-semitismo espontâneo surge noutras partes da obra de Orwell. Não é grande consolo que ele seja um fanático da igualdade de oportunidades, como em *Na penúria em Paris e em Londres*, quando cita com aprovação o provérbio «Antes confiar numa cobra do que num judeu e num judeu do que num grego, mas nunca se deve confiar num arménio»[51].

A verdade é que Orwell foi sempre insensível em relação aos judeus. Durante a Segunda Guerra Mundial, escreveu muito contra o anti-semitismo, mas não reexaminou os seus escritos da década anterior[52]. Depois da guerra, de forma surpreendente, disse muito pouco acerca do Holocausto, um dos principais acontecimentos do seu tempo[53]. Foi fortemente anti-sionista durante toda a sua vida, mas este aspeto talvez deva ser visto mais no contexto da sua antipatia duradoura com o nacionalismo e não como o anti-semitismo de alguns dos seus primeiros escritos. Mesmo assim, um dos seus amigos, o jornalista Malcolm Muggeridge, concluiu: «no íntimo, ele era profundamente antissemita»[54].

No seu melhor, *Na penúria em Paris e em Londres* mostra como a luta quotidiana pela sobrevivência esmaga as pessoas. Este facto básico da vida de trabalho é apresentado de forma bastante vívida a meio do livro, quando Orwell fala sobre o seu emprego a lavar pratos no restaurante do hotel. Começa com uma descida ao submundo com muitas das características do Inferno, tais como o círculo inferior para o qual o narrador é relegado:

> Ele conduziu-me por uma escada em caracol até uma passagem estreita nas profundezas, tão baixa que eu tive que me curvar. Era sufocante de calor e muito escura, com lâmpadas amarelas difusas de tantos em tantos metros. Parecia haver quilómetros de passagens labirínticas – penso que na realidade eram umas centenas de metros...
>
> Uma das passagens bifurcava para uma lavandaria, onde uma velha com um rosto de caveira me entregou um avental azul e um monte de panos de louça. De seguida, o *chef du personnel* levou-me a um minúsculo antro subterrâneo – uma espécie de cave por baixo de uma cave – onde havia uma pia e alguns fornos a gás. O teto era demasiado baixo para eu estar ereto e a temperatura devia ser de uns 43 ºC.[55]

Orwell chega a uma das passagens mais memoráveis do livro na qual sobrepõe a esqualidez fumegante da cozinha ao esplendor pristino da sala de jantar do hotel, que ele nos diz ser um dos mais caros de Paris. Os clientes comem no meio de espelhos, flores, toalhas de mesa brancas como a neve e cornijas douradas. Mas a poucos metros de distância, do outro lado da porta da cozinha:

> a imundície era repugnante. Só havia tempo para varrer o chão à noite e nós escorregávamos numa mistura de água ensopada, folhas de alface, papel rasgado e comida espezinhada. Uma dúzia de criados sem os casacos, com os sovacos suados à mostra, estava sentada a uma mesa a misturar saladas e a meter os polegares nos potes de natas... Só havia duas pias, não havia uma bacia de lavagem, e não era raro um criado lavar a cara na água em que a louça estava a escorrer. Mas os clientes não viam nada daquilo.[56]

A sua conclusão confiante, depois de conviver com os ricos em Eton e com os pobres na subcave de um hotel de Paris e nas ruas de Londres, foi a seguinte: «o milionário médio não passa do lavador de pratos médio com um fato novo.» E aos que tinham medo de que a turba se pusesse a pilhar nas ruas, ele respondeu: «na realidade, a turba já está à solta – sob a forma de homens ricos.»[57] Por outras palavras, na perspetiva de Orwell, os ricos é que estavam a travar a luta de classes, a saquear os pobres, mas não o admitiam.

* * *

Orwell começou a considerar-se um escritor. Passou os anos médios da década de 30 no bairro boémio de Hampstead, no norte de Londres. Vivia por cima da Booklover's Corner, que vendia livros em segunda mão. De manhã e à noite, escrevia romances de má qualidade; à tarde trabalhava na livraria, que descreveu como um túmulo: uma «pequena sala escura, a cheirar a pó e a papel putrefacto… cheia até cima de livros que eram quase todos velhos e invendáveis»[58].

Naquela altura da sua vida, Orwell não estava propriamente num caminho promissor: «Ele não era um romancista natural», escreveu a escritora Mary McCarthy, com um eufemismo simpático.[59] As limitações de Orwell como escritor de ficção convencional são imediatamente evidentes para quem folheie os romances que ele escreveu em meados dos anos 30 – *A filha de um reitor* (1935), *O vil metal* (1936) e *Coming Up for Air* (1939). São todos praticamente ilegíveis. Eis o início desajeitado de *A filha de um reitor*:

> Quando o despertador que estava em cima da cómoda explodiu como uma pequena bomba horrível de sinos metálicos, Dorothy acordou com um susto das profundezas de um sonho complexo e perturbador, e ficou deitada de costas a olhar para a escuridão da exaustão extrema.[60]

Além da sua ficção publicada, Orwell escreveu dois romances que deitou fora[61]. Nunca foram encontrados. Um dos seus amigos, Jack Common, outro escritor socialista, disse que Orwell escreveu os seus romances dos anos 30 o mais rapidamente possível, vivendo à justa dos lucros[62].

Estes livros foram resumidos num aparte devastador pelo romancista Anthony Powell, que era amigo de Orwell: «Além de projeções dele próprio, as personagens dos seus romances não vivem como pessoas, embora por vezes sejam fantoches eficazes para expressarem a sua tese do momento.»[63]

Orwell escreveu mais tarde a um amigo que lhe tinha pedido um exemplar de *O vil metal*:

> Há dois ou três livros dos quais me envergonho e não deixei que fossem reimpressos nem traduzidos. E ainda há um pior, chamado *A filha de um reitor*. Foi escrito simplesmente como um exercício e eu não devia tê-lo publicado, mas estava desesperado por dinheiro e foi a mesma coisa quando escrevi *O vil metal*. Na altura, não tinha nenhum livro em mim, mas estava meio morto de fome e tive de entregar qualquer coisa que me rendesse umas 100 libras.[64]

O talento de Orwell estava noutro lado mas ele ainda não o tinha descoberto. Os seus dois grandes romances, escritos perto do fim da sua vida, *O triunfo dos porcos* e *1984*, não foram ficção naturalista típica do século XX, mas antes variantes de géneros geralmente considerados menores: o conto de fadas e a história de terror. Mas ao refletirem a realidade de forma mais direta do que os romances convencionais, *O triunfo dos porcos* e *1984* foram construídos sobre alicerces políticos no seu sentido mais básico: como organizamos o mundo público e como os indivíduos se relacionam com essa organização.

* * *

Na primavera de 1935, Orwell, numa fase mais produtiva, conheceu a sua futura mulher. Eileen O'Shaughnessy era uma jovem atraente e inteligente, que tinha estudado literatura inglesa em Oxford, formando-se em 1927. Quando se conheceram, ela estava a fazer um mestrado em psicologia no University College, em Londres, sobre a medição da inteligência e da imaginação das crianças.

Meses depois, *Dias birmaneses* foi publicado em Inglaterra. Orwell tinha dois livros à sua conta. Começou a desconfiar de que no seu livro sobre Paris e Londres tinha observado os grupos de pessoas errados. «Infelizmente, não se resolve o problema das classes fazendo amizade com vagabundos», compreendeu ele. «Os vagabundos, os mendigos, os criminosos e os marginais sociais são geralmente seres bastante excecionais, e são tão pouco típicos da classe trabalhadora como por exemplo os intelectuais literários são típicos da burguesia.»[65] Orwell decidiu mergulhar no coração da economia britânica, as minas de carvão do norte de Inglaterra, e viver entre a comunidade mineira.

Em janeiro de 1936, Orwell deixou a livraria de Hampstead para estudar a classe trabalhadora. Passou a primeira noite em Coventry. «Cheira a uma casa de hóspedes rasca», escreveu ele no seu diário. «A criada é meio tonta, tem um corpanzil e uma cabeça pequenina, e rolos de gordura na nuca que parecem curiosamente gordura de presunto.»[66]

Orwell viajou para norte de comboio e depois passou dois meses a percorrer a região das minas, perto de Liverpool. Calcorreou quilómetros de vila em vila, debaixo de chuva e de neve. No dia 12 de fevereiro de 1936, passou por Wigan, uma cidade de minas e canais a meio caminho entre Manchester e Liverpool, cheia de montes de escória e poças de lama. «Um frio cortante. Tiveram de enviar um vapor para quebrar o gelo à frente das barcaças de carvão no canal... Algumas ratazanas correm devagar pela neve, muito dóceis, presumivelmente fracas por causa da fome.»[67]

O livro que resultou desta experiência de Orwell, *O caminho para Wigan Pier*, é a mais direta das suas obras de não ficção. Não é verdadeiramente uma narrativa. Segue um plano simples mas brilhante: retratar factualmente a vida da classe trabalhadora da região mineira durante a Grande Depressão. Não quer isto dizer que a investigação ou a escrita foram fáceis – invocando um dos comentários mais célebres de Orwell: «Vermos o que temos à frente do nariz exige uma luta constante.»[68]

Orwell deixou Wigan e regressou ao sul. Alugou uma casa com dois andares na aldeia de Wallington, no Hertfordshire, a meio caminho entre Londres e Cambridge, e tornou-se lojista.[69] A aldeia tinha trinta e quatro casas, dois bares e uma igreja. A casa não tinha eletricidade, nem água quente nem canalização, mas a sala da entrada tinha sido usada como armazém. A porta da frente contava com cerca de 1,5 m de altura e devia ser difícil para Orwell, que era um calmeirão, entrar e sair. Entre os momentos de escrita, Orwell vendia toucinho, açúcar e rebuçados, e os seus próprios ovos e legumes[70]. «Tinham um cortador de toucinho a sério», recordou Fred Bates, um trabalhador rural. «O toucinho era espetacular.»[71] Os lucros pagavam a renda, que era menos de duas libras por mês.

O livro que ele escreveu naquela casa é mais ou menos. A primeira metade de *O caminho para Wigan Pier* é um conjunto de relatos oriundos de uma observação próxima das condições de vida dos pobres de Inglaterra: onde vivem, o que comem, como se tentam aquecer, como trabalham ou, cada vez mais, com a intensificação da Grande Depressão, como são afetados pelo desemprego. Nesta metade, surge pela primeira vez o escritor George Orwell que hoje conhecemos. Vislumbrámo-lo em *Na penúria em Paris e em Londres,* mas agora está mais maduro. Ao contrário da obra anterior, o livro não se deleita com um sensacionalismo repugnante, mas sim com pequenos factos puros e duros. A alimentação dos trabalhadores, escreve Orwell, é «pão branco com margarina, carne em salmoura, chá com açúcar e batatas»[72]. Talvez devido à falta de cálcio, escreve ele, a maior parte fica sem dentes aos trinta anos. No Lancashire, ele vê mulheres nos montes de escória no exterior de uma mina, «ajoelhadas na lama da escória e debaixo de um vento cortante»,[73] a apanharem bocados de carvão. «E estão contentes. No inverno, estão desesperadas por combustível; é muito mais importante do que a comida. Entretanto, à sua volta, a perder de vista, veem-se os montes de escória e os guindastes das minas, mas [por causa da Grande Depressão] nenhuma mina consegue vender a totalidade do carvão que é capaz de produzir.»

Uma parte do livro é uma espécie de *Notas do subterrâneo* de Dostoiévski. Tal como no seu livro sobre Paris e Londres Orwell desceu ao submundo da copa do hotel, aqui ele desce a uma mina de carvão e descobre que encaixa na sua imagem mental do Inferno. «A maior parte das coisas que imaginamos no inferno estão aqui: calor, barulho, confusão, escuridão, ar viciado e sobretudo, um espaço insuportavelmente apertado.»[74] Depois de descer ao fundo do poço, Orwell tem de caminhar encurvado durante quilómetro e meio, até ao veio do carvão, por um túnel com cerca de 1,5 m de altura. Orwell demora quase uma hora a percorrer o trajeto e fica exausto. Mas aquilo, observa ele, é só o percurso dos mineiros até ao local de trabalho. Segue-se um dia inteiro de labuta, «enegrecidos até aos olhos, com as gargantas cheias de pó de carvão»[75]. Orwell vai ao fundo da questão.

Mas Orwell ainda não estava plenamente desenvolvido como escritor. A segunda metade do livro é um ensaio estranho e atipicamente verboso no qual Orwell disseca o socialismo inglês na tentativa de compreender porque é que não se conseguiu apoderar da imaginação da classe média inglesa, ou mesmo de conquistar a lealdade emocional dos socialistas da classe operária. Esta parte é tão notável pelas suas falhas como pelos seus sucessos, o que torna *O caminho para Wigan Pier* «uma obra curiosamente irregular», nas palavras de Peter Stansky e William Abrahams na sua biografia de Orwell[76].

A segunda metade do livro, de forma invulgar para Orwell, é deficiente na observação e, em algumas partes, mal escrita. E por vezes também é mazinha, como quando ele troça dos excêntricos da classe média associados ao socialismo inglês. «Fica-se com a impressão de que as simples palavras "socialismo" e "comunismo" atraem com uma força magnética todos os bebedores de sumos de frutas, nudistas, sandalinhas, maníacos sexuais, *Quakers*, charlatões das "Curas Naturais", pacifistas e feministas de Inglaterra.»[77] Oito páginas depois, Orwell denuncia repetitivamente «a tribo enfadonha de mulheres com sentimentos nobres e sandalinhas e barbudos bebedores de sumos de frutas que correm para o cheiro do "progresso" como as varejeiras para um gato morto»[78].

De forma ainda mais notável, esta parte do livro também oferece uma das iniciativas mais bizarras de Orwell: a tentativa de construir uma teoria política assente no seu sentido hipersensível do olfato. «O verdadeiro segredo da distinção entre as classes no Ocidente… resume-se em quatro palavras horríveis… *A classe baixa tresanda.*»[79] Segundo ele, quase todos os outros defeitos podem ser ultrapassados. «Pode-se sentir afeto por um assassino ou por um sodomita, mas não é possível gostar de um homem com mau hálito – isto é, que costuma ter mau hálito… Detestamo-lo.»[80] Orwell prossegue nesta veia durante várias páginas, numa prosa que talvez seja melhor compreendida pelas pessoas atormentadas pela hiperosmia, a sensibilidade exagerada ao olfato.

Não admira que *O caminho para Wigan Pier* tenha irritado muitos dos seus amigos e companheiros socialistas. «Achei que era um livro horrível»,[81] disse Kay Ekevall, uma das amigas esquerdistas de Orwell na época. «Achei que denegria todos os socialistas; apresentava a classe operária sob um prisma horrivelmente sórdido.» Ela detestou especialmente a forma como Orwell tinha retratado os mineiros. «Naquele tempo, os mineiros eram muito politizados; eram mais ou menos a vanguarda do movimento sindical. E ele parece ter ignorado tudo o que estava a acontecer no lado positivo da política para se centrar apenas nos aspetos sórdidos.» É um eco de algumas das críticas feitas pelos imperialistas inveterados a Orwell a propósito de *Dias birmaneses*.

Até o homem que publicou o livro torceu o nariz. O prefácio de Victor Gollancz parece uma longa desculpa pela publicação do livro no seu *Left Book Club*. Gollancz expressa-se chocado pelo retrato que Orwell faz dos socialistas como excêntricos caprichosos. Tenta dar a volta à teoria da distinção odorífera das classes tratando-a como uma confissão refletida de um snobe de classe média arrependido. Limita-se a denunciar a «curiosa indiscrição de se referir aos comissários políticos russos como «meio gramofones, meio *gangsters*»[82], e oferece o tipo de malabarismo ideológico do qual Orwell troçaria durante toda a sua carreira: «O Left Book Club não tem nenhuma "política"... nem sequer seria verdade dizer que a Frente Popular é a "política" do Left Book Club, mas a existência do Left Book Club tende para uma Frente Popular.»[83] Não é claro o que ele quer dizer, se é que quer dizer alguma coisa.

Em última análise, o que *O caminho para Wigan Pier* oferece, com as suas confusões e contradições, é a imagem de um escritor que está a fazer progressos, mas de forma ainda um pouco desequilibrada. A melhor coisa do livro é que Orwell completou a sua aprendizagem e descobriu as suas verdadeiras competências como escritor e o seu verdadeiro tema. O seu método literário era descobrir os factos e expô-los. A sua perspetiva era que os poderosos tentariam quase sempre obscurecer a verdade.

Orwell não podia saber, mas naquela altura de finais dos anos 30 ele estava à beira da grandeza. Tinha-se tornado especialmente atento ao fosso entre a teoria e a realidade, entre o que as pessoas dizem ser e o que realmente são. Estava disposto – e até o desejava – a lidar com verdades incómodas e impopulares. Este estado de espírito preparou-o bem para escrever sobre o choque mortífero entre a ideologia e a realidade, primeiro de forma localizada, na Guerra Civil de Espanha, e depois globalmente, na Segunda Guerra Mundial[84].

Orwell e Eileen O'Shaughnessy casaram em junho de 1936, quando ele estava a transformar os diários da sua viagem ao norte num livro[85]. Caminharam juntos da sua casa até à igreja da aldeia de Wallington, que tinha cerca de duzentos habitantes. Depois da cerimónia, o casal e os convidados almoçaram no bar.

Eileen revelou-se uma esposa com fibra. Quando Orwell declarou levianamente, ao pequeno-almoço com alguns convidados, que os «fabricantes de toucinho» tinham garantido do governo regulamentos para impossibilitar que os aldeãos curassem o seu próprio toucinho, Eileen contestou a sua «afirmação generalista»[86]. Orwell insistiu em culpar os regulamentos sanitários, apesar de não ter provas nenhumas. Eileen retorquiu: «Isso é o tipo de afirmação que fazem os jornalistas irresponsáveis.» Eileen também participou na vida da aldeia. Quando soube que um garoto de dez anos era analfabeto, ensinou-o a ler para ele ir para a escola[87].

Um mês depois do casamento, começou a guerra em Espanha, entre o governo de esquerda e os rebeldes – uma grande parte do exército e da marinha espanhóis, com o apoio dos fascistas, dos ultranacionalistas e de algumas organizações católicas[88]. A guerra capturou imediatamente a atenção dos recém-casados. Em dezembro, logo que o manuscrito de *O caminho para Wigan Pier* ficou terminado, Orwell entregou-o ao editor. Empenhou algumas pratas da família para financiar a viagem e partiu para Barcelona. Eileen seguiu-o dois meses depois.

Orwell foi para Espanha para combater o fascismo, mas acabou perseguido pelos comunistas. Foi este o facto central da sua experiência na Guerra Civil de Espanha, aliás, foi o facto central da sua vida. Mas se a bala do atirador especial lhe tivesse acertado noutro sítio do pescoço, em maio de 1937, ele nunca teria escrito o seu primeiro grande livro, *Homenagem à Catalunha*, e o mundo nunca teria conhecido o grande escritor que continua a prender a nossa atenção.

CAPÍTULO 4

CHURCHILL: A TRAVESSIA DO DESERTO NOS ANOS 30

Vemos os dois homens prestes a entrarem nos períodos das suas vidas que os tornaram pessoas nas quais ainda pensamos, pessoas que são importantes não só para compreender o seu tempo, como também o nosso.

Os anos 30 foram horríveis em muitos aspetos. Muitas pessoas sentiram a aproximação de uma Idade das Trevas. Estes receios começaram com a grande turbulência económica e social da Grande Depressão. A guerra prolongada e terrível que matou dezenas de milhares de pessoas nos anos 40 começou na Ásia e estava a desenhar-se no Ocidente. Segundo o poeta Stephen Spender, havia cada vez mais a sensação generalizada de que a sua geração poderia assistir ao «fim da civilização ocidental»[1].

Muitas pessoas, especialmente, os jovens politizados, pensavam que a democracia capitalista liberal estava esgotada e tinha fracassado. Para seguir em frente, só viam duas opções possíveis, o fascismo ou o comunismo, as novas ideologias dinâmicas que exerciam a sua atração a partir de Berlim, Roma e Moscovo. O fim do modo de vida ocidental, em especial, a morte da democracia liberal, era um tema comum da vida cultural, discutido diariamente nos jornais e mencionado nos diários privados[2]. O historiador Arnold Toynbee iniciou os anos 30 com a observação de que começava a ser comum pensar que «o sistema de sociedade ocidental poderia avariar-se e deixar de funcionar». Toynbee encerrou a década, em 1939, com uma palestra na London School of Economics intitulada «A queda das civilizações». Em 1935, o especialista shakespeariano A. L. Rowse escreveu no seu diário que era «tarde demais para salvar o liberalismo, mas talvez não seja tarde demais para salvar o socialismo» (duas décadas depois, Rowse publicou uma história elogiosa da família Churchill). O jornalista Louis Fischer, que simpatizava com o estalinismo, escreveu a Beatrice Webb, em 1936: «o sistema está falido». Em 1937, Harold Lasswell, um eminente politólogo americano, publicou um ensaio prevendo a ascensão do «Estado-guarnição», no qual «o timoneiro é o especialista da violência e a vida económica e social organizada é sistematicamente subordinada às forças de combate»[3]. Depois do Acordo de Munique, entre o primeiro-ministro britânico, Neville Chamberlain, e Hitler, em setembro de 1938, Virginia Woolf escreveu à irmã, Vanessa Bell, a lamentar «o fim inevitável da civilização». Suicidou-se três anos depois.

No meio destes sinais de desastre iminente, Winston Churchill foi marginalizado. Durante a maior parte da década de 30, esteve isolado no seu partido e muita gente pensou que a sua carreira política estava acabada. Harold Nicolson encontrou Churchill e considerou o seguinte: «muito mudado desde a última vez que o vi. Tem uma grande cara redonda e branca, como uma empola. Está incrivelmente envelhecido... Está deprimido e diz com um suspiro que perdeu a sua antiga capacidade de luta.»[4] Pela mesma altura, George Bernard Shaw e Nancy Astor, que eram inimigos políticos de Churchill, deslocaram-se juntos à União Soviética e visitaram Estaline no Kremlin[5]. Quando o nome de Churchill veio à baila numa conversa sobre a política antissoviética da Grã-Bretanha, *Lady* Astor garantiu a Estaline que Churchill estava «acabado». Shaw concordou, dizendo que Churchill nunca seria primeiro-ministro, mas Estaline disse que não sabia se o povo inglês não se viraria para Churchill num momento de crise.

Churchill insurgiu-se tanto contra a política para a Índia (era contra a independência) e para a Alemanha (entendia que a ameaça estava a ser subestimada) que esgotou a paciência do partido, e os líderes decidiram mantê-lo longe do governo. Tal como a Birmânia empurrou

Orwell para a esquerda e para longe de um emprego bem remunerado, a Índia empurrou Churchill para a direita: em 1931, rompeu com o líder do Partido Conservador, Stanley Baldwin, e demitiu-se da comissão parlamentar do partido[6]. A partir dessa altura, Churchill utilizou uma retórica mais acutilante: uma vez, na Câmara dos Comuns, comparou o ex-primeiro-ministro trabalhista, Ramsay Macdonald, a uma aberração de circo, e chamou-lhe «a maravilha mole sentada na bancada do governo»[7]. Um dos motivos pelos quais os discursos de aviso sobre a Alemanha que proferiu mais tarde foram acolhidos com ceticismo foi por ele também ter sido insistente em relação aos perigos da independência da Índia.

Churchill passava uma grande parte do tempo a escrever livros e artigos para os jornais. Uma vez, quando passou pelo *Evening Standard* para entregar um artigo, o jovem repórter Malcolm Muggeridge viu-o e interrogou-se sobre o que lhe teria acontecido. «O tipo não está em forma, ou está em maré de azar, ou completamente liso»,[8] pensou Muggeridge, que se costumava sentar na redação ao lado de Randolph Churchill, o filho dissoluto de Winston.

Tal como Muggeridge suspeitou, Churchill estava com graves problemas financeiros,[9] que continuaram durante toda a década, ao ponto de o obrigarem a ponderar a venda do seu querido solar, Chartwell, que se tinha tornado o seu refúgio do mundo.

Nas suas memórias de guerra, Churchill referiu-se aos anos 30 como a sua «travessia do deserto política»[10]. Alguns académicos modernos puseram em causa a dimensão do seu exílio político[11], mas os factos e os comentários contemporâneos estão do lado de Churchill.

O caminho de regresso ao poder foi longo e difícil. Churchill vagueou durante uma grande parte da década dessincronizado com o seu tempo, que foi simbolizado pela resolução da União de Oxford, uma associação universitária de debates, que em fevereiro de 1933 anunciou que «em circunstância nenhuma combaterá pelo Rei e pelo País»[12]. Os líderes nacionais, frequentemente em sintonia com o tom do debate em Oxford, embarcaram numa política de apaziguamento da Alemanha, fazendo concessões de uma posição de fraqueza.

* * *

A natureza do apaziguamento – o que era, como implementá-lo e quando parar – tornou-se a grande questão da política britânica na maior parte da década de 30.

Importa recordar que uma parte da aristocracia inglesa nutria alguma simpatia pelo fascismo e até por Hitler. O mais importante dos considerados amigos da Alemanha era Lorde Londonderry, um parente de Churchill, que tinha sido membro do governo nos princípio da década e depois, durante pouco tempo, líder da Câmara dos Lordes. Orwell disse uma vez que «saber se a classe governante britânica é perversa ou simplesmente estúpida é uma das questões mais difíceis dos nossos tempos, e em certas alturas é uma questão muito importante»[13]. É possível que ele estivesse a pensar em Lorde Londonderry quando escreveu isto.

Apesar de apatetado e ingénuo, Londonderry era um homem acostumado à deferência por causa da sua riqueza e da sua posição, acerca da qual era extremamente sensível. O rei chamava-lhe «Charley» numa altura em que semelhantes familiaridades conferiam um estatuto enorme. Londonderry era uma das grandes figuras da sociedade londrina. «Os Ribbentrops são íntimos dos Londonderrys»,[14] escreveu no seu diário, em 1936, *Sir* Henry «Chips» Cannon, um colunável londrino e político conservador, referindo-se ao embaixador da Alemanha em Inglaterra, que pouco tempo depois se tornaria o ministro dos Negócios Estrangeiros de Hitler. No mesmo ano, Londonderry, depois de se encontrar com Hitler, declarou que o líder alemão era «muito agradável»[15] e exortou o governo britânico a encontrar «terreno comum» com os alemães no combate ao comunismo. E até aplaudiu a anexação alemã da Áustria, em março de 1938, classificando-a de lamentavelmente drástica mas necessária para evitar derramamento de sangue. Londonderry era primo em segundo grau de Churchill e manteve uma relação cordial com ele até uma conversa azeda ao jantar no Grillions, em outubro de 1938, durante a qual Churchill troçou das suas opiniões políticas[16].

Londonderry era um caso extremo mas não único, quer na adoção de algumas características do fascismo, quer por fazê-lo enquanto parente afastado de Churchill. A relação entre os Churchills e a família Mitford era ainda mais próxima de várias formas. A mulher de Churchill, Clementine, era prima do pai das irmãs Mitford, e, como vimos, talvez até tivesse laços de sangue mais estreitos, dependendo de quem era o seu verdadeiro pai biológico.

O filho de Clementine e Churchill, Randolph Churchill, esteve «muito apaixonado»[17] por uma das irmãs, Diana Mitford. Numa carta que escreveu a Diana, a sua irmã Nancy disse-lhe que um pintor que tinha retratado Diana lhe tinha contado que lhe tinham dito que Diana tivera um caso com Randolph. No parágrafo seguinte, mencionou uma conversa ao almoço com a irmã de Fred Astaire, Adele, que tinha dito: «Não me importo que as pessoas se masturbem e fodam mas sou contra o amor livre.»[18]

Noutra confusão amorosa aristocrática, um sobrinho de Clementine, Esmond Romilly, que tinha combatido em Espanha em 1936 pelos republicanos, fugiu um ano depois com a sua prima em segundo grau, Jessica Mitford. Durante muito tempo, correu o boato de que Esmond era filho ilegítimo de Winston Churchill. Esmond poderá ter contribuído para esse boato por ter o hábito de regalar os amigos com uma imitação de Churchill que Jessica Mitford classificou de «bestial»[19]. Esmond mudou-se para o Canadá, alistou-se como voluntário na força aérea e morreu em combate aos comandos de um bombardeiro, em 1941.

Diana Mitford foi sensata. Deixou Randolph Churchill e decidiu casar com um herdeiro da cervejeira Guinness. Mas a sua ligação seguinte foi menos avisada. Passados alguns anos, deixou o Guinness e envolveu-se com Oswald Mosley, o líder da União Britânica de Fascistas. O casamento, em 1936, foi realizado na casa de Joseph Goebbels, o chefe da propaganda nazi, e contou com a presença de Hitler. A terceira irmã Mitford que se tornou amiga de Hitler, em meados dos anos 30, foi Unity. «Penso que Hitler gosta bastante dela, nunca tirou os olhos dela»,[20] observou Deborah, outra das irmãs Mitford. Durante um almoço, em dezembro de 1935, Unity disse a Diana: «Ele falou imenso sobre os judeus, foi encantador»[21].

O namoro com os nazis não foi exclusivo dos jovens e dos tontos. A cunhada de Neville Chamberlain, que vivia em Roma, garantiu a Mussolini que o governo britânico acabaria por encetar relações cordiais com a Itália, apesar do aventureirismo político do *Duce* em África[22]. É justo dizer que nos anos 20 Churchill expressou alguma admiração pelo líder italiano[23]. Arnold Toynbee, hoje praticamente esquecido mas na época um dos historiadores britânicos mais destacados, encontrou-se com Hitler em 1936 e disse ao Ministério dos Negócios Estrangeiros britânico que o líder alemão desejava genuinamente a paz. «Ele está convencido da sinceridade [de Hitler] em relação à paz na Europa e a uma amizade estreita com a Inglaterra»,[24] referiu Thomas, «T. J.» Jones, um funcionário político do Partido Conservador, depois de um passeio no campo com o historiador. Waldorf Astor, um par do reino nascido na América, explicou a Jones a antipatia dos americanos em relação aos nazis: «deve-se principalmente à propaganda antialemã intensa e generalizada que está a ser levada a cabo pelos judeus e pelos comunistas. Os jornais são influenciados pelos grandes anunciantes e muitas dessas empresas são controladas pelos judeus.»[25] Em maio de 1938, quando estava a jantar num dos clubes londrinos mais aristocráticos, Harold Nicolson ficou desconcertado ao ouvir três jovens lordes dizerem que «preferiam ver Hitler em Londres a um governo socialista». Quatro dias depois, Nicolson recebeu a visita de Charles Lindbergh, o aviador mais famoso do mundo e um destacado isolacionista americano. «Ele diz que não podemos combater porque seriamos certamente vencidos», escreveu Nicolson. «Acha que devíamos ceder e depois fazer uma aliança com a Alemanha.»[26]

Em maio de 1939, Archibald Ramsay, um deputado conservador escocês, fundou um grupo pró-alemão e antissemita chamado «Clube da Direita»[27]. O emblema era uma águia a matar uma cobra e as iniciais «PJ» («Perece Judá»).

O *Times*, que tinha como um dos proprietários outro membro do clã Astor, John J. Astor, era o diário do sistema. Segundo Lorde Halifax, ministro dos Negócios Estrangeiros do governo de Chamberlain, antes da guerra, «As opiniões expressas nos seus editoriais eram consideradas especialmente importantes porque se pressupunha que tinham uma espécie de carimbo do governo, embora não tivessem necessariamente a sua aprovação»[28]. O jornal apoiou fervorosamente o apaziguamento nos anos 30, ao ponto de tolerar e até mesmo de sancionar as táticas hitlerianas. Depois da «Noite das Facas Longas», uma série de assassínios políticos chocantes perpetrados às ordens de Hitler em meados de 1934, o jornal pôs água na fervura: «Independentemente do que se possa pensar dos seus métodos, *Herr* Hitler está a tentar genuinamente transformar o fervor revolucionário num esforço moderado e construtivo e a impor um padrão elevado de serviço público ao funcionalismo nacional-socialista.»[29]

Em 1937, Geoffrey Dawson, editor do *Times*, confidenciou ao seu correspondente em Genebra: «Faço tudo o que posso, noite após noite, para não publicar no jornal nada que possa ferir as suscetibilidades deles.»[30] Segundo a própria história oficial do *Times*, publicada em 1952, os opositores do apaziguamento era geralmente «intelectuais, utopistas, sentimentalistas e pacifistas satisfeitos com um programa de resistência sem meios de resistência». A história do *Times*, com uma lata extraordinária, culpa estes «excitados» por tornarem necessária a desastrosa política de apaziguamento, argumentando que o jornal, «tal como o governo, estava impotente face a uma Comunidade Britânica aparentemente isolacionista e uma Grã-Bretanha pacifista»[31]. O que esta explicação omite é que o papel de um jornal de referência não é apenas seguir a opinião pública, mas sim tentar influenciá-la, em especial quando uma política governamental importante assenta em pressupostos errados. E o papel do editor não é certamente suprimir notícias com a justificação de que podem incomodar as pessoas ou obrigar o governo a reconsiderar as suas políticas.

O próprio Eduardo VIII, durante os seus onze meses de reinado, em 1936, apoiou o apaziguamento. Segundo um relato, quando Hitler enviou tropas para a Renânia, em março de 1936, numa violação do Tratado de Versalhes, o rei convocou o embaixador alemão em Londres para lhe dizer que tinha dado a conhecer «o meu pensamento» ao primeiro-ministro Baldwin, a saber: «Eu disse ao fulano que se ele optasse pela guerra, eu abdicaria. Foi uma cena assustadora. Mas não precisa de se preocupar. Não vai haver guerra.»[32] Mais tarde, no mesmo ano, o rei acabou por abdicar, mas por outras razões. Durante a guerra, as suas opiniões e contactos de direita foram uma preocupação constante para Churchill e para os serviços secretos britânicos.

Muitos dos defensores do apaziguamento consideravam-se pragmáticos. Na sua perspetiva, estavam confrontados com o facto de uma Alemanha em ascensão só poder ser contrariada por uma forte coligação europeia disposta a enveredar pela via militar. Porém, diziam eles, não iria haver nenhuma coligação. Por conseguinte, tendo em conta a inexistência de uma aliança e o ritmo vagaroso do rearmamento britânico, o apaziguamento era a opção inteligente, a via preferida de cabeças muito menos quentes do que a de Winston Churchill. Em janeiro de 1938,

Neville Chamberlain declarou numa carta: «sendo realista, tenho de fazer todos os possíveis para garantir a segurança do país.»[33]

Apesar dos argumentos do *Times* e dos primeiros-ministros que o jornal apoiou vigorosamente – primeiro Stanley Baldwin e depois Chamberlain –, hoje é evidente que o apaziguamento assentou mais numa ilusão do que num calculismo racional, dado que implicou necessariamente acreditar na sanidade mental e na honestidade de Hitler. O próprio Chamberlain disse em privado à irmã que Hitler era «um homem de fiar quando dá a sua palavra de honra».[34] O ex-primeiro-ministro David Lloyd George, depois de se encontrar com Hitler, disse que o líder alemão era «um homem notável» e que «a adulação não lhe subiu à cabeça»[35].

A resposta de Churchill aos argumentos dos apaziguadores foi que o poder nazi na Alemanha significava que a política de apaziguamento acabaria por conduzir à guerra. «A ascensão da Alemanha à paridade militar com a França, com a Polónia ou com os pequenos Estados significa uma nova guerra europeia geral»,[36] disse ele na Câmara dos Comuns, em abril de 1933, cerca de três meses depois de Hitler se ter tornado chanceler e de ter começado a transformar a Alemanha num Estado de partido único. Perto do fim do ano, noutro discurso na Câmara dos Comuns, Churchill afirmou: «o grande facto dominante é que a Alemanha se está a rearmar, já se começou a rearmar.»[37]

Um ano mais tarde, Churchill perguntou: «Qual é o facto novo e importante que nos confrontou nos últimos 18 meses?» E respondeu: «A Alemanha está a rearmar-se. Este é o facto novo e importante que prende a atenção de todos os países da Europa, aliás, do mundo, e que relega quase todas as outras questões para segundo plano.»[38] Churchill estava especialmente preocupado com o aumento do poderio aéreo alemão. «A Alemanha já dispõe de um exército poderoso e bem equipado, com uma artilharia excelente e com uma reserva imensa de homens armados e instruídos. As fábricas de munições alemãs estão a funcionar praticamente em condições de guerra e produzem material bélico num fluxo que, pelo menos nos últimos 12 meses, tem vindo a aumentar. Uma grande parte desta produção é inquestionavelmente ao arremedo dos tratados assinados. A Alemanha está a rearmar-se em terra; também se está a rearmar, até certo ponto, no mar; mas o que mais nos preocupa é o rearmamento aéreo da Alemanha.»

Mas a perspetiva do governo britânico continuou a ser exatamente o oposto: na ótica de muitos dos seus líderes, a via para a paz era não embarcar numa corrida ao armamento, e até era mesmo desarmar[39]. No fim dos anos 30, Hitler convenceu-se de que a Grã-Bretanha era demasiado fraca para combater e muitos líderes britânicos concordaram em privado com a sua opinião. Quando a Alemanha começou efetivamente a aumentar o seu poderio militar, a reação oficial britânica foi pressionar o governo francês no sentido de fazer cedências que apaziguassem os alemães[40]. Clement Attlee, uma figura destacada do Partido Trabalhista, falou pela opinião corrente quando disse, em 1935, a propósito da prossecução da paz: «não cremos que possa ser pela defesa nacional. Pensamos que só pode ser avançando para um mundo novo – um mundo do direito, da abolição dos armamentos nacionais, com uma força militar mundial e um sistema económico mundial.»[41] Porém, em finais da década, Attlee passou a apoiar Churchill e tornou-se um opositor declarado da política de apaziguamento de Chamberlain.

Mas outros persistiram na via do apaziguamento. Depois de se tornar primeiro-ministro, em maio de 1937, Chamberlain procurou a reconciliação com a Alemanha oferecendo-lhe territórios coloniais[42]. Em novembro de 1937, o ministro dos Negócios Estrangeiros do governo de Chamberlain, Lorde Halifax, encontrou-se com Hitler. O encontro deixou-o tranquilizado e ele disse ao governo que os alemães «não têm nenhuma política de aventureirismo imediata»[43]. Em março de 1938, Attlee acusou Chamberlain de estar a «praticar uma política de negociação com pessoas que mostraram a sua crença na força e que a exercem mesmo quando ele está a negociar com elas»[44].

Para sossegarem Hitler, os líderes do Partido Conservador decidiram que Churchill devia ser excluído de uma posição de liderança. Thomas Jones, conselheiro do primeiro-ministro Baldwin, passou anos a garantir que Churchill permanecia marginalizado. Em 1934, Jones confidenciou a um amigo: «mal ou bem, todas as pessoas de todos os tipos que conheceram Hitler estão convencidas de que ele é um fator para a paz.»[45] Jones, que era uma delas, escreveu dois anos depois: «Temos provas em abundância do desejo de todos os alemães de terem uma relação amistosa connosco.»[46] Depois de fazer ele próprio a peregrinação para se encontrar com o líder alemão, Jones informou Baldwin: «Hitler acredita em si, e acredita que o senhor é o único neste país que pode conseguir a reorientação da Inglaterra, da França e da Alemanha que ele deseja.»[47] Jones advogou «firmemente uma aliança com a Alemanha»,[48] uma atitude que até chocou alguns dos seus aliados políticos.

Por conseguinte, até ao último ano da década, Churchill foi considerado, como resumiu o historiador Tony Judt, um «marginal demasiado talentoso: bom demais para ser ignorado, mas demasiado anticonvencional e pouco "fiável" para ser nomeado para os cargos mais altos»[49]. Havia quem o considerasse irrefletido, com energia a mais e discernimento a menos. «Todos sabemos que na nossa vida política não existe nada tão completamente obsoleto como o Winston Churchill de há dez anos»,[50] desdenhou Herbert Samuel, luminária do Partido Liberal, num debate parlamentar em março de 1930. Poucos anos depois, Samuel comparou Churchill, em matéria de política de defesa, a «um malaio com instintos assassinos»[51]. Em 1934, quando Churchill falou na Universidade de Oxford sobre a sua preocupação com a segurança de Inglaterra, foi acolhido, segundo Martin Gilbert, o seu biógrafo oficial, com «gargalhadas de escárnio»[52]. Em fevereiro de 1935, *Sir* Samuel Hoare, uma das principais figuras do Partido Conservador, confidenciou ao editor do *Manchester Guardian*: «não existe praticamente um único conservador disposto a aceitar Churchill como líder do partido ou primeiro-ministro.»[53]

Mas talvez a estocada mais dolorosa tenha sido a desferida pelo deputado conservador Thomas Moore, em maio de 1935: «Embora não se deva criticar ninguém no crepúsculo da vida, nada desculpa o distinto deputado por Epping [Churchill] por ter permeado todo o seu discurso com a ideia de que a Alemanha se está a armar para a guerra.»[54] Outro conservador escreveu no seu diário, depois de jantar com Churchill, que o tinha achado «muito desequilibrado»[55]. Dada esta torrente de críticas, não admira que em finais de 1936 Churchill tenha momentaneamente pensado que a sua carreira política estava «acabada»[56]. Churchill não diz nas suas memórias se acreditou nisto, mas refere que «a opinião quase universal era que a minha vida política tinha finalmente terminado»[57].

A improbabilidade de Churchill chegar a primeiro-ministro tornou-se uma piada para os seus adversários. «Independentemente dos perigos que possamos ter pela frente neste país, a perspetiva de um governo formado pelo Sr. Winston Churchill… e terceiros não é um deles»,[58] disse o barão Ponsonby de Shulbrede com uma risada na Câmara dos Lordes. Ponsonby, cujo pai fora secretário particular da rainha Vitória e cujo avô combatera em Waterloo,[59] alongou-se posteriormente sobre esse perigo, dizendo na Câmara dos Lordes que talvez viesse a ser necessário encarcerar Churchill: «Tenho a maior admiração pelas capacidades parlamentares, literárias e artísticas do Sr. Churchill, mas sempre considerei que, em caso de crise, ele deverá ser uma das primeiras pessoas a internar.»[60] Na mesma altura, Lorde Maugham sugeriu que o melhor era «fuzilar ou enforcar»[61] Churchill.

O isolamento de Churchill aumentou ainda mais em dezembro de 1936, quando ele alinhou com Eduardo VIII durante a crise da sua eventual abdicação para desposar uma americana divorciada, Wallis Simpson. Ao apoiar o rei, foi visto como opositor da aristocracia, que estava a tentar refrear o monarca, o qual, por sua vez, gozava de imenso apoio popular. Além disso, ao alinhar com Eduardo VIII, Churchill desafiou o Partido Conservador e o seu líder, o primeiro-ministro Baldwin. O apoio de Churchill ao rei é um enigma para os historiadores, em especial à luz do que se veio posteriormente a saber acerca das simpatias fascistas de Eduardo. A melhor interpretação é que o tradicionalismo de Churchill e o seu amor ao rei e ao país tenham prejudicado a sua avaliação do homem.

Quando Churchill falou contra a posição do partido na Câmara dos Comuns, foi bastante apupado. Vermelho de fúria, gritou a Baldwin: «Vocês só vão ficar satisfeitos quando o quebrarem, não é?»[62] No fim do dia, Churchill disse a um amigo que julgava que a sua carreira política estava acabada.

O rei foi efetivamente forçado a abdicar. Nesse mês, durante as festividades natalícias, os colegiais ingleses chocaram os pais e os professores cantando:

> Os anjos anunciam, como uma lei,
> Que a Sra. Simpson nos roubou o rei.[63]

«Para as classes altas, é mais grave que ela seja americana do que divorciada», observou o snobe do costume, Harold Nicolson[64].

Mas os alemães não tinham a certeza de que Churchill estava acabado e continuaram a observá-lo. Em 1937, Churchill almoçou na embaixada alemã com Joachim von Ribbentrop, o embaixador alemão em

Londres. Os nazis sabiam que Churchill era uma das principais vozes contra eles na Grã-Bretanha. Ribbentrop começou por dizer a Churchill que a Alemanha procurava a amizade da Inglaterra, que não pretendia o desmantelamento do Império Britânico e que apenas queria liberdade de manobra na parte oriental da Europa para adquirir o «espaço vital» de que necessitava. Para atingir esse objetivo, disse Ribbentrop, apontando para um mapa na parede da embaixada, a Alemanha teria de absorver a Polónia, a Ucrânia e a Bielorrússia. A única coisa que a Alemanha pedia era que a Grã-Bretanha não interferisse.

Churchill, de pé a olhar para o mapa, respondeu que a Grã-Bretanha não alinharia em semelhante plano. Ribbentrop virou-se «abruptamente» do mapa e disse: «Nesse caso, a guerra é inevitável. Não há outra saída. O *Führer* está decidido. Nada o parará; nada nos parará.»

Voltaram para os seus lugares. Churchill avisou Ribbentrop para não subestimar a Grã-Bretanha. «Se nos envolverem noutra Grande Guerra, o mundo inteiro estará contra vocês, como da última vez.»

O alemão levantou-se e declarou, com algum «calor», que não era essa a sua avaliação: «A Inglaterra pode ser muito esperta, mas desta vez não vai conseguir pôr o mundo contra a Alemanha.»[65]

Churchill prosseguiu a cruzada contra o apaziguamento. Em abril de 1937, avisou a Câmara dos Comuns: «Parecemos estar a avançar, a derivar, firmemente e contra a nossa vontade, contra a vontade de todas as raças, de todos os povos e de todas as classes, para uma catástrofe hedionda. Toda a gente deseja impedi-la mas ninguém sabe como.»[66]

A sua apreensão aumentou em 1938, quando a política de apaziguamento de Chamberlain atingiu o auge na prática e em popularidade.

O ponto mais deprimente de Churchill ocorreu na noite de 20 de fevereiro de 1938. Estava deitado na cama, sem conseguir dormir. Pensou na demissão de Anthony Eden, o ministro dos Negócios Estrangeiros, por causa da decisão de Chamberlain de prosseguir com a política de apaziguamento. «Vi a luz do dia entrar lentamente pelas janelas», escreveu ele, «e contemplei perante mim, com um olhar mental, a visão da Morte.»[67] Um mês depois, Churchill, num tom elegíaco, disse na Câmara dos Comuns: «Há cinco anos que falo na Câmara sobre estas questões, mas sem grande sucesso. Vi esta famosa ilha descer, de forma incontinente e débil, as escadas que conduzem a um abismo negro.»[68]

No dia 14 de maio de 1938, quando a seleção de futebol britânica jogou contra a Alemanha perante cem mil espetadores no Estádio Olímpico de Berlim, os jogadores fizeram a saudação nazi durante o hino nacional alemão,[69] a pedido expresso do Ministério dos Negócios Estrangeiros, agora chefiado por Lorde Halifax. Na primavera, Halifax disse ao governo que no interesse da paz, talvez fosse necessário a Grã-Bretanha pressionar a Checoslováquia para fazer cedências a Hitler. «Era uma coisa desagradável», admitiu ele, «que tinha de ser feita o mais agradavelmente possível»[70]. Esta frase constrangida terá representado a essência do apaziguamento – e o seu epitáfio.

* * *

O primeiro-ministro Chamberlain deslocou-se três vezes à Alemanha em setembro, e concluiu o Acordo de Munique com Hitler. Foi com este pacto que começou o regresso político de Churchill.

Mas no princípio não pareceu assim. No outono de 1938, Chamberlain estava em alta. Agradado com a sua perícia diplomática, disse no primeiro encontro com Hitler: «Eu estabeleci uma certa relação de confiança, o que era o meu objetivo, e pela minha parte, apesar da dureza e implacabilidade que julguei ver no seu rosto, fiquei com a impressão de que ele era um homem no qual se podia confiar depois de dar a sua palavra.»[71] No segundo encontro, Chamberlain cedeu a todas as exigências de Hitler. Os governos da Grã-Bretanha e da França disseram aos checos para cederem à Alemanha a orla ocidental do seu país, a Terra dos Sudetas, que tinha uma considerável população germânica. Com esta atitude, Chamberlain deu à Alemanha liberdade de manobra para começar a fragmentar a Checoslováquia, a começar por um terço da população e o seu sistema de defesa fronteiriço. Churchill reagiu: «A crença de que é possível garantir segurança atirando um pequeno Estado aos lobos é uma ilusão fatal.»[72] Chamberlain disse ao governo que acreditava que Hitler confiava nele.

No dia 29 de setembro, Chamberlain deslocou-se de avião à Alemanha para o terceiro encontro do mês com Hitler. Ao regressar a Londres, proclamou que tinha garantido «paz para os nossos tempos». Foi aclamado entusiasticamente nas ruas.

Quando a Câmara dos Comuns se voltou a reunir, na semana seguinte, Chamberlain começou por declarar com satisfação: «Foi dissipada a nuvem de ansiedade que tínhamos nos nossos corações.» E disse: «lancei as fundações da paz.» Chamberlain garantiu à Câmara que não estava arrependido. Quando a meia dúzia de opositores gritou «vergonha!», ele respondeu: «Não tenho nada de que me envergonhar. Quem tem, que baixe a cabeça.»

A maior parte dos deputados apoiou Chamberlain[73]. George Lansbury, um membro idoso do Partido Trabalhista, apoiou o primeiro-ministro conservador dizendo à Câmara: «Ouço muitas críticas a *Herr* Hitler e ao *Signor* Mussolini. Conheci ambos e posso dizer que são muito parecidos com qualquer outro político ou diplomata.» O conservador Cyril Culverwell saudou Chamberlain pela sua «coragem, sinceridade e hábil liderança». De qualquer dos modos, acrescentou ele, «Só existem duas alternativas, a guerra ou o apaziguamento». A maioria era a favor da segunda.

O conservador Henry Raikes referiu que Chamberlain tinha garantido um lugar nobre na história: «Nós, neste lado da Câmara, temos o direito de nos sentirmos orgulhosos por o primeiro-ministro nos ter liderado como liderou. Temos o direito de dizer que em vez de se ouvirem apupos à sua afirmação de que foi conseguida a paz para os nossos tempos, devia haver a plena apreciação do facto de o nosso líder ficar na história como o maior estadista europeu deste ou de qualquer outro tempo.»

Churchill não disse nada nos dois primeiros dias de debate sobre Munique. No terceiro e último, dia 5 de outubro, uma quarta-feira, pouco depois das cinco da tarde, levantou-se finalmente para falar. «Começo por dizer o que toda a gente gostaria de ignorar ou esquecer, mas que tem de ser dito, nomeadamente que sofremos uma derrota total e absoluta.»

Lady Astor, que era desde há muito a sua Némesis política e veementemente pró-apaziguamento, interrompeu-o com um grito: «Disparate!»

Churchill respondeu: «O máximo que o meu distinto amigo, o senhor primeiro-ministro, conseguiu garantir com os seus esforços imensos, com os grandes esforços e a grande mobilização que tiveram lugar neste país, e com toda a angústia e tensão que passámos neste país, o máximo que ele conseguiu garantir –»

Churchill foi novamente interrompido por alguns deputados, que gritaram: «Foi a paz!»

Churchill continuou: «O máximo que ele conseguiu garantir para a Checoslováquia... foi que o ditador alemão, em vez de tirar as suas vitualhas da mesa, aceitou que lhas servissem prato a prato.»

E prosseguiu: «Estamos perante um desastre da primeira magnitude.» Depois de outra breve interrupção de *Lady* Astor, novamente ignorada, Churchill concluiu com um aviso quase bíblico: «Isto é apenas o princípio do acerto de contas. É apenas o primeiro passo, a primeira amostra de uma taça amarga que nos será oferecida ano após ano a menos que, através de uma recuperação suprema da saúde moral e do vigor marcial, nos ergamos de novo e lutemos pela liberdade como em tempos de antanho.»

Mas Churchill falou para a história e não para os deputados da Câmara dos Comuns. A atitude destes foi particularmente bem sintetizada por Thomas Magnay, um deputado do Partido Liberal eleito por Gateshead, perto de Tyne, que perguntou retoricamente, com uma nítida indiferença em relação à resposta: «Mas o que é a Checoslováquia?»[74]

O primeiro-ministro encerrou os três dias de debate sublinhando a natureza pessoal do seu compromisso:

> Qualquer pessoa que tenha passado pelo que eu passei dia após dia, confrontado com o pensamento de que, em última análise, seria eu e só eu que teria de dizer o sim ou o não que decidiria o destino de milhões dos meus compatriotas, das suas mulheres, das suas famílias – um homem que passou por isto não consegue esquecer facilmente.[75]

Por conseguinte, disse ele, não se nortearia pelas críticas parlamentares, mas sim pela sua própria consciência. «Quando um homem chega à minha idade e ocupa a posição que eu ocupo, penso que tende a sentir que as críticas, e até mesmo os insultos, têm pouca importância quando a sua consciência aprova os seus atos.» A Câmara dos Comuns aprovou esta política por 366 votos contra 144.

Após o debate sobre o Acordo de Munique, Churchill viu-se confrontado com um desafio dos seus próprios eleitores. «O facto puro e duro», escreve Roy Jenkins, «é que no outono de 1938, durante cerca de seis semanas, e depois cada vez menos, durante quatro meses, se duvidou de que ele pudesse continuar na câmara como deputado do Partido Conservador»[76]. No dia 4 de novembro de 1938, os conservadores de Epping reuniram-se para decidirem se iriam continuar a apoiá-lo como seu representante no parlamento. Churchill ganhou a votação por 100 votos contra 44. Jenkins refere que teriam bastado trinta votos para alterar a história caso Churchill tivesse sido obrigado a demitir-se e depois a concorrer numa eleição especial para o seu lugar, provavelmente contra um conservador chamberlainista.

Entretanto, Chamberlain estava no auge da sua popularidade[77]. O presidente da câmara de Cardiff, em Gales, ordenou o hasteamento da suástica a título de celebração. Peregrine Cust, 6.º barão Brownlow, ex-membro da Casa Real de Eduardo VIII, ofereceu a Chamberlain uma cigarreira gravada com o mapa da Europa e com três safiras incrustadas a indicarem a localização de cada um dos três encontros entre Chamberlain e Hitler – Berchtesgaden, Godesburg e Munique. Em finais de outubro, Chamberlain reafirmou confiantemente aos membros do seu governo: «A nossa política externa é de apaziguamento.»[78] Charles Lindbergh chegou a Londres e disse aos seus anfitriões que estava convencido de que em caso de guerra «as democracias serão esmagadas de forma absoluta e definitiva»[79].

Mas Hitler compreendeu as implicações da posição de Chamberlain manifestamente melhor do que os líderes britânicos. Em palavras e atos, começou a mostrar o verdadeiro significado de Munique. Em dois discursos proferidos no princípio de novembro, atacou diretamente Churchill, chamando-lhe «louco» e força belicista[80]. De seguida, os nazis lançaram um ataque generalizado contra os judeus alemães e austríacos, incendiando centenas de sinagogas e destruindo sete mil estabelecimentos pertencentes a judeus. Os ataques de 9 e 10 de novembro de 1938, hoje recordados com o nome de «Noite de Cristal» por causa das montras partidas, são considerados por alguns historiadores o início do Holocausto, porque foram o primeiro caso de violência massificada organizada pelo Estado contra os judeus na Alemanha e na Áustria.

Chamberlain reagiu à «Noite de Cristal» com irritação, dizendo à irmã que estava «horrorizado», mas queixando-se: «Acho que vou ter de dizer qualquer coisa sobre o assunto.»[81] Mas disse muito pouca coisa diretamente ou mesmo indiretamente, quando a Câmara dos Comuns debateu a questão dos refugiados judeus,[82] em novembro. O seu silêncio não passou despercebido. Neville Laski, presidente da Comissão dos

Deputados Judeus Britânicos, disse ao editor do *Manchester Guardian* que Chamberlain nunca «teve uma palavra de simpatia para os judeus da Alemanha»[83]. E acrescentou que o primeiro-ministro também tinha sido reticente durante um encontro privado com judeus britânicos importantes. Chamberlain ainda estava a viver o êxito de Munique. O seu cartão de Natal tinha uma fotografia do seu avião, um bimotor bicaudado Lockheed Electra, a voar rumo à Alemanha[84].

Churchill ficou horrorizado. Em privado, ameaçou: «nas próximas eleições gerais, falarei contra o governo em todas as plataformas socialistas do país.»[85] (De forma inexplicável, Churchill não menciona a «Noite de Cristal» em nenhum dos volumes das suas memórias da Segunda Guerra Mundial, mesmo quando relata minuciosamente os passos que conduziram à guerra, por exemplo, dedicando várias páginas a analisar as implicações da substituição, meses depois, de Maxim Litvinov por V. M. Molotov no cargo de ministro dos Negócios Estrangeiros soviético. É uma das omissões mais estranhas das suas memórias).

Havia dinheiro para reforçar as defesas britânicas, mas Chamberlain pronunciou-se contra. Apesar de o governo britânico ter um *superavit* de 20 milhões de libras, ele insistiu que semelhante iniciativa não era sensata. Enquanto ex-chanceler do Tesouro, disse ele ao governo, a posição financeira parecia ser «extremamente perigosa»[86].

Em termos globais, Chamberlain estava satisfeito com as suas realizações. Escreveu à irmã: «Vai levar algum tempo até que a atmosfera seja certa, mas as coisas estão a andar na direção que eu quero.»[87] Quando o governo alemão perguntou ao embaixador britânico em Berlim como deveriam ser interpretados os discursos de Churchill, o embaixador disse que não havia motivos para preocupação.

Em meados de março de 1939, Hitler mandou entrar o exército alemão no resto da Checoslováquia, que Chamberlain tinha caracterizado publicamente seis meses antes como «um país longínquo», envolvido «numa querela… entre pessoas das quais nada sabemos».[88]

Já não havia nada a fazer. Com a invasão da Checoslováquia fragmentada, era óbvio que o apaziguamento tinha falhado, e com ele, Chamberlain. Nas últimas décadas, tem-se vindo a afirmar a perspetiva revisionista de que Chamberlain ganhou tempo para a Grã-Bretanha, mas isto é ignorar dois fatores cruciais. Um é que Hitler também ganhou muito, por exemplo, apoderando-se do ouro da Áustria e da indústria de armamento da Checoslováquia e garantindo mais recursos humanos para as suas fábricas e exércitos. O outro fator é que Chamberlain não deu nenhuma indicação de que o seu objetivo era ganhar tempo, e é provável que ele ou um dos seus aliados políticos, tais como Lorde Halifax, tivessem pedido a paz em 1940, caso estivessem no poder. Alguns revisionistas argumentam que o adiamento se destinou a dar à Royal Air Force tempo para se reforçar, mas este argumento ignora o facto de Chamberlain só ter financiado o fabrico de caças porque eram menos dispendiosos do que os bombardeiros[89].

Sabemos hoje que no dia 23 de maio de 1939, Hitler convocou as altas chefias militares ao seu estúdio na Chancelaria para lhes revelar os seus planos para a guerra, que segundo ele era inevitável[90]. Primeiro, tencionava «atacar a Polónia na primeira oportunidade adequada». De seguida, haveria eventualmente uma «luta de vida ou morte» com a Inglaterra. Hitler definiu as condições necessárias para a vitória alemã: «Se a Holanda e a Bélgica forem ocupadas e defendidas, e se a França também for derrotada, estarão garantidas as condições essenciais para uma guerra vitoriosa contra a Inglaterra. A Inglaterra poderá ser bloqueada a partir da França Ocidental pela Força Aérea, e a Marinha, com os seus submarinos, poderá alargar o alcance do nosso bloqueio.» Hitler não mencionou os Estados Unidos neste documento, segundo a tradução utilizada depois da guerra, nos julgamentos de Nuremberga. Existem provas de que naquela altura ele previu uma guerra contra os Estados Unidos, mas só depois de subjugar a Europa e a União Soviética[91].

Enquanto os britânicos assistiam à expansão hitleriana, as chalaças políticas acerca de Churchill começaram a diminuir. «O distinto cavalheiro continua a chegar à Câmara com avisos para o governo», disse Reginald Fletcher num debate, em junho de 1939. «O governo rejeita invariavelmente os seus avisos, mas depois vemo-lo sempre a ter de adotar as suas propostas por um preço muito mais elevado do que precisaria de pagar caso lhe tivesse dado ouvidos.»[92] Mas mesmo nessa altura, Chamberlain negou-se firmemente a colocar Churchill numa posição de liderança. O primeiro-ministro informou um dos seus aliados políticos, Geoffrey Dawson, editor do *Times*, de que «não fazia tenção de ser obrigado a aceitar novamente o Winston»[93].

A pressão a favor de Churchill aumentou. Em agosto de 1939, na véspera da guerra na Europa, Eleanor Rathbone, uma deputada independente e ativista dos direitos das mulheres que representava universidades inglesas com a exceção de Oxford, Cambridge e Londres (que tinham deputados próprios), disse na Câmara dos Comuns que Churchill «profetizou sempre que estas coisas iriam acontecer, mas os seus avisos foram ignorados»[94].

CAPÍTULO 5

ORWELL TORNA-SE «ORWELL»

* * *

ESPANHA, 1937

No dia 15 de dezembro de 1936, Orwell meteu o manuscrito de *O caminho para Wigan Pier* no correio para o editor, e uma semana depois partiu para Espanha. Parou em Paris para ver Henry Miller, um escritor que admirava, e Miller ofereceu-lhe um casaco de bombazina para ele usar em Espanha. Orwell chegou a Barcelona perto do dia de Natal.

Assim começaram os sete meses mais significativos da vida política de Orwell. O que ele viu na Guerra Civil de Espanha, em 1937, influenciou todo o seu trabalho subsequente. Existe uma linha direta das ruas de Barcelona em 1937 às câmaras de tortura de *1984*.

Mas as coisas ainda não eram assim quando Orwell chegou a Espanha, em finais de 1936. Barcelona, a capital da Catalunha, no nordeste de Espanha, era um dos principais centros de resistência à guerra da direita contra a República. Orwell foi para Espanha para escrever sobre a Guerra Civil mas alistou-se quase de imediato nas forças esquerdistas. Orwell ficou quase tonto de contentamento com a atmosfera genuinamente revolucionária de Barcelona, onde as pessoas se tratavam como camaradas. Pela primeira vez na vida, sentiu que estava a ver a classe operária aos comandos. «Existia sobretudo a crença na revolução e no futuro, o sentimento de termos entrado subitamente numa era de igualdade e liberdade»,[1] escreveu ele.

Outros estrangeiros também ficaram intoxicados. Kitty Bowler, uma jovem antifascista americana, escreveu à mãe: «Está-se a criar aqui um mundo novo.»[2] Lois Orr, outra americana, gostou que os anarquistas tivessem adotado o marinheiro Popeye como mascote e vendiam emblemas e lenços com o marinheiro a acenar com a bandeira vermelha e preta do seu partido[3]. No entanto, observou ela, o Rato Mickey era considerado apartidário. (Alguns anos depois, num ensaio sobre Dickens, Orwell disse num aparte que Popeye e o Rato Mickey eram «variantes de Jack, o Mata--gigantes».)[4] Quando chegou a Barcelona, o marxista austríaco Franz Borkenau sentiu que era «como se tivéssemos aterrado num continente diferente de tudo o que tinha visto antes»[5]. Os trabalhadores mandavam, a polícia quase não se via e toda a gente parecia ser camarada. No ano seguinte, Borkenau foi torturado pela polícia comunista espanhola por causa da sua descrença no comunismo, e Lois Orr também passou por uma cadeia comunista.[6]

Orwell começou a familiarizar-se com a cidade e perguntou a uma inglesa como é que podia chegar à frente de combate. Ela ficou desconfiada e pediu-lhe as suas credenciais. «Ele convenceu-me apontando para as botas que trazia penduradas ao ombro»,[7] recordou ela. Foi um gesto convincente porque mostrou que ele sabia no que é que se estava a meter e que talvez tivesse alguma experiência militar. Nos seus documentos de alistamento, Orwell deu como profissão «merceeiro»,[8] o que era verdade devido à sua experiência recente de lojista de aldeia.

Orwell dirigiu-se para a frente, a cerca de 120 km a oeste de Barcelona. Foi recebido por Bob Edwards, o coordenador dos voluntários britânicos na zona. Edwards recordou a chegada de Orwell: «Ele avançou na minha direção – com os seus quase dois metros de altura – vestido com uma mistura grotesca de roupas – calças de montar de bombazina, grevas caquis e umas botonas empapadas em lama, um gibão amarelo de pele de porco, um passa-montanhas cor de chocolate com um enorme lenço caqui de malha enrolado à volta do pescoço e do rosto, até às orelhas, uma espingarda alemã obsoleta ao ombro e duas granadas de mão penduradas no cinto.»[9]

Orwell sendo Orwell, a primeira coisa que lhe chamou a atenção quando chegou à zona de combate foi o fedor omnipresente: «Estávamos perto das primeiras linhas, suficientemente perto do cheiro, o cheiro característico da guerra – no meu caso, um cheiro a excrementos e comida putrefacta.»[10] Talvez seja a frase quintessencial de Orwell: ele oferece uma observação direta e sombria e consegue usar três vezes a palavra «cheiro».

Orwell não viu nada de romântico na frente de combate. Era triste, cansativa e, por vezes, macabra:

> Tínhamos largado as nossas mochilas e estávamos a rastejar para fora do abrigo quando se ouviu outra detonação e uma das crianças da nossa companhia veio a correr do parapeito com a cara ensanguentada. Ao disparar a espingarda, tinha rebentado com a culatra; tinha o escalpe desfeito pelos estilhaços do cartucho rebentado. Foi a nossa primeira baixa – de forma característica, auto-infligida.[11]

Quase por acaso, como ele relata, Orwell tinha-se juntado a uma unidade formada pelo POUM (Partido Operário de Unificação Marxista). Era um pequeno grupo de extrema-esquerda, obviamente oposto aos fascistas de Franco mas muito distinto por causa da sua atitude anti-estalinista. Era vagamente trotskista numa altura em que Trotsky representava uma ameaça grave para a visão soviética do mundo por oferecer um ponto focal para os socialistas não estalinistas. Por conseguinte, o POUM era anátema para o Partido Comunista Espanhol, que era controlado pelos soviéticos. O jornal do POUM fora o único na Catalunha a criticar os julgamentos fantoches iniciados em Moscovo no verão de 1936, quando Estaline eliminou a maior parte dos seus antigos camaradas bolcheviques[12].

A ligação ao POUM foi perigosa para Orwell – muito mais do que ele se apercebeu na altura – mas ofereceu-lhe uma plataforma perfeita para compreender a grande crise ideológica do seu tempo. Orwell não sabia obviamente que o NKVD, a agência de espionagem russa profundamente envolvida em Espanha na altura, já tinha lançado o seu olhar gélido sobre o POUM. Aleksandr Orlov, o chefe dos serviços de informações soviéticos em Espanha, tinha garantido aos seus superiores que – se e quando necessário – «a organização trotskista POUM será facilmente liquidada»[13]. Quando começou a repressão contra o POUM, na primavera de 1937, Orwell e os seus companheiros tornaram-se homens marcados.

Quando chegou às trincheiras, Orwell reparou que era seguido por um cão com as letras POUM pintadas ou gravadas no flanco[14]. É possível que a visão do animal politizado tenha plantado a semente do livro que ele escreveu sete anos depois sobre os porcos estalinistas. Aliás, na altura em que escreveu o livro, tinha um caniche preto ao qual chamou *Marx* – não se sabe se foi uma referência a Groucho ou a Karl[15].

Depois de se instalar na frente, Orwell queixou-se, como os soldados se queixam sempre, de que «não se passava nada, nunca se passava nada»[16]. A sua unidade tinha ordens para informar o comando sobre o repique de sinos porque as tropas nacionalistas celebravam missa antes de lançarem os ataques mais importantes. Desconhece-se se os sinos serviram alguma vez de aviso.

Como soldado, Orwell «era muito prático»,[17] recordou outro voluntário britânico, Stafford Cottman. Devido à sua experiência paramilitar na Birmânia, Orwell foi nomeado chefe de secção quase de imediato e ficou com doze homens a seu cargo. Orwell sublinhou a necessidade de limpar e olear as espingardas. Costumava aventurar-se na terra de ninguém para apanhar batatas[18]. A única vez que infringiu a disciplina foi na noite em que matou uma ratazana a tiro, levando os seus camaradas a pensarem que estavam a ser atacados. Edwards, que comandava os combatentes britânicos na zona, disse que Orwell tinha uma fobia aguda aos roedores que lhes mordiscavam as botas durante a noite. Edwards recordou o incidente com alguma irritação: «Estava tudo calmo e de repente ouviu-se um estouro terrível. Era o Orwell. Tinha dado um tiro numa ratazana no seu abrigo. E o barulho ouviu-se em toda a frente. Os fascistas julgaram que iam ser atacados. Fomos atacados com artilharia e bombardeiros. Rebentaram com a cantina, com os autocarros e muitas outras coisas. O tiro na ratazana saiu muito caro.»[19]

Contudo, durante a maior parte do tempo, a secção da frente de Orwell esteve calma ou mesmo estagnada, ao ponto de ele pensar em ir para sul, para a região de Madrid, para se alistar nas Brigadas Internacionais. Edwards avisou-o para não ir, dizendo-lhe que o comissário político das brigadas estava a executar homens com «tendências trotskistas»[20].

Em fevereiro de 1937, Eileen, a mulher de Orwell, chegou a Barcelona, e começou a trabalhar para o Partido Trabalhista Independente, um grupo dissidente do Partido Trabalhista britânico. Alojou-se no Hotel Continental, nas Ramblas, a principal artéria da cidade. O hotel localizava-se muito perto da sede do POUM. Em meados de março, Eileen foi visitar Orwell à frente. Mais tarde, escreveu ao seu agente literário: «Deixaram-me passar o dia inteiro nos abrigos das primeiras linhas. Os fascistas desencadearam um pequeno bombardeamento e fizeram muito fogo de metralhadora.»[21] Quando escreveu à mãe, não falou nos tiros, dizendo apenas: «Gostei muito de estar na frente de combate.»

Quando estava de sentinela, Orwell, para ajudar a passar o tempo, fantasiava sobre conseguir uma licença e passar férias à beira-mar com Eileen. «Vamos descansar a sério»,[22] escreveu-lhe ele numa carta. Orwell também se atreveu a esperar que pudessem «ir à pesca» – um dos passatempos favoritos dele. Em finais de abril, depois de 115 dias na frente de combate, Orwell conseguiu uma licença para ir a Barcelona. Entre outras coisas, queria despiolhar-se minuciosamente e tomar um banho quente.

Mas não teve as férias de praia com que tinha sonhado. Encontrou a cidade mudada: «a atmosfera revolucionária tinha desaparecido.»[23] Orwell também ficou admirado ao constatar que, enquanto ele tinha poucas provisões na frente, os oficiais republicanos andavam pela cidade devidamente uniformizados e de arma à cintura. «Na frente, não arranjávamos uma pistola nem por amor, nem por dinheiro»,[24] escreveu ele. Estava em curso uma campanha de propaganda oficial contra as milícias não pertencentes ao Partido Comunista[25]. Os russos, que aprovisionavam as forças republicanas, consideraram que a esquerda anti-estalinista era uma ameaça maior do que os franquistas: o NKVD lançou um ataque contra o POUM e construiu um crematório nos arredores de Barcelona para eliminar os cadáveres das suas vítimas. Pairava sobre a cidade uma sensação de perigo iminente[26].

A tempestade rebentou no dia 3 de maio,[27] cerca de duas semanas depois de Orwell chegar a Barcelona. Orwell estava no átrio do Hotel Continental quando um amigo o informou: «Disseram-me que há confusão na Central Telefónica.» A polícia estava a tentar recuperar o edifício, que se encontrava ocupado pelos anarquistas. A central telefónica ficava diagonalmente oposta ao Hotel Colón, onde Churchill se tinha alojado durante as suas férias, em dezembro de 1935, e tinha achado a comida excelente[28]. Os membros do Partido Comunista Espanhol de Barcelona também gostavam do hotel. Quando a Guerra Civil eclodiu, ocuparam-no e transformaram-no na sede regional do partido.

Horas depois, Orwell estava nas Ramblas quando o tiroteio começou. Um americano que ele conhecia da frente agarrou-lhe no braço e disse-lhe que os homens do POUM se estavam a concentrar no Hotel Falcon, na extremidade das Ramblas. Quando chegou ao hotel, Orwell viu os ativistas do POUM a distribuírem espingardas e caixas com cartuchos. Passou a noite num cabaré ocupado pelo POUM – cortou a cortina do palco para usar como cobertor.

De manhã, havia barricadas nas ruas, construídas com as pedras das calçadas e cascalho. Atrás de uma, alguns homens estavam a estrelar ovos numa fogueira. Na Plaza de Cataluña, segundo Orwell, «numa janela ao pé do O que restava no gigantesco letreiro do "Hotel Colón", que ocupava toda a fachada, eles [os comunistas] tinham instalado uma metralhadora que podia varrer a praça com um efeito mortífero»[29].

A sua experiência dos combates de rua em maio constitui o cerne do livro e levou-o a meditar na política do seu tempo. Ficou chocado ao ver os seus camaradas do POUM denunciados como «trotskistas, fascistas, traidores, assassinos, cobardes, espiões e etc»[30]. Os ativistas do POUM eram particularmente vulneráveis porque a sua fação era pequena e mal armada, e, como não estavam à espera de terem de passar à clandestinidade, não tinham feito preparativos nenhuns.

Orwell foi colocado de sentinela no telhado do Teatro Poliorama, nas Ramblas, que era encimado por duas cúpulas de onde se podia ver toda a rua. Localizava-se à frente do Hotel Continental, onde ele estivera com Eileen. O telhado oferecia um bom campo de tiro para proteger a sede do POUM, que ficava mais abaixo na rua.

Quando ele estava no telhado do Poliorama, apareceu um dos seus antigos colegas da livraria de Hampstead, Jon Kimche. «A maior parte dos combates estavam a decorrer a dois ou três quilómetros de distância», recordou Kimche. Orwell disse-lhe que a milícia do POUM estava muito mal instruída e equipada. Estava entediado e leu vários livros da Penguin que tinha comprado dias antes.

Na tarde de 7 de maio, chegaram à cidade cerca de seis mil soldados governamentais e os combates terminaram. Orwell ficou novamente impressionado com o equipamento daquelas unidades de retaguarda em comparação com a sua unidade de primeira linha. Ficou enojado quando o governo atribuiu a culpa pelos combates ao POUM, que era a mais fraca das fações esquerdistas.

Face a tudo aquilo, Orwell chegou a algumas conclusões que entravam em choque com as convenções esquerdistas da época. Numa altura em que a solidariedade da esquerda era considerada obrigatória, a atitude correta, Orwell começou a desconfiar. Ao observar os combates entre diferentes fações antifascistas em Barcelona, referiu: «Tinha-se a sensação terrível de que alguém que havia sido nosso amigo podia estar a denunciar-nos à polícia secreta.»[31]

Com efeito, os acontecimentos de Barcelona obrigaram-no a reavaliar a esquerda, tal como antes escrutinara o imperialismo e o capitalismo. E concluiu: «O Partido Comunista e a Rússia Soviética lançaram o seu peso contra a revolução.»[32] O Partido Comunista estava decidido a aniquilar sistematicamente os elementos anticomunistas da esquerda – primeiro o POUM, depois os anarquistas, e, finalmente, os socialistas.

Mas dizer aquilo em público era uma espécie de heresia. Orwell, chocado, compreendeu que os jornais da esquerda não noticiavam a situação com exatidão, e que não estavam interessados em fazê-lo. Aceitavam de bom grado as mentiras. «Um dos efeitos mais terríveis foi ensinar-me que a imprensa da Esquerda é tão falsa e desonesta como a da Direita»[33]. escreveu ele. Foi isto que o lançou na obra da sua vida: procurar constantemente determinar os factos, por muito difícil ou impopular que fosse[34].

No dia 10 de maio de 1937, Orwell partiu de Barcelona para a frente, onde o POUM ainda tinha unidades, apesar de estar a ser reprimido em Barcelona pelo governo cujo território estava a defender. No dia 11, o POUM foi denunciado no *Daily Worker** como «Quinta-coluna de Franco»[35]. Apareceram nas paredes de Barcelona cartazes com a frase «FORA COM A MÁSCARA», mostrando um rosto marcado com «POUM» por cima de uma cara fascista.[36] Foi um exemplo clássico da propaganda de «grande mentira».

---

* O jornal do Partido Comunista britânico. (*N. do T.*)

Os soldados do POUM estacionados na frente não foram obviamente informados de que estavam a ser denunciados em Barcelona, e os jornais da cidade não disseram nada sobre a purga.

Orwell contava permanecer na frente até ao fim do verão, mas na madrugada de 20 de maio, quando estava a percorrer as trincheiras, a verificar as sentinelas, foi atingido por um tiro. Ele sabia que era uma altura perigosa porque a sua trincheira, virada para oeste, tinha o sol por detrás, e os atiradores especiais inimigos podiam ver a sua figura recortada no horizonte. Sobre o facto de ser atingido, escreveu: «Foi, por assim dizer, uma sensação de estar no centro de uma explosão. Houve um grande estouro e um clarão ofuscante, e senti um choque tremendo – sem dor, apenas um choque violento, como o levado de um terminal elétrico; e com o choque, uma sensação de fraqueza total, uma sensação de estar enfraquecido e murchado até ao nada. Os sacos de areia que estavam à minha frente recuaram para muito longe.» O impacto da bala atirou-o ao chão. «Tudo isto aconteceu num espaço de tempo muito inferior a um segundo… Senti-me dormente, desorientado, tive a noção de que estava bastante ferido, mas não senti dor no sentido normal.»

A sentinela americana com a qual ele tinha estado a falar aproximou-se a correr. «Caramba! Estás ferido?» O americano, que se chamava Harry Milton, recordou: «Julguei que ele não se ia safar. Tinha mordido o lábio com toda a força e eu calculei que devia estar muito ferido. Mas ainda respirava e os olhos mexiam-se.»[37]

Orwell oferece um dos melhores relatos escritos sobre o que é ser ferido com gravidade por uma bala e pensar que se está moribundo. Ele sabia que tinha sido atingido, mas não sabia onde. Quando lhe disseram que tinha sido no pescoço, comentou: «Convenci-me de que estava feito. Nunca tinha ouvido falar em nenhum homem ou animal atingido no pescoço que tivesse sobrevivido.»[38] Tinha sangue a escorrer de um canto da boca. Julgou que tinha uma carótida cortada, o que significava que lhe restavam apenas alguns minutos de vida. «O meu primeiro pensamento, de forma bastante convencional, foi para a minha mulher. O segundo foi um ressentimento violento por ter de deixar este mundo do qual, com todos os seus prós e contras, gosto bastante.»

Mas os minutos foram passando e ele não morreu. Orwell teve uma sorte tremenda: a bala atravessou o espaço de cerca de um centímetro entre a carótida e a laringe, e o impacto feriu-lhe as cordas vocais. Um bocadinho mais para a esquerda ou para a direita, ou uma vibração maior da bala de alta velocidade, e o mais provável é que tivesse morrido naquele dia. Mas a bala atingiu-o na diagonal e saiu-lhe pela nunca sem lhe cortar a espinha, embora tenha aparentemente atingido um nervo de raspão, provocando-lhe uma paralisia temporária no braço.

Orwell foi transportado de maca durante um quilómetro e meio para um hospital de campanha, onde lhe deram uma injeção de morfina, e depois foi transferido para um hospital militar maior na aldeia de Sietamo, a leste de Huesca, a capital provincial. Os seus camaradas foram visitá-lo, expressaram-lhe o seu contentamento por ele estar e vivo e depois tiraram-lhe o relógio, a pistola, a lanterna e a faca – sabiam que o mais provável era que lhos roubassem no hospital, e, além disso, eram artigos necessários na frente de combate. Durante semanas, a sua voz foi um rouquejo parecido com o guincho dos travões de um velho Ford Modelo T, e não se ouvia a mais de dois metros, segundo disse o seu comandante de batalhão, Georges Kopp[39].

Mas os problemas de Orwell estavam apenas a começar. Depois de convalescer, foi desmobilizado do exército espanhol como inválido. No dia 15 de junho, Andreu Nin, o líder do POUM, foi detido, e depois desapareceu, tendo provavelmente sido assassinado pelo NKVD[40]. No dia 16, o partido foi ilegalizado.

Orwell regressou a Barcelona no dia 20, quando o ataque soviético ao POUM já estava em curso[41]. Numa cena saída de um filme de Hitchcock, na noite em que chegou a Barcelona, Orwell foi ter com Eileen ao Hotel Continental. Ela viu-o no átrio do hotel, sorriu descontraidamente e murmurou-lhe ao ouvido: «*Vai-te embora!*... Tens de te ir embora *já*.»[42] Quando Orwell ia a descer a grande escadaria até à porta principal, encontrou um amigo que lhe repetiu o aviso e lhe disse para se despachar antes que o pessoal do hotel alertasse a polícia. O terceiro aviso foi de um empregado do hotel: «O POUM foi aniquilado. Eles ocuparam todos os edifícios. Estão quase todos na prisão. Diz-se que já estão a fuzilar pessoas.»[43] Orwell apercebeu-se rapidamente de que «os estalinistas controlavam a situação, logo, todos os «trotskistas» estavam em perigo[44].

Orwell tornou-se um fugitivo. Passou a noite nas ruínas de uma igreja. Vagueou pelas ruas durante alguns dias até conseguir obter documentos para poder sair do país com Eileen. Quando encontrava antigos camaradas, ignoravam-se mutuamente «como se fossemos estranhos. Era terrível»[45]. O seu ressentimento com a intrusão do Estado policial nas suas amizades cheira levemente a *1984*.

Seis homens da polícia secreta foram ao quarto de Eileen no hotel a meio da noite à procura de documentos incriminadores. Foram minuciosos, esvaziaram gavetas e malas, espreitaram debaixo da banheira e atrás do aquecedor, perscrutaram as roupas a contraluz. Mas não vasculharam a cama porque Eileen não se levantou. Orwell relatou a cena com algum afeto. «É preciso ter em conta que a polícia era praticamente controlada pelos comunistas, e é provável que aqueles homens fossem do Partido Comunista. Mas também eram espanhóis, e correr com uma mulher da cama era demais para eles. Ignoraram calmamente aquela parte da missão.»[46] E ainda bem, porque os passaportes dos Orwells estavam escondidos na cama com ela[47].

* * *

Ernest Hemingway, que também estava em Espanha, oferece um contraste revelador com Orwell. Hemingway era tão politicamente ingénuo como Orwell era observador, em parte porque a sua atitude de macho o impedia de ver as coisas com exatidão. Em *Por quem os sinos dobram*, o seu romance sobre a Guerra Civil de Espanha, o herói pensa, de uma forma supostamente correta e endurecida: «Ele tinha aprendido... que se uma coisa estivesse fundamentalmente correta, a mentira não importava. E mentia-se muito. No princípio, ele não queria nada com as mentiras, mas depois acabou por gostar. Fazia parte de se ser um homem por dentro da situação.»[48]

No mesmo capítulo, o jornalista russo «Karkov», que Hemingway apresenta como sendo extremamente inteligente, resume o POUM: «Nunca foi uma coisa séria», diz ele ao herói. «Era uma heresia de lunáticos e tresloucados, não passava de uma criancice. Tinha alguma gente honesta que foi desencaminhada. Tinha um cérebro bastante bom e também havia algum dinheiro fascista. Não muito. Pobre P.O.U.M. Eram pessoas muito tontas... Pobre P.O.U.M. Nunca mataram ninguém, nem na frente, nem noutro lugar qualquer. Mas em Barcelona mataram alguns.»[49] Hemingway também dá ao russo um alibi para a execução de Nin, o líder do POUM: «Apanhámo-lo mas ele fugiu.» Oito anos depois, Malcolm Muggeridge, um dos amigos de Orwell, encontrou Hemingway na Paris recém-libertada e não ficou impressionado: «alcoolizado, mais preocupado com a imagem do que com a realidade.»[50]

* * *

Quando os Orwells fugiram do país, a 23 de junho, deram-se por felizes por terem escapado com vida, porque muitos dos seus amigos não conseguiram. Orwell não sabia, mas semanas depois, no dia 13 de julho, ele e a mulher foram oficialmente acusados em Barcelona de espionagem e traição. Segundo o auto de acusação, «A sua correspondência revela que são trotskistas convictos»[51]. E dizia também que Orwell «participou nos acontecimentos de maio» – os combates de rua em Barcelona.

Depois de regressar a casa, Orwell começou a escrever *Homenagem à Catalunha*, o seu primeiro grande livro. Tal como as melhores memórias de guerra, o livro resiste rigorosamente ao dramatismo e é fiel ao facto de todas as guerras serem essencialmente iguais ao consistirem em longos períodos de uma monotonia estupidificante alternados com momentos de medo e choque. O frio e a fome eram inimigos mais terríveis do que os fascistas postados nas trincheiras distantes, fora do alcance das espingardas da República.

O livro começa como uma história bastante boa do que é partir para a guerra, e depois, passados dois terços, quando Orwell se depara com a repressão estalinista dos outros esquerdistas de Barcelona, transforma-se num *thriller* político negro. Orwell transmite duas mensagens: a primeira é que os esquerdistas não devem confiar no comunismo dominado pelos soviéticos; a segunda é que a esquerda aceita a mentira tão prontamente como a direita.

Orwell sabia que nenhum destes temas lhe valeria amigos na esquerda britânica. Ao romper com a esquerda convencional e pró-estalinista, Orwell teve uma atitude semelhante ao distanciamento anterior de Churchill dos elementos pró-fascistas da aristocracia britânica. Orwell sabia que muitos dos seus amigos socialistas britânicos entendiam que mentir, caso ajudasse a causa soviética, era não só permissível como também obrigatório[52].

O livro termina de forma maravilhosa e inesperada, com Orwell a contemplar a paisagem edénica do sul de Inglaterra quando chega a casa – e com um aviso aos habitantes daquela terra verde e agradável:

> Eu ainda estava na Inglaterra que tinha conhecido na infância: os desmontes ferroviários abafados pelas flores silvestres, os prados extensos onde os grandes cavalos reluzentes pastam e meditam, os regatos vagarosos orlados de salgueiros, os seios verdes dos álamos, as esporas nos jardins das casinhas; e a enorme e tranquila região rural dos arredores de Londres, as barcaças no rio lamacento, as ruas familiares, os cartazes a anunciarem partidas de críquete e casamentos reais, os homens com chapéu de coco, os pombos em Trafalgar Square, os autocarros vermelhos, os polícias azuis – todos a dormirem o sono profundo, muito profundo, da Inglaterra, do qual por vezes receio que só acordemos quando formos despertados pelo rugido das bombas.[53]

É um texto maravilhoso, digno de ser lido em voz alta. É muito observador, está imbuído do amor de Orwell à Inglaterra e é sobretudo assombrosamente profético. Foi escrito em meados de 1937, quando os líderes britânicos demandavam a paz através do apaziguamento e uma grande parte da população era a favor do pacifismo. Orwell estava num rumo muito diferente. Tal como ele escreveu numa recensão a um livro, publicada em fevereiro de 1938: «Quando alguém larga uma bomba em cima da nossa mãe, nós largamos duas em cima da dele.»[54]

Ao chegar a casa, Orwell tornou-se o escritor que hoje conhecemos de *O triunfo dos porcos* e *1984*. A Birmânia fez dele um anti-imperialista, mas foi a sua passagem por Espanha que lhe desenvolveu uma visão política e a determinação de criticar a direita e a esquerda com a mesma energia. Antes de Espanha, Orwell foi um esquerdista bastante convencional, para o qual o fascismo e o capitalismo eram essencialmente a mesma coisa[55]. Até essa altura, Orwell manteve-se apegado a algumas das opiniões defendidas pela esquerda nos anos 30.

Orwell partiu de Espanha decidido a opor-se ao abuso do poder nos dois extremos do espetro político. Depois de Espanha, observou o crítico literário Hugh Kenner, ele tornou-se «um esquerdista em choque com a esquerda oficial»[56]. Em setembro de 1937, Orwell escreveu: «É uma pena que em Inglaterra só muito poucas pessoas tenham percebido que o comunismo se transformou numa força contra-revolucionária.»[57]

Depois de Espanha, Orwell, ferido no corpo e no espírito, seguiu um rumo muito mais independente. «A guerra de Espanha e outros acontecimentos de 1937 fizeram pender a balança, e a partir dessa altura não tive dúvidas quanto à minha posição»,[58] disse ele em *Why I Write*, um ensaio maravilhoso escrito entre *O triunfo dos porcos* e *1984*. «Todas as linhas sérias que escrevi desde 1936 foram direta ou indiretamente contra o totalitarismo e pelo socialismo democrático, tal como eu o entendo.» Orwell teve o cuidado de distinguir o socialismo do comunismo, que meteu no mesmo saco que o fascismo como sendo essencialmente antidemocrático. No fim da sua vida, Orwell disse que «um comunista e um fascista estão mais próximos um do outro do que qualquer um deles de um democrata»[59].

A partir de Espanha, a sua missão foi escrever os factos tal como os via, independentemente de onde isso o pudesse conduzir, e ser cético em relação a tudo o que lia, em especial, quando vinha dos detentores do poder ou os apoiava. Foi este o seu credo. «Em Espanha, vi pela primeira vez nos jornais notícias que não tinham a mínima relação com os factos»,[60] escreveu ele alguns anos mais tarde. E prosseguiu:

> Li notícias sobre grandes combates que não tinham existido, e deparei-me com um silêncio absoluto perante a morte de centenas de homens. Vi soldados que tinham combatido com valentia denunciados como cobardes e traidores, e outros que nunca tinham entrado em combate saudados como os heróis de vitórias imaginárias; e vi os jornais de Londres a repetirem estas mentiras, e intelectuais excitados a construírem superestruturas sobre acontecimentos que não se tinham dado. De facto, vi a história a ser escrita não em termos do que aconteceu, mas do que devia ter acontecido segundo várias «linhas partidárias».

Na sua casinha de aldeia, Orwell escrevia e jardinava, mas não reabriu a loja. O vigário, provavelmente desconfiado das posições políticas do casal recém-regressado de Espanha, apareceu para uma conversa. O clérigo «não aprova que tenhamos estado do lado do governo»[61] em Espanha, escreveu Orwell a um dos seus camaradas de guerra. «É claro que tivemos de admitir a verdade em relação aos incêndios das igrejas [pelas forças republicanas], mas ele ficou bastante contente ao saber que tinham sido apenas igrejas católicas romanas.»

Em março de 1938, seis semanas antes da publicação de *Homenagem à Catalunha*, os pulmões de Orwell começaram a sangrar, e ele foi brevemente hospitalizado. O livro foi publicado em abril. Em setembro, Orwell e Eileen foram passar o inverno a Marrocos para ele tratar o seu sistema respiratório, uma viagem que só foi possível porque um benfeitor anónimo lhe enviou trezentas libras.

Homenagem à Catalunha parece um alarme contra incêndios apontado ao futuro, uma visão do choque de pesadelo entre o fascismo e o comunismo, sem nenhum dos lados tolerar qualquer alternativa. Na sua introdução à primeira edição americana, publicada em 1952, o crítico literário Lionel Trilling chamou ao livro «um dos documentos mais importantes do nosso tempo»[62]. Em 1999, a revista conservadora americana *National Review* considerou-o o terceiro livro de não ficção mais importante do século[63]. O primeiro foram as memórias da Segunda Guerra Mundial, de Churchill, e o segundo, de forma bastante apropriada, foi *Arquipélago de Gulag*, de Aleksandr Solzhenitsyn. Orwell foi o único escritor com dois livros nos dez primeiros: os seus *Collected Essays* ficaram em quinto.

Mas em 1938 a receção foi muito mais fria. O livro, publicado a seguir a *O caminho para Wigan Pier*, confirmou que Orwell era um renegado nos meios literários ingleses. Os canais regulares de Orwell, quer para os livros, quer para o jornalismo, não estavam interessados em publicar as suas opiniões sobre Espanha. Victor Gollancz tinha publicado *O caminho para Wigan Pier* sob protesto, um ano antes, mas um ataque direto ao estalinismo era demasiado para ele. Importa dizer com justiça que Gollancz estava atento ao mercado. Em abril de 1938, quando o livro foi publicado por outra editora, as críticas foram boas mas as vendas não, e durante a vida de Orwell o livro vendeu menos de 1500 exemplares[64]. O livro foi vitimado pelas bombas profetizadas por Orwell no último parágrafo: em 1941, as chapas tipográficas da edição original ficaram destruídas num bombardeamento aéreo alemão a Plymouth[65].

Homenagem à Catalunha é um livro maravilhoso, certamente um dos melhores de Orwell. Mas mesmo assim, quiçá de forma inevitável, paira sobre ele uma questão moral não resolvida. Orwell conclui no livro que apesar de tudo o que viu em Barcelona – o desaparecimento de amigos, provavelmente fuzilados por um regime de polícia secreta apoiado pelos soviéticos –, continua a achar que seria melhor se os republicanos, apoiados pelos comunistas, derrotassem os fascistas. Os comunistas são inimigos da esquerda não comunista mas mesmo assim, assevera Orwell, «Independentemente das falhas que o governo pós-guerra possa ter, o regime de Franco será certamente pior»[66].

Orwell percebeu que era uma contradição. Ao mesmo tempo que desejava a derrota de Franco, reconheceu que o generalíssimo era sobretudo «um anacronismo»,[67] um feudalista que representava os interesses dos militares, dos ricos e da Igreja. Orwell disse isto num capítulo do livro que foi incluído na primeira edição, mas que não consta na maior parte das edições subsequentes: «Franco não era exatamente comparável a Hitler ou Mussolini.»[68] Além disso, o seu relato do polícia secreto cavalheiresco que não quis incomodar a sua mulher também indica que ele compreendeu que a Espanha, não obstante todos os seus problemas, não era a Alemanha ou a União Soviética. Mas também é verdade que depois da Guerra Civil se assistiu a uma repressão brutal e em larga escala, com dezenas de milhares de antifascistas executados e outros tantos internados em campos de concentração. Basta visitar o túmulo arrepiante de Franco, no Vale dos Caídos, uma caverna do tamanho de um estádio construída parcialmente por presos políticos da esquerda, para intuir a atmosfera brutal da Espanha na década de 40. É uma catedral da morte.

Além do mais, depois de chegar ao poder, Franco mostrou que não tinha respostas. Não tinha um programa. Não era adaptável, só olhava para trás. Depois da sua morte, em 1975, a transição para a democracia foi relativamente rápida. Nas eleições nacionais de 1982, o Partido Socialista Operário Espanhol, que esteve ilegalizado entre 1939 e 1977, venceu e governou durante catorze anos. É impossível saber se uma vitória do governo republicano apoiado pelos soviéticos teria sido melhor para Espanha, mas com o que sabemos hoje é uma questão em aberto.

Porém, em última análise, este tipo de contrafactualismo é improdutivo. Também se pode facilmente argumentar que se os republicanos tivessem ganho, teriam sido corridos pelos nazis na Segunda Guerra Mundial. A ocupação alemã de Espanha, ou mesmo apenas dos seus principais portos mediterrânicos e atlânticos, teria dificultado muito mais as operações dos Aliados em 1943 e 1944.

A posição inicial de Churchill em relação a Espanha foi que não preferia a vitória de nenhum dos lados, mas se tivesse de haver um vencedor, então que fosse Franco. Todavia, quando Hitler começou a mostrar a sua força, em especial, com a anexação da Áustria, em março de 1938, a sua posição alterou-se. Não era do interesse da Grã-Bretanha que a Europa fosse dominada pelo fascismo e seus aliados. Por conseguinte, em dezembro de 1938, Churchill declarou: «O que hoje parece é que o Império Britânico correrá muito menos riscos com a vitória do governo espanhol do que com a do general Franco.»[69]

* * *

Mas a educação política de Orwell ainda não estava concluída. A fase final foi com a assinatura do pacto de não-agressão entre a Alemanha de Hitler e a Rússia de Estaline, a 25 de agosto de 1939. A direita totalitária fez as pazes com a esquerda totalitária. O acontecimento teve o mesmo efeito em Orwell que o Acordo de Munique em Churchill, onze meses antes, confirmando os seus receios e tornando-o ainda mais decidido a seguir a via de dissidência política pela qual já tinha enveredado, ao arremedo dos seus camaradas esquerdistas convencionais. «Na noite anterior ao anúncio do pacto russo-germânico, sonhei que a guerra tinha começado», escreveu Orwell. «Desci para o rés do chão e li no jornal a notícia de que Ribbentrop se tinha deslocado a Moscovo. A guerra vinha aí e o governo, apesar de ser o governo de Chamberlain, tinha a minha lealdade absoluta.»[70]

O acordo entre a Alemanha nazi e a União Soviética foi um momento extraordinário para a esquerda no Ocidente. Durante anos, o argumento final dos apoiantes ocidentais dos soviéticos fora que, apesar de todos os excessos de Estaline, o comunismo era a única ideologia suficientemente forte para bater o pé ao fascismo. Mas agora, as duas atitudes totalitárias estavam a apoiar-se mutuamente, ainda que à distância.

Para Orwell, foi o momento final de clareza[71]. A partir dessa altura, o seu alvo foi o abuso do poder em todas as suas formas mas, em especial, pelo Estado totalitário de esquerda ou de direita. O seu subtema seria a hipocrisia dos esquerdistas que acreditavam que abafar os factos, caso ajudasse a causa soviética, era não só permissível como obrigatório. Muitos fizeram vista grossa a uma sucessão de catástrofes, desde a fome na Ucrânia até aos julgamentos fantoches de Moscovo e ao pacto Ribbentrop-Molotov. Orwell não estava disposto a fazer.

* * *

No fim da década, com a guerra cada vez mais próxima, a grandeza de Orwell, por muito evidente que seja hoje para quem lê *Homenagem à Catalunha*, não foi generalizadamente reconhecida pelos seus contemporâneos. Orwell era considerado um escritor menor e ligeiramente excêntrico. A sua reputação é hoje tão grande que pouca gente se apercebe de que durante a maior parte da sua vida ele foi uma figura relativamente obscura. Autores como H. G. Wells e Aldous Huxley, que hoje estão menos presentes, eram muito mais destacados. Orwell nunca é referido nas memórias e diários dos notáveis do seu tempo, figuras como Anthony Eden, Hugh Dalton, Lorde Halifax, Clement Attlee, Henry Channon, Oliver Harvey ou *Sir* Alexander Cadogan. O diarista mais conhecido da época era Harold Nicolson, que não menciona Orwell uma única vez nas suas quinhentas páginas, apesar de haver uma pequena ligação entre ambos porque um dos amantes de Nicolson, o crítico literário e editor Raymond Mortimer, teve uma discussão acesa com Orwell por causa das politiquices da Guerra Civil de Espanha[72].

As histórias culturais dos anos 30 escritas na década seguinte não o mencionam. Orwell não aparece em *The Long Week-End: A Social History of Great Britain, 1918-1939*, da autoria do poeta Robert Graves e do historiador Alan Hodge, publicada em 1940[73]. E mesmo Malcolm Muggeridge, que era amigo de Orwell, não achou necessário referi-lo no seu estudo *The Thirties*, escrito em finais da década. Só hoje se percebe que entre 1936 e 1939 Orwell se tornou o «Orwell» que conhecemos.

Orwell passou quase todo o verão de 1939 na sua casinha no Hertfordshire, a tratar da horta, dos patos e das galinhas, e a tomar apontamentos sobre as notícias, enquanto a Europa se ia aproximando da guerra. Disse a um amigo que não era bom dar nomes às galinhas «porque depois não as conseguimos comer»[74]. No dia 24 de agosto, Orwell semeou setenta e cinco alhos-porros e reparou que as esporas estavam a «sair» em «cinco cores diferentes». No mesmo dia, escreveu no diário que a mulher tinha estado no Ministério da Guerra, onde trabalhava no «Departamento da Censura», e que tinha regressado com a «impressão de que a guerra é quase certa»[75]. No dia 30, Orwell escreveu que um amigo lhe tinha dito que «há algumas semanas, W. Churchill lhe tinha transmitido opiniões muito pessimistas»[76]. No dia 1 de setembro, Orwell escreveu: «A invasão da Polónia começou hoje de manhã. Varsóvia bombardeada. Mobilização geral decretada em Inglaterra, e também na França, com a lei marcial.»[77]

CAPÍTULO 6

CHURCHILL TORNA-SE «CHURCHILL»

* * *

PRIMAVERA DE 1940

Churchill passou uma grande parte do mês de agosto de 1939 de férias, em França, a pintar paisagens e a refletir sobre a guerra iminente. Só tinha premonições sombrias: «Este é o último quadro que vou pintar em tempo de paz durante muito tempo»,[1] disse ele a outro pintor. No final do mês, em Inglaterra, durante uma viagem de automóvel, olhou para a paisagem tranquila de um campo de milho e disse lentamente: «Antes da colheita vamos estar em guerra.»[2]

Na manhã de 1 de setembro de 1939, uma sexta-feira, antes de o trigo ter amadurecido, o exército alemão invadiu a Polónia.

Dois dias depois, às nove horas de uma límpida manhã de domingo, dia 3 de setembro de 1939, o governo britânico entregou um ultimato a Berlim: caso a Alemanha não pusesse fim à invasão da Polónia, a Grã-Bretanha e a França seriam obrigadas a declarar guerra. O ultimato expirou às onze da noite. Quinze minutos depois, o primeiro-ministro, Chamberlain, anunciou pela BBC a existência de um estado de guerra entre a Grã-Bretanha e a Alemanha. Quando terminou a sua alocução, as sirenes antiaéreas começaram a uivar.

Chamberlain mostrou a sua consternação em público. «É um dia triste para todos nós, e é sobretudo triste para mim», disse ele. «Tudo pelo qual trabalhei, tudo o que esperei, tudo em que acreditei durante a minha vida pública desmoronou-se.»[3] As suas palavras foram absolutamente exatas, mas talvez não tenham sido muito apropriadas. Havia muito mais em jogo do que os sentimentos pessoais ou o futuro político de Neville Chamberlain: estava em jogo o destino da Europa e talvez do mundo.

Churchill compreendeu isto. Recordou-se daquele dia, enquanto esperava para falar na Câmara dos Comuns: «Senti uma serenidade de espírito e um distanciamento elevado dos assuntos humanos e pessoais.»[4] Quando se levantou para falar, tentou transmitir o seu sentimento à Câmara.

Churchill falou numa toada mais firme e mais clara do que o primeiro-ministro. «Não se trata de combater por Danzig ou pela Polónia. Combatemos para salvar o mundo inteiro da pestilência da tirania nazi e na defesa de tudo o que é mais sagrado para o homem. Não é uma guerra pelo domínio ou pelo engrandecimento imperial; não é uma guerra para tirar a nenhum país a luz do sol e os meios de progresso. É uma guerra, vista na sua qualidade inerente, para estabelecer, em bases impregnáveis, os direitos do indivíduo, e é uma guerra para estabelecer e ressuscitar a estatura do homem.»[5]

Talvez George Orwell não esperasse que aquelas palavras fossem proferidas por Churchill, mas concordou de certeza com os princípios nelas declarados, em especial, com a última frase sobre os direitos e o lugar do indivíduo. Anos mais tarde, escreveu: «A liberdade intelectual… tem sido sem dúvida nenhuma uma das marcas distintivas da civilização ocidental.»[6] E disse também: «se esta guerra é por alguma coisa, é pela liberdade de pensamento.»[7]

Seis dias depois do discurso de Churchill, Orwell escreveu ao governo britânico a pedir para colaborar no esforço de guerra. Foi o princípio de uma luta longa e frustrante.

As pessoas reagem à guerra de maneiras diferentes. Uma reação é ficar esmagado e atordoado pelos acontecimentos e cair na inação ou optar pelo isolamento social. Ninguém podia acusar Churchill ou Orwell disto. Sentiram-se ambos cheios de energia e lançaram-se intelectualmente na refrega.

No fim daquele domingo, dia 3 de setembro de 1939, Churchill tinha regressado ao governo como ministro. Foi nomeado primeiro lorde do Almirantado, o cargo que tinha ocupado aquando da eclosão da Primeira Guerra Mundial. Foi necessária outra grande guerra para obrigar os conservadores a abrirem-lhe a porta. (No mesmo dia, em Munique, Unity Mitford dirigiu-se a um parque e deu um tiro na cabeça[8]. Ficou com a bala alojada no cérebro; os danos foram graves, mas ela só morreu nove anos depois).

No dia 11 de setembro, Churchill recebeu uma mensagem extraordinária do presidente americano. «Ficarei sempre muito agradado caso deseje contactar-me pessoalmente a propósito de tudo o que entenda que eu deva saber»,[9] escreveu Franklin Roosevelt. Churchill ficou entusiasmado[10]. A mensagem de Roosevelt foi a primeira das cerca de 800 que ele enviou a Churchill durante a guerra[11]. Churchill retribuiu com 950.

Era invulgar ou até muitíssimo pouco frequente um presidente americano ostensivamente neutral comunicar diretamente com um membro de um governo britânico envolvido numa guerra. A razão mais provável é que nem Roosevelt nem Churchill confiavam em Joseph P. Kennedy, o embaixador americano em Londres e pai do futuro presidente John F. Kennedy. Harold Ickes, um dos ajudantes mais importantes de Roosevelt, escreveu no seu diário: «O presidente acha que o Joe Kennedy, se estivesse no poder, nos daria uma forma de governo fascista.»[12] A dada altura, Kennedy transmitiu a Roosevelt a sua convicção de que os acontecimentos acabariam por obrigar os Estados Unidos a implementarem, «possivelmente com outros nomes, as características básicas do Estado fascista: para combatermos o totalitarismo, teríamos de adotar métodos totalitários»[13]. Na altura do Acordo de Munique, Roosevelt disse a um dos seus associados que considerava Kennedy «desleal ao seu país»[14].

E de facto, nesse mesmo dia, Kennedy tinha enviado a Roosevelt e a Cordell Hull, o secretário de Estado, uma mensagem de «Prioridade Tripla» a recomendar que os Estados Unidos entrassem em negociações de paz com Hitler. É bem capaz de ter sido isto que levou Roosevelt a contactar Churchill. Roosevelt tinha tentado uma aproximação ao governo britânico, em janeiro de 1938, escrevendo ao primeiro-ministro, Chamberlain. Fora praticamente ignorado. Anthony Eden, o ministro dos Negócios Estrangeiros, receou: «fomos demasiado desdenhosos com o presidente.»[15] Nas suas memórias da Segunda Guerra Mundial, Churchill expressou o seu «espanto» por Chamberlain ter tratado Roosevelt com frieza: «A falta do mínimo sentido das proporções, e até de autopreservação, que este episódio revela num homem reto, competente e bem-intencionado, responsável pelo destino do nosso país e de todos quantos dele dependiam, é absolutamente assombrosa. Hoje não conseguimos sequer reconstruir o estado de espírito que tornaria possível este tipo de atitudes.»[16]

No dia 17 de setembro, um domingo, num final de verão luminoso, Churchill inspecionou uma parte da esquadra britânica fundeada em Loch Ewe, na Escócia, e as redes antisubmarinas à entrada do lago. De seguida, seguiu de automóvel pelas montanhas rumo à estação de comboio de Inverness. O dia estava quente e seco e ele interrompeu a viagem para fazer um piquenique junto de um regato. Quando estava sentado naquele lugar idílico, vieram-lhe à memória algumas recordações da Primeira Guerra Mundial que o deixaram gelado, apesar do calor do sol. «A luz como que desapareceu da paisagem»[17], enquanto ele considerava a sua situação e a do globo: «A Polónia estava agonizante; a França era um pálido reflexo do seu antigo ardor guerreiro; o Colosso russo já não era um aliado, nem sequer era neutral, talvez se tornasse um inimigo. A Itália não era nossa amiga. O Japão não era nosso aliado. Iria a América intervir outra vez? O Império Britânico permanecia intacto e gloriosamente unido mas estava mal preparado e desprevenido. Ainda dominávamos os mares. Éramos irremediavelmente inferiores em número na nova e letal arma aérea.» Naquele momento de reflexão, Churchill preparou-se para a guerra.

Duas semanas depois, Churchill proferiu o seu primeiro grande discurso depois do regresso ao governo[18] e falou com sucesso na rádio para todo o país. Nos seis anos seguintes, só parou quando a pneumonia o obrigou a cair à cama. Nos primeiros dias da guerra foi tão intrometido que em meados de setembro, depois de escrever um memorando a criticar a condição da Royal Air Force, Chamberlain decidiu ter «uma conversa muito franca» com ele na qual lhe disse para se conter[19]. Até meados de outubro, Churchill enviou a Chamberlain treze cartas analíticas[20]. Meses depois, um dos ajudantes do primeiro-ministro, John Colville, que continuava cético em relação a Churchill, escreveu no seu diário:

«A diligência incessante do Winston é impressionante.»[21] O hábito de Churchill de escrutinar os documentos e questionar os pormenores foi um choque energético necessário para a vasta burocracia militar que ele tinha sob as suas ordens. A sua determinação firme deu a Colville a sensação de que, se a Inglaterra caísse, ele passaria à clandestinidade e continuaria a luta como chefe guerrilheiro.

As pessoas repararam que a guerra tinha rejuvenescido imenso Churchill. Malcolm MacDonald, filho de um ex-primeiro-ministro e uma figura política menor, ficou espantado com Churchill: «há vinte anos que não estava tão em forma.»[22] Harold Nicolson referiu que um dos seus amigos tinha chegado de um almoço com Churchill «bastante chocado com… a imensa quantidade de *brandy* e Porto que ele bebeu»[23]. Segundo o seu ajudante, *Sir* Ian Jacob, num dia típico, Churchill bebia champanhe e *brandy* ao almoço, dois ou três copos de *whisky* com soda depois da sesta, champanhe e *brandy* ao jantar, e depois mais *whisky* com soda. Segundo Jacob, às vezes bebia vinho branco ao pequeno-almoço[24].

* * *

A guerra não correu bem com Chamberlain no outono de 1939, bem como no inverno e no princípio da primavera de 1940. Em maio, era evidente que Chamberlain teria de abrir mão do cargo de primeiro-ministro. Muita gente pensou que o seu sucessor seria o ministro dos Negócios Estrangeiros, Lorde Halifax, um dos arquitetos do apaziguamento, que era o candidato preferido pelo Partido Conservador e por Jorge VI. Se Halifax tivesse aceitado o cargo, é muito provável que entrasse em negociações de paz com os alemães.

Mas Halifax ficou preocupado. Disse que por ter assento na Câmara dos Lordes lhe seria difícil liderar a Câmara dos Comuns. Face à sua hesitação, só havia uma alternativa: Churchill.

10 DE MAIO DE 1940

No dia 10 de maio, pela manhã, depois de ter sido informado de que os alemães tinham invadido a Holanda e a Bélgica, e ciente da probabilidade de ser nomeado primeiro-ministro, Churchill comeu ovos estrelados e toucinho ao pequeno-almoço e depois fumou um charuto.[25] Foi uma refeição robusta para um homem idoso e numa posição difícil. Tinha sessenta e cinco anos de idade e estava numa altura da vida em que muitas pessoas se reformavam. No entanto, depois de décadas de luta, estava prestes a alcançar a ambição da sua vida: ser primeiro-ministro da Grã-Bretanha.

Foi um dia extraordinário. Churchill teve a primeira reunião às seis da manhã, com os ministros da Guerra e da Aeronáutica. Às sete, reuniu-se com a Comissão de Coordenação Militar. O Gabinete de Guerra reuniu-se às oito, na residência do primeiro-ministro, para passar em revista a difícil situação: os alemães estavam a bombardear a Bélgica bem como o norte da França, e a largar paraquedistas na Bélgica; esquadrilhas de caça britânicas eram transferidas para França; o contratorpedeiro HMS *Kelly* tinha sido torpedeado ao largo da Bélgica.

Tendo em conta tudo isto, o primeiro pensamento de Chamberlain foi que deveria permanecer no cargo até a crise passar. Ao fim da manhã, chegou uma mensagem ao gabinete de Churchill: «O Sr. Chamberlain considerava que o grande combate que nos fora imposto impunha a sua permanência no cargo.»[26] Não, disseram os aliados de Churchill: a crise tornava mais urgente que Chamberlain desse lugar a um novo governo.

A seguir, Churchill recebeu alguns representantes do governo holandês. «Tinham acabado de chegar de avião de Amsterdão. Estavam pálidos e exaustos, com o horror nos olhos.»[27]

Às 11h30, o Gabinete de Guerra reuniu-se novamente para passar em revista as notícias sobre bombardeamentos e paraquedistas alemães. A Comissão de Coordenação Militar reuniu-se à uma da tarde. Churchill almoçou com o barão da imprensa Lorde Beaverbrook, seu ex-aliado político.

O Gabinete de Guerra reuniu-se de novo às 16h30. Chegou a notícia de que estavam a cair bombas incendiárias alemãs em Kent, no sudeste de Inglaterra. Os alemães tinham-se apoderado do aeroporto de Roterdão. De seis caças britânicos enviados para intercetar os transportes de paraquedistas alemães na Holanda só um tinha regressado. Chegou uma mensagem do Ministério da Guerra a informar que carros de combate e infantaria alemães tinham entrado na Bélgica. Por fim, Chamberlain chegou ao que interessava: tinha decidido apresentar a demissão.

Chamberlain reuniu-se com Jorge VI. O rei sugeriu Halifax como sucessor. «Considerei que era a escolha óbvia», escreveu ele no seu diário. Mas Chamberlain disse que Halifax não era a escolha adequada no momento. «Pedi a Chamberlain a sua opinião e ele disse-me que o homem indicado era o Winston.»

O rei convocou Churchill e foram observadas as formalidades para lhe pedir que formasse um governo. No exterior do Palácio de Buckingham, Churchill virou-se para o seu guarda-costas, que o felicitou. Churchill, lavado em lágrimas, retorquiu: «Espero que não seja tarde demais. Receio muito que seja. Resta-nos fazer o melhor possível.»[28]

Churchill regressou ao seu gabinete no Almirantado para formar o governo. Escreveu a Chamberlain a pedir-lhe que continuasse a dar-lhe conselhos e a servir o país. Pediu a Halifax para permanecer à frente dos Negócios Estrangeiros. Pediu ao líder do Partido Trabalhista, Clement Attlee, para se encontrar com ele à noite, e durante o encontro convidou-o para o governo e a apresentar os nomes de outros trabalhistas que pudessem eventualmente entrar para o gabinete.

Na realidade, os trabalhistas estavam mais à-vontade com Churchill do que os conservadores. John Colville escreveu nesse dia no seu diário que Churchill era mil vezes maldito como «o maior aventureiro da história política moderna… um arraçado de americano principalmente apoiado por pessoas incompetentes mas tagarelas como ele»[29]. Colville acrescentou, de forma algo desnecessária, que a ascensão de Churchill era um «horror absoluto»[30].

Nem as memórias de Churchill nem a exaustiva biografia de Martin Gilbert o referem, mas no dia 10 de maio Churchill teve mais uma reunião. Jantou com um alto funcionário dos serviços secretos, William Stephenson, que decidiu enviar à América numa missão com três objetivos: garantir assistência militar para a Grã-Bretanha; combater os serviços de espionagem inimigos no Hemisfério Ocidental; e «se possível, fazer os Estados Unidos entrarem na guerra»[31]. Deve ter sido a ordem mais importante de Churchill em toda a guerra, e deu-a poucas horas depois de se tornar primeiro-ministro.

Churchill deitou-se às três da manhã, «com uma profunda sensação de alívio. Tinha finalmente autoridade para orientar toda a situação»[32]. Pela primeira vez na vida, deitou a cabeça na almofada como primeiro-

-ministro. Mais tarde, escreveu que tinham chegado ao fim «dez anos de travessia do deserto».

Mas por quanto tempo? Existia uma forte possibilidade de ele ser um líder interino, e havia gente a apostar que seria esse o desfecho mais provável.

* * *

O partido de Churchill não se aglutinou à sua volta, mesmo depois de ele ter tomado posse. J. C. C. Davidson disse ao ex-primeiro-ministro Stanley Baldwin, seu aliado político: «Os conservadores não confiam no Winston.»[33] Não foi um comentário à toa, tendo em conta que Davidson era um ex-presidente do partido. Ele esperava que Churchill estivesse pouco tempo no cargo, e profetizou que «passado o primeiro embate da guerra, é muito possível que surja um governo que inspire mais confiança». O deputado conservador Peter Eckersley previu: «O Winston não vai durar cinco meses.»[34]

Mas Churchill também lançava as suas farpas. Meses depois, quando uma fábrica do ex-primeiro-ministro Baldwin foi bombardeada pelos alemães, ele comentou com atrevimento: «Foram muito ingratos.»[35]

No dia 13 de maio de 1940, quando Churchill entrou na Câmara dos Comuns pela primeira vez como primeiro-ministro, foi menos aplaudido do que Chamberlain, o ex-primeiro-ministro. «Nas primeiras semanas, quem me aplaudiu mais foi a bancada trabalhista»,[36] recordou Churchill. Comoveu-se com alguns dos discursos de boas-vindas e enxugou os olhos lacrimejantes[37].

Às 14h54, levantou-se para falar. Apresentou o seu Gabinete de Guerra – os cinco membros mais poderosos do novo governo – e depois falou como uma trombeta: «Só tenho para oferecer sangue, trabalho, lágrimas e suor», um eco do poema de Byron «A Idade do Bronze», que critica os barões terratenentes britânicos por viverem «do sangue, do suor e das lágrimas de milhões»[38].

E de seguida proferiu um discurso poderoso, em especial, devido à sua simplicidade:

> Perguntais: qual é a nossa política? Eu respondo: travar a guerra no mar, na terra e no ar, com todo o nosso poder e com toda a força que Deus

nos dá; travar a guerra contra uma tirania monstruosa, nunca ultrapassada no negro e lamentável rol dos crimes humanos. Esta é a nossa política.

Perguntais: qual é o nosso objetivo? Posso responder com uma palavra: vitória, vitória a qualquer custo, vitória apesar do terror, vitória, por muito longo e difícil que seja o caminho; porque sem vitória não haverá sobrevivência.

Que isto fique claro: não haverá sobrevivência para o Império Britânico, não haverá sobrevivência para nada do que o Império Britânico representa, não haverá sobrevivência para o ímpeto e o impulso dos tempos para que a humanidade progrida para a sua meta.[39]

É uma retórica ao nível dos melhores ensaios de Orwell, apesar de a preservação do Império Britânico não ser exatamente um dos objetivos de Orwell. Churchill, falando não só para a Câmara mas também para a nação britânica e para o mundo, definiu uma linha de atuação nova e mais dura. Não se tinha tornado primeiro-ministro como homem da paz, e não o seria. A sua política era de guerra em busca da vitória. Não se voltaria a falar num entendimento com a Alemanha, talvez a troco de colónias.

Orwell, de forma surpreendente para um esquerdista, ficou animado com a chegada de Churchill ao poder, e escreveu: «Pela primeira vez em décadas, temos um governo com imaginação.»[40]

Churchill não estava apenas a incentivar a nação. Também precisava de estabilizar a sua posição. Muitos líderes políticos não tinham a certeza de que ele fosse o homem a manter no cargo; podia ser apenas um tutor temporário num momento de crise.

Entre meados de maio e meados de junho de 1940, não houve certezas quanto à posição de Churchill. A questão de lidar com os americanos – e de os envolver na guerra – continuou a preocupá-lo. No dia 18 de maio, de manhã, ao começar o seu nono dia como primeiro-ministro, disse ao filho, Randolph, enquanto se barbeava, que estava a contar não só que a Grã-Bretanha sobrevivesse, mas também que ganhasse a guerra. «É que podemos vencê-los», frisou ele.

Randolph, surpreendido, retorquiu: «Sou todo a favor disso, mas não vejo como.»

Churchill secou o rosto, virou-se para o filho e disse, com veemência: «Vou envolver os Estados Unidos.»[41] E disse mais ou menos a mesma coisa às chefias da Royal Navy: «A primeira coisa é envolver os EUA na guerra. Depois, logo decidiremos como conduzi-la.»[42]

O embaixador Kennedy continuou a subestimar Churchill. Via a vitória da Alemanha a desenhar-se no horizonte. «A situação é terrível», escreveu ele à mulher, a 20 de maio de 1940. «Parece-me que já não há nada a fazer… Os ingleses vão lutar até ao fim mas não julgo que consigam resistir infinitamente aos bombardeamentos.»[43] No princípio de junho, Kennedy escreveu ao filho, Joe Jr.: «Só vejo carnificina no futuro.»[44] Diga-se com justiça que o embaixador americano em Paris, William Bullitt, assumiu uma atitude semelhante: em maio, aconselhou Roosevelt a considerar a possibilidade de os britânicos formarem um governo fascista que procuraria negociar um armistício com a Alemanha. E avisou: «Isto significará que teremos a marinha britânica contra nós.»[45]

Churchill compreendeu que 1940 iria ser um ano difícil. A verdadeira questão era saber se ele e a Grã-Bretanha tinham mais capacidade de encaixe do que os dois embaixadores americanos pensavam. Em meados de maio, no caminho entre Downing Street e o Almirantado, Churchill foi ovacionado por uma multidão. «Logo que entrámos no edifício, ele ficou lavado em lágrimas»,[46] escreveu o seu ajudante militar, o general Hastings «Pug» Ismay. Churchill explicou a sua emoção a Ismay: «Pobre gente, confiam em mim e eu só lhes posso oferecer desastres durante muito tempo.»

DUNQUERQUE

Churchill não imaginava a dimensão dos desastres. O momento crucial das suas primeiras semanas no cargo foi a retirada britânica da cidade costeira de Dunquerque, em finais de maio de 1940. Várias centenas de milhares de soldados britânicos e aliados foram cercados pelos alemães[47]. Se estes tivessem atacado com agressividade, teriam capturado cerca de 250 000 homens e privado a Grã-Bretanha do seu exército. A Grã-Bretanha teria ficado sob uma pressão enorme para entrar em conversações de paz, o que poderia ter obrigado Churchill a demitir-se.

Mas os alemães não avançaram até às praias. Uma força esmagadora de nove divisões blindadas imobilizou-se nos arredores de Dunquerque.

Um general britânico, perplexo, escreveu no seu diário: «As colunas móveis alemãs foram realmente travadas, vá-se lá saber porquê.»[48]

Alguns oficiais inimigos também ficaram admirados. «Não compreendíamos porque é que estávamos a deixar escapar tantos»,[49] recordou na altura Hans von Luck, comandante de uma companhia de reconhecimento blindada.

E os britânicos começaram a evacuar as praias. Subsistem algumas questões em relação ao facto de Dunquerque ter corrido tão bem para os britânicos. Na perspetiva de alguns historiadores, Hitler continuava esperançado num acordo de paz com a Grã-Bretanha e travou os seus carros de combate para, segundo o historiador Stephen Bungay, «não infligir aos britânicos uma derrota humilhante»[50] que os tornasse menos dispostos a negociarem. Os indícios históricos são ambivalentes, mas uma prova bastante convincente é que a ordem de Hitler que parou as suas forças terrestres foi enviada sem encriptação para que os britânicos a intercetassem e entendessem de imediato como uma espécie de proposta de paz[51]. Mais tarde, Hitler queixou-se de que tinha sido simpático demais para os britânicos. Por exemplo, o general Walter Warlimont, que estava destacado no quartel-general, contou que Hitler tinha afirmado: «Churchill não percebeu de todo o espírito desportivo do qual dei provas ao não querer abrir uma brecha irreparável entre os britânicos e nós. É que nós abstivemo-nos de os aniquilar em Dunquerque.»[52] De facto, depois da guerra, alguns comandantes alemães interrogados pelos Aliados confirmaram que tinham recebido ordens para pararem a cerca de 15 km de Dunquerque. «Os meus carros de combate ficaram imobilizados durante três dias», disse o marechal Gerd von Rundstedt. «Se tivesse sido como eu queria, os ingleses não se teriam safado tão bem. Mas fiquei com as mãos atadas por ordens diretas de Hitler.»[53] Quando um dos generais subordinados de Rundstedt disse a Hitler numa reunião que não compreendia porque é que tinha sido dada aquela ordem, Hitler retorquiu que «o seu objetivo era negociar a paz com a Grã-Bretanha numa base que os britânicos achassem compatível com a sua honra»[54].

Contudo, alguns historiadores importantes consideram a possibilidade de toda esta conversa de parar o ataque a pensar na paz ter sido uma história montada para explicar a decisão errada de Hitler. Por exemplo, Ian Kershaw, autor de uma biografia de Hitler em dois volumes, conclui que a afirmação de Hitler de que tinha deixado intencionalmente os britânicos escapar foi «uma mera justificação destinada a salvar a face»,[55] e Gerhard Weinberg, na sua história monumental da guerra, rejeita liminarmente esta história como «uma fabricação».

Uma terceira possibilidade, avançada por Alistair Horne, um eminente historiador militar, é que Hitler tenha pretendido reservar o golpe de misericórdia para a Luftwaffe, a mais politicamente fiel das suas forças armadas. Horne cita o comandante de forças blindadas Heinz Guderian, que escreveu que uma das ordens que o mandou parar dizia: «Dunquerque fica entregue à Luftwaffe.»[56]

Independentemente da situação tática em Dunquerque, as tropas britânicas conseguiram regressar a casa, ainda que sem a maior parte das armas, peças de artilharia e viaturas. Foram retirados cerca de 300 000 homens – dois terços britânicos, os restantes franceses. O irmão da mulher de Orwell, que era major do Corpo Médico, não teve tanta sorte: foi atingido no peito por estilhaços e morreu na Bélgica, horas antes de ser retirado[57]. Segundo um dos amigos do casal, a perda mergulhou Eileen numa depressão profunda durante cerca de dezoito meses. «Não se penteava, tinha o rosto e o corpo esqueléticos. A realidade era tão horrível que ela se fechou em si própria.»[58] Porém, como refere Michael Shelden, um dos biógrafos de Orwell, o sofrimento de Eileen não teve expressão nas cartas e diários de Orwell, e muito menos no seu jornalismo e na sua crítica literária. «Ele não falava sobre aquelas coisas com terceiros»,[59] diz Shelden. Orwell disse às pessoas que o trabalho de Eileen a tinha esgotado e que ela precisava de «um bom descanso».

A questão importante – e que é frequentemente ignorada em relação a Dunquerque – é que as esperanças de Hitler num acordo de paz com os britânicos não eram infundadas. Sabemos hoje que durante a evacuação de Dunquerque o governo britânico pôs a hipótese de solicitar negociações de paz. No dia 27 de maio de 1940, enquanto soldados britânicos esfarrapados estavam a desembarcar de navios e barcos em toda a costa sudeste de Inglaterra, os cinco membros do Gabinete de Guerra do governo de Churchill debateram a possibilidade de encetar negociações de paz. Churchill pronunciou-se veementemente contra, dizendo: «Mesmo que sejamos vencidos, não ficaremos pior do que se desistirmos da luta agora.»

Halifax, que era a favor de conversações de paz, escreveu à noite no seu diário: «O Winston só disse patacoadas.»[60] A opinião de Halifax era que a posição negocial da Inglaterra era mais forte enquanto a França estivesse na luta – e esteve durante mais duas semanas – e as fábricas de aviões inglesas não tivessem sido bombardeadas[61]. E também considerava que o objetivo da Grã-Bretanha não devia ser tentar combater e derrotar a Alemanha, mas sim garantir o máximo da independência britânica possível numa coexistência pacífica. Era um argumento espantoso, dado que a primeira lição oferecida pelo governo de Chamberlain fora que era uma loucura negociar com Hitler numa posição de fraqueza.

Mesmo assim, Churchill tinha de ter cuidado. Dois políticos britânicos que escreveram sobre Churchill fizeram comentários diferentes mas complementares sobre a situação dele naquela altura decisiva. O político e escritor Boris Johnson, que em meados de 2016 foi nomeado ministro dos Negócios Estrangeiros, observa que Churchill estava a «lutar pela sua vida e credibilidade políticas; se cedesse a Halifax, estava acabado»[62]. O argumento de Roy Jenkins é igualmente verdadeiro: Churchill precisava de combater a posição de Halifax sem levar Halifax e Chamberlain a demitirem-se do governo. Churchill ainda não tinha garantido lealdade suficiente no seio do Partido Conservador para sobreviver às suas demissões. Se eles batessem com a porta, «o seu governo não teria sustentabilidade»,[63] observa Jenkins, que foi deputado trabalhista durante décadas e por várias vezes alto membro do governo nos anos 60 e 70.

Durante a reunião do Gabinete de Guerra, a 27 de maio, Halifax queixou-se a *Sir* Alexander Cadogan que achava que já não conseguia trabalhar com Churchill.[64] Churchill, apercebendo-se talvez da iminência de uma cisão, convidou Halifax para uma conversa tranquila no jardim. Falou com «desculpas e afeto»,[65] escreveu Halifax no seu diário.

Mas graxa terminou ali. No dia seguinte, Churchill mostrou os dentes. Durante uma reunião do governo, declarou inequivocamente que não haveria nenhuma capitulação e que enquanto ocupasse o cargo não parlamentaria com os nazis[66]. «Se a longa história desta nossa ilha tiver finalmente que acabar», declarou ele, «que acabe quando cada um de nós estiver por terra, sufocado com o seu próprio sangue»[67]. Na mesma altura, Churchill escreveu numa nota para um subordinado: «A Inglaterra só sairá da guerra, aconteça o que acontecer, quando Hitler for derrotado ou nós deixarmos de ser um Estado.»[68] Foi uma declaração admiravelmente poderosa e sucinta, em especial, de um homem que ocupava o cargo há menos de três semanas. Até essa altura, escreve John Charmley na sua biografia pormenorizada de Churchill, houve «muito apoio à ideia de iniciar conversações para averiguar pelo menos quais seriam as condições de paz de Hitler»[69]. Depois desta altura, deixou de haver dúvidas: a Grã-Bretanha manter-se-ia na luta. Simon Schama, de forma talvez um pouco fervorosa demais, classificou a derrota da posição de Halifax por Churchill como «a primeira grande batalha da Segunda Guerra Mundial»[70]. Mas é difícil contestar o entusiasmo de Schama. A conquista do Gabinete de Guerra por Churchill poderá ter sido o momento mais importante da Segunda Guerra Mundial.

Os alemães, que desconheciam os debates do governo britânico, esperaram durante meses que «Churchill e o seu gangue»[71] fossem corridos, deixando o caminho aberto para um acordo de paz. Além do mais, os seus serviços de informações disseram erradamente que as tendências políticas britânicas continuavam a preferir esse desfecho. Em junho, Joseph Goebbels, o chefe da propaganda nazi, disse à sua equipa: «Vai ser formado um governo de compromisso. Estamos muito próximos do fim da guerra.»[72] No mesmo mês, o embaixador sueco em Londres disse ao seu governo que parecia que iriam ter lugar conversações de paz, e que «Halifax poderá suceder a Churchill»[73]. Hitler continuou a matutar durante mais um mês na possibilidade de Churchill ser substituído por Halifax, pelo ex-primeiro-ministro David Lloyd George ou por Chamberlain[74].

A GRANDE CAMPANHA DE RETÓRICA DE CHURCHILL EM 1940

No dia 4 de junho de 1940, enquanto decorria a evacuação de Dunquerque, Churchill estava ciente de que ia informar a Câmara dos Comuns sobre os pormenores de um dos piores dias da história da Grã-Bretanha. Em quatrocentos anos, as Ilhas Britânicas nunca tinham estado tão próximas de serem conquistadas.

Churchill falou com mestria, conseguindo ao mesmo tempo apresentar a expulsão de um exército britânico pelos alemães como uma debandada humilhante e um acontecimento prodigioso. Começou por dizer: «Faz hoje uma semana, quando solicitei à Câmara que reservasse esta tarde para uma declaração, pensei que iria ter o infortúnio de anunciar o maior desastre militar da nossa longa história.»[75] Nessa altura, disse ele, tinha receado que talvez só se conseguissem trazer para casa vinte mil ou trinta mil soldados, o que significaria que vários centenas de milhares seriam mortos ou capturados. Porém, disse ele, «estamos perante um milagre de libertação alcançado pela valentia, pela perseverança, pela disciplina perfeita, pelo serviço irrepreensível, pelo engenho, pela perícia, pela fidelidade invencível».

Churchill não envergava uma figura de chefe de guerra. Media cerca de 1,70 m e tinha uma cabeça redonda em cima de um corpo com forma de pera[76]. Mas foi naquela altura que ele se tornou o aglutinador do povo inglês.

Vemos aqui Churchill no seu melhor – e totalmente manipulador. «Temos de ter o máximo cuidado para não conferirmos a esta libertação os atributos de uma vitória. As guerras não se ganham com evacuações. Mas esta libertação incluiu uma vitória, e é preciso referi-la. Foi obtida pela Força Aérea.»

Passados cerca de trinta minutos, Churchill concluiu o discurso de forma poderosa, com uma apresentação operática do futuro:

> Combateremos em França, combateremos nos mares e oceanos, combateremos cada vez mais confiantes e fortes no ar, defenderemos a nossa ilha, independentemente dos custos.
>
> Combateremos nas praias, combateremos nos aeródromos, combateremos nos campos e nas ruas, combateremos nas montanhas; nunca nos renderemos; e mesmo que, mas não acredito nisto nem por um momento, esta ilha ou uma grande parte dela estejam subjugadas e famintas, o nosso Império d'além-mar, armado e protegido pela Armada Britânica, prosseguirá a luta até que, na altura decidida por Deus, o novo mundo, com todo o seu poderio e força, avance para salvar e libertar o antigo.

Mas diga-se que foi uma forma estranha de acalmar um público assustado. Tal como Stephen Bungay observa, as frases sobre os locais dos combates seguem o padrão provável de uma retirada tenaz em combate, da costa e dos aeródromos para as cidades e campos, e depois para as montanhas remotas[77]. Churchill também aventou a possibilidade anteriormente indizível de uma vitória alemã e de uma Grã-Bretanha faminta. Falou no impensável e fê-lo no palco da nação.

No entanto, o discurso de Churchill não deixou o povo britânico consternado. Deu-lhe força. Harold Nicolson, admirador de Churchill e veterano do parlamento, escreveu à mulher: «Esta tarde, o Winston fez o melhor discurso que alguma vez ouvi. A Câmara ficou profundamente comovida.»[78]

Em tempo de guerra, as pessoas acreditarão no pior se não lhes disserem a verdade – ou quase a verdade –, talvez combinada com uma visão do caminho a seguir. Quando assim é, ficam relativamente tranquilas. O londrino Joan Seaman recordou: «Lembro-me de ter ficado cheio de medo quando a França caiu porque julguei que a seguir seríamos nós. Cheiinho de medo. Até que ouvi o discurso de Churchill na rádio sobre o combate nas praias. De repente, perdi o medo. Foi absolutamente espantoso.»[79]

No verão de 1940, a voz de Churchill tornou-se «a nossa esperança», recordou o físico e romancista C. P. Snow. «Era a voz da determinação e da força incarnadas. Dizia o que nós queríamos que fosse dito («nunca nos renderemos») e que aquilo em que procurávamos acreditar, por vezes contra o realismo e o senso comum, seria concretizado.»[80]

Compare-se a força das palavras proferidas por Churchill no dia 4 de junho com as ditas pela mesma altura por um homem menor, Duff Cooper, o ministro da Informação. «Será necessário retirar o nosso exército das posições que ocupa, mas não será um exército derrotado», disse Cooper, conseguindo ser ao mesmo tempo banal e enganador. «Será um exército cuja coragem continua elevada e cuja confiança permanece inabalada, com todos os oficiais, sargentos e praças desejosos de enfrentarem o inimigo em combate... Tal como o perigo aumenta, aumenta também a nossa coragem para lhe fazer frente.»[81] Não são palavras nada inspiradoras. Aliás, por baixo dos lugares-comuns (os soldados que desejosos de regressarem ao combate) denotam uma espécie de pânico silencioso. Quando um político apenas oferece uma retórica oca e enganadora, está a admitir implicitamente algo muito próximo da derrota.

Mas na verdade, havia motivos de sobra para o pânico. O exército britânico ficou em muito mau estado depois de Dunquerque. Segundo o historiador militar Cathal Nolan, «A Grã-Bretanha não foi apenas corrida da Europa, ficou parcialmente desarmada»[82]. Os britânicos deixaram nas dunas belgas 700 carros de combate, 880 peças de artilharia pesada, 11 000 metralhadoras e cerca de 64 000 viaturas, que caíram na posse da Wehrmacht[83]. A quantidade de material disponível para forças terrestres na Grã-Bretanha é absolutamente espantosa: somente 200 carros de combate de qualidade, uma dotação mais ou menos o equivalente à de uma divisão blindada americana nos dias de hoje[84]. Uma divisão de segunda linha, a 1.ª de Londres, dispunha apenas de 23 peças de artilharia e carecia totalmente de carros blindados e metralhadoras[85]. Anthony Eden, o ministro da Guerra, confidenciou a um jornalista que durante um breve período de tempo, a Inglaterra só conseguiria ter uma brigada plenamente instruída e equipada em estado de prontidão – ou seja, poucos milhares de homens[86]. Mas havia armas suficientes para outras coisas: em junho, registaram-se dezasseis casos de civis alvejados pela milícia em postos de controlo anti-invasão montados nas estradas[87].

A Grã-Bretanha preparou-se para a invasão. O major William Watson, do Durham Light Infantry, disse que alguns dos seus homens continuavam a usar os uniformes com os quais tinham fugido de Dunquerque[88]. Quando Douglas Goddard foi enviado em patrulha na costa sudeste, alguns dos seus homens tinham apenas cinco balas. A Royal Air Force, que perdeu 250 caças modernos em apenas dez dias, em maio de 1940, entrou no mês de junho com apenas cerca de 500[89].

O COLAPSO DA FRANÇA

Churchill estava em todo o lado. Deslocou-se várias vezes a França para tentar incentivar os líderes franceses, que tinham caído num caos político devido ao rápido avanço alemão pelo país. Encontrou-se com alguns funcionários do Ministério dos Negócios Estrangeiros francês; havia trabalhadores a levarem carrinhos de mão cheios de documentos para serem queimados em fogueiras no pátio da parte de trás do edifício[90]. Segundo o ministro da Guerra francês, Churchill, com a cabeça envolta no fumo do charuto, parecia «um vulcão»[91]. Os franceses disseram-lhe que os seus planos militares não tinham contemplado uma reserva estratégica de tropas para lançar no combate. Churchill ficou atordoado e perguntou se tinha compreendido corretamente. «Fiquei estupefacto»,[92] escreveu ele. «O que pensar do grande Exército Francês e das suas chefias?» Se calhar, pensou numa observação que tinha feito depois da Primeira Guerra Mundial: «Em todas as batalhas, o comandante-em-chefe tem geralmente de fazer duas coisas: gizar um bom plano para o exército e manter uma reserva poderosa.»[93] Os líderes franceses não tinham feito uma coisa nem outra.

Churchill estava decidido a não seguir o exemplo deles. «Subjugaremos a Alemanha pela fome», jurou ele aos franceses. «Destruiremos as suas cidades. Incendiaremos as suas culturas e florestas.»[94]

Nas suas memórias, Churchill dedicou duzentas páginas a mostrar que os líderes franceses tinham falhado ao seu país por estarem divididos, sem orientação e desmoralizados, e concluiu que os franceses tinham sido «arruinados» por «uma mentalidade completamente defensiva». Esta conclusão foi um dos principais motivos pelos quais Churchill incentivou incessantemente os seus generais e almirantes durante a guerra: «É preciso eliminar a nossa prostração mental e moral perante a determinação e a iniciativa do inimigo.»[95]

No dia 17 de junho, de manhã, Churchill ordenou a transmissão de uma declaração pela BBC que começou da seguinte forma: «As notícias que chegam de França são muito más.»[96] Paris tinha caído nas mãos dos alemães. No dia seguinte, o governo francês solicitou conversações para um armistício. O historiador militar Walter Millis resumiu bastante bem a alarmante situação militar pós-Dunquerque: «A Grã-Bretanha ficou praticamente sem forças terrestres, e a ocupação alemã de quase todo o litoral atlântico europeu abriu inúmeras portas impossíveis de fechar para as depredações dos submarinos inimigos.»[97] De facto, estavam alcançadas as condições definidas por Hitler treze meses antes: a Polónia fora conquistada, a Bélgica e a Holanda estavam ocupadas e a França tinha sido derrotada. A Inglaterra estava sozinha na Europa Ocidental. Hitler decidiu bombardeá-la e subjugá-la pela fome.

Churchill avisou os seus compatriotas com outra conclusão teatral:

> O inimigo vai inevitavelmente direcionar contra nós toda a sua fúria e poder. Hitler sabe que se não nos destruir na nossa ilha perderá a guerra.

> Se conseguirmos resistir-lhe, a Europa será libertada e a vida do mundo poderá avançar para um patamar elevado e soalheiro; mas se falharmos, o mundo inteiro, incluindo os Estados Unidos, e tudo o que conhecemos e amamos, afundar-se-ão no abismo de uma nova idade das trevas tornada mais sinistra e talvez mais prolongada pela luz de uma ciência perversa. Por conseguinte, preparemo-nos para cumprir o nosso dever para que se a Comunidade e o Império britânicos durarem mil anos, as pessoas possam dizer: «Foi a hora de glória deles.»[98]

Roy Jenkins comparou o significado deste discurso com aquele que foi proferido por Lincoln em Gettysburg[99].

Orwell compreendeu o papel desempenhado por Churchill naquele verão. «A razão pela qual quase toda a gente que era antinazi apoiou Churchill a partir do colapso da França», escreveu ele, «foi porque não havia mais ninguém – isto é, ninguém que fosse suficientemente conhecido para chegar ao poder e que ao mesmo tempo se soubesse que não iria capitular… O que era necessário era principalmente obstinação, e Churchill tinha muita»[100]. Churchill também considerava que tinha esta qualidade. A lição da primeira parte da guerra, disse ele aos estudantes de Harrow, era simples:

> Nunca ceder, nunca ceder, nunca, nunca, nunca – em nada, grande ou pequeno, elevado ou menor –, nunca ceder, exceto aos princípios da honra e do bom senso. Nunca ceder à força; nunca ceder ao poder aparentemente esmagador do inimigo.[101]

Churchill garantiu aos ministros que não fugiria de Inglaterra. Orwell escreveu algo de semelhante no seu diário: «Para já, é impossível decidir o que fazer caso a Alemanha conquiste a Inglaterra», escreveu ele, em meados de junho de 1940. «A única coisa que não farei é fugir, pelo menos, não para mais longe do que a Irlanda, partindo do princípio de que a coisa seja exequível. Se a esquadra permanecer intacta e se se puder prosseguir a guerra a partir da América e dos Domínios, devemos manter-nos vivos se possível, mesmo que seja num campo de concentração. Se os EUA se submeterem também à conquista, a única coisa a fazer será morrer em combate, mas deveremos sobretudo morrer em combate com a satisfação de levarmos alguém connosco.»[102] Orwell voltou a refletir nesta questão seis dias depois. A mulher e a cunhada tinham-lhe dito para fugir para o Canadá «se acontecer o pior»,[103] escreveu ele no seu diário, mas ele não iria fazê-lo. «Já lá há muitos "antifascistas" exilados. Mais vale morrer, se tiver de ser.»

Havia decisões difíceis para tomar. Pouco depois do armistício entre a França e a Alemanha, Churchill, receoso de que a esquadra francesa fundeada na Argélia caísse nas mãos dos alemães, ordenou que caso não capitulasse seria atacada. Os marinheiros franceses deram luta, mas em menos de uma hora morreram 1297.

Este ataque empedernido a um aliado recente chocou alguns almirantes britânicos, mas demonstrou ao resto do mundo a força da determinação britânica. Orwell aplaudiu, escrevendo no seu diário: «A terrível explosão de fúria da rádio alemã (que se é verdade o que dizem, exortou o povo inglês a enforcar Churchill em Trafalgar Square) mostra que ele decidiu muitíssimo bem.» Churchill chorou no parlamento quando teve de explicar o ataque à esquadra de Vichy[104].

«PARA HOJE»

Ao mesmo tempo que aglutinava a nação e tentava incentivar os franceses, Churchill trabalhou a tempo inteiro noutra tarefa importante: acordar a soporífica burocracia britânica. O seu trabalho nesta área foi subestimado, mas contribuiu tanto para o esforço de guerra como a sua oratória. Um dos maiores problemas internos quando ele tomou posse foi a letargia do governo nos primeiros nove meses de guerra. «Chamberlain presidiu eficientemente ao governo», recordou *Sir* Ian Jacob. «Os assuntos eram tratados de forma organizada; mas depois não se passava grande coisa.»[105] Um sinal surpreendente da indolência oficial é que a Grã-Bretanha devia estar a preparar a sua indústria no âmbito da mobilização para uma guerra de grandes dimensões, mas o desemprego aumentou de 1,2 milhões de desempregados em setembro de 1939 para 1,5 milhões em fevereiro de 1940[106].

Quando se tornou primeiro-ministro, Churchill reagiu à atitude «sedada, sincera mas rotineira»[107] do governo de Chamberlain com uma barragem diária de memorandos pessoais que abalaram as chefias militares e os altos funcionários públicos. Os memorandos tinham frequentemente uma etiqueta vermelha brilhante com a exigência «Para Hoje», que Churchill começou a usar no auge da crise de Dunquerque, a 29 de maio de 1940[108]. As suas notas, escreveu um ajudante, eram «como o feixe de um holofote em constante movimento e que penetrava nos recessos mais remotos da administração – e todos, por muito humilde que fosse a sua posição ou função, sentiam que um dia o feixe poderia fixar-se neles e iluminar o que estavam a fazer. Em Whitehall, o efeito foi imediato e dramático... Surgiu um novo sentimento de missão e urgência porque se compreendeu que estava ao volante uma mão firme e orientada por uma determinação forte»[109]. Segundo outro ajudante: «Em toda a Whitehall, as pessoas trabalhavam até tarde e mostravam interesse.»[110] Começaram a trabalhar à noite e ao fim-de-semana – tal como Churchill.

Às vezes, os governos recém-empossados acreditam que conseguem melhorar o desempenho da sua burocracia fazendo perguntas difíceis. Não foi o caso de Churchill. Ele era muito mais do que um intrometido inteligente: tinha passado anos a instruir-se sobre questões militares. Mesmo quando estava afastado do governo, pertencera a uma comissão governamental secreta que acompanhava a questão das defesas aéreas. No âmbito desta incumbência, tinha visitado a recém-construída rede de estações de radar na costa sul. Além disso, tinha incentivado a marinha a investigar se o radar poderia ser usado para guiar torpedos à noite. E tinha analisado a reconstrução da força aérea alemã. Por conseguinte, quando se tornou líder da Grã-Bretanha num momento crucial, «o campo mental estava bem iluminado para mim. Eu conhecia as peças e as movimentações no tabuleiro e era capaz de perceber tudo o que me diziam sobre o jogo»[111]. Estes conhecimentos permitiram-lhe tomar decisões e correr riscos aos quais outros políticos se teriam eventualmente esquivado. Churchill não se limitou a incentivar a sua gente: acompanhou as exortações com memorandos e ordens inteligentes que incentivaram subordinados acostumados a um ritmo mais lento e a menos perguntas.

Os «incentivos» de Churchill aos generais e almirantes eram ocasionalmente desagradáveis, mas foram quase de certeza necessários. O que ele mais receava era a passividade que ele considerava que tinha minado os franceses em maio e junho de 1940. «A ideia dele, em todos os lugares e em todos os momentos, era "Atacar, atacar, atacar"»,[112] disse *Sir* Desmond Morton. Depois de menos de um mês no cargo de primeiro-ministro, Churchill sublinhou aos generais a sua convicção de que iniciativas agressivas das forças britânicas poderiam levar os alemães a pensar menos em como atacar e mais sobre se e onde seriam atacados[113]. Mas Churchill não pressionou apenas os chefes militares. A dada altura, arranjou tempo para se imiscuir na produção de ovos, e disse ao ministro da Agricultura: «Gostava de o conseguir convencer a tentar ultrapassar as dificuldades em vez de se limitar a entrincheirar-se atrás delas.»[114]

Um dos tópicos de Churchill durante a guerra foi a ideia de que as iniciativas agressivas dos comandantes deviam ser avaliadas de forma benévola. Perto do fim do ano, escreveu ao seu principal chefe militar: «qualquer erro cometido em relação ao inimigo e toda a prova de uma intenção sincera de combater deverão ser sempre analisados de forma generosa.»[115]

Ao contrário de muita gente, Churchill também compreendeu que iniciativas militares que não faziam sentido taticamente podiam ser vantajosas por motivos estratégicos ou políticos. Churchill sabia que em tempo de guerra é quase sempre melhor os militares fazerem alguma coisa – tal como atacar os alemães na Noruega, como os britânicos fizeram na primavera – do que não fazerem nada e cederem a iniciativa ao inimigo. Churchill estava consciente de que a sua predisposição para o combate nem sempre seria fácil de justificar em termos puramente militares. «Não precisam de arguir o valor de bombardear a Alemanha», disse ele às chefias da força aérea, «porque eu tenho a minha própria opinião sobre isso, a saber, não é decisivo, mas é melhor do que não fazer nada.»[116]

Churchill também percebeu melhor do que a maioria das pessoas as limitações da mente castrense, em especial, a tendência perigosa para ver as operações fora do grande contexto estratégico. Na fase inicial da guerra, Churchill tinha pedido a Chamberlain para ter algumas reuniões sem a presença de generais e almirantes. «Os chefes dos estados-maiores estão a ser informados de muita coisa que cai fora da sua esfera profissional», escreveu ele. «Atrevo-me a dizer-lhe que por vezes devíamos debater a posição geral só entre nós. Parece-me que em muitas questões não estamos a chegar à raiz dos problemas.»[117]

Depois do seu serviço militar na Primeira Guerra Mundial, e sobretudo depois dos seus dois mandatos com a tutela da marinha britânica,

Churchill tornou-se muito sensível às manhas da burocracia militar. Exortou os seus subordinados a reduzirem o número de oficiais em cargos administrativos e a transferirem-nos para postos de combate. Em agosto de 1940, quando a necessidade de pilotos era absolutamente crucial, conseguiu, de forma extraordinária, transferir o máximo possível de oficiais da RAF da secretária para a carlinga. «A tendência de todo o comandante de base é naturalmente manter o máximo possível do seu pessoal», alertou ele um elemento da força aérea. «Os almirantes fazem exatamente a mesma coisa. Mesmo depois de uma busca aturada, semanas depois, se voltar a olhar, verá que foi acumulada mais gordura.»[118]

Quando os generais conseguiam justificar as necessidades militares, ele ouvia. Nas primeiras semanas do seu mandato, em maio e junho de 1940, quando estava a ser intensamente pressionado pelos franceses para enviar mais caças para França e havia gente a dizer-lhe que a guerra seria decidida em França, Churchill seguiu a opinião das chefias da força aérea e recusou. Segundo Stephen Bungay, «Foi uma decisão inquestionavelmente correta. Os caças não teriam feito diferença em França, mas fizeram muita na Grã-Bretanha»,[119] como demonstrou a Batalha de Inglaterra, no verão, que seria o período mais intenso da vida de Churchill.

CAPÍTULO 7

COMBATENDO OS ALEMÃES, ESTENDENDO A MÃO AOS AMERICANOS

* * *

1940-1941

No dia 8 de agosto de 1940, Hermann Goering deu ordens à Luftwaffe para iniciar a «Operação *Adler*». Goering informou os seus subordinados de que «num curto espaço de tempo, ireis eliminar a Força Aérea Britânica dos céus. *Heil* Hitler»[1]. A ordem foi intercetada e passada a Churchill.

Os comandantes da Luftwaffe estimaram que a campanha duraria entre duas a quatro semanas[2]. Parece um cálculo presunçoso, mas na altura coadunou-se com o padrão de vitórias fáceis alemãs na Polónia, Holanda, Bélgica e França. Para muita gente, a Alemanha era imparável. O embaixador Kennedy enviou um telegrama ao Departamento de Estado dizendo que se os alemães dispunham de tantos aviões como se julgava, iriam dar cabo da Royal Air Force, após o que, na sua perspetiva, a capitulação da Grã-Bretanha «seria inevitável»[3].

Os combates aéreos encheram o céu do sul de Inglaterra no verão e no princípio do outono de 1940. Os caças alemães atravessavam o Canal da Mancha em seis minutos e depois, à vista do público britânico, envolviam-se em duelos com os britânicos[4].

Foi nesses meses que Churchill se tornou o aglutinador simbólico da Inglaterra. Orwell assistiu a esta transformação e ficou maravilhado. Em agosto, escreveu no seu diário: «Há sete anos, quem teria acreditado que Winston Churchill tinha um futuro político?»[5] Perante a possibilidade real de uma invasão, até os que tinham passado anos a denegrir Churchill se uniram à sua volta. Poucas pessoas tinham feito mais para manter Churchill fora do governo em meados dos anos 30 do que «T. J.» Jones, ex-conselheiro político do primeiro-ministro Stanley Baldwin. Mas Jones passou a ver de maneira diferente o homem do qual tinha desdenhado durante tanto tempo. «A chegada do Winston ao topo... causou uma mudança profunda», escreveu ele. «O país está finalmente acordado e a trabalhar.»[6] Mais tarde, no verão, acrescentou: «O Winston tornou-se o único orador de Whitehall que chega a toda a gente e emociona as pessoas.»[7]

Mas nem todos foram tão contritos. Em 1940, Geoffrey Dawson, editor do *Times* e apaziguador inveterado, escreveu numa nota de consolação a Neville Chamberlain, que estava moribundo: «Serei sempre um apoiante impenitente da chamada "Política de Munique".»[8] No verão, Orwell discutiu com um jovem pacifista no Café Royal, um centro de encontro de escritores e artistas.[9] O jovem garantiu a Orwell que a guerra estaria acabada até ao Natal, e explicou: «Vai obviamente haver uma paz de compromisso.» Quando Orwell observou que, juntamente com outros escritores, seria executado pelos nazis, o jovem, que era candidato a artista, respondeu: «Pois, isso seria uma pena.»

* * *

Os discursos que Churchill proferiu naquela altura continuam a ser uma leitura importante setenta e cinco anos depois. São essenciais para compreender o homem e o seu papel na história.

O seu discurso na Câmara dos Comuns no dia 20 de agosto de 1940 é principalmente recordado pela homenagem poderosa e apropriada que Churchill prestou aos pilotos de caça da Royal Air Force. «No domínio do conflito humano», declarou ele, «nunca tantos deveram tanto a tão poucos». Hugh Dundas, um piloto de Spitfire, disse posteriormente: «Não creio que estivéssemos conscientes de que estávamos a fazer história até o Sr. Churchill fazer aquele discurso sobre os "poucos". Pusemos o peito para fora e pensámos que éramos importantes, mas até àquela altura julgo que nunca tínhamos pensado nisso.»[10]

Uma parte menos recordada do mesmo discurso é o resumo que Churchill fez da guerra, que é orwelliano na sua sobriedade e na concisão da sua exatidão ao enumerar os reveses ocorridos durante os seus primeiros meses de liderança:

> Já passou bastante mais de um trimestre desde que o novo governo deste país tomou posse. Que catarata de desastres caiu sobre nós desde essa altura! Os fiáveis holandeses, esmagados; o seu acarinhado e respeitado soberano, atirado para o exílio; a pacífica cidade de Roterdão, transformada no cenário de um massacre tão hediondo e brutal como o da Guerra dos Trinta Anos. A Bélgica, invadida e vencida; a nossa Força Expedicionária, que o rei Leopoldo chamou em seu auxílio, foi isolada e quase capturada, e escapou aparentemente por milagre mas perdeu todo o seu equipamento; a nossa aliada, a França, fora do conflito; a Itália, contra nós; toda a França nas mãos do inimigo, com todos os seus arsenais e vastas quantidades de material militar convertidos ou convertíveis para uso pelo inimigo; um governo fantoche instalado em Vichy que poderá, a qualquer momento, ser obrigado a tornar-se nosso inimigo; todo o litoral ocidental da Europa, do Cabo Norte à fronteira espanhola, na posse do inimigo; todos os portos e aeródromos desta imensa frente utilizados contra nós como potenciais rampas de lançamento de uma invasão.[11]

Duas noites depois, o centro de Londres foi bombardeado pela primeira vez[12]. O rol de desastres referido por Churchill conduz a um ponto muito perigoso: a possibilidade de desembarques alemães em Inglaterra. Falar na invasão não foi apenas uma forma de incentivar as pessoas: Churchill meditou muito a sério naquela possibilidade. Uma das questões com as quais teve de lidar foi o possível papel da polícia britânica nas zonas do país ocupadas pelos alemães. Deveria oferecer resistência? Deveria tentar manter a ordem pública? Neste caso, deveria ser previamente instruída no sentido de cooperar com os alemães? Churchill negou-se a contemplar esta possibilidade. «Se as forças policiais se encontrarem numa área efetivamente ocupada pelos alemães, poderão render-se e submeter-se juntamente com o resto dos habitantes, mas em circunstância nenhuma deverão auxiliar o inimigo na manutenção da ordem nem de qualquer outra forma.»[13]

No fim do verão, o receio de uma invasão alemã atingiu o auge quando um avião de reconhecimento britânico detetou um aumento súbito das concentrações de barcaças alemãs nos portos holandeses, belgas e franceses. Às 20h07 do dia 7 de setembro de 1940, o alto comando britânico transmitiu a palavra de código CROMWELL, que significava a iminência de desembarques alemães em solo inglês[14]. No mesmo mês, o romancista Evelyn Waugh, que servia nos Fuzileiros Reais, em África, escreveu à mulher dizendo-lhe que se os alemães desembarcassem, ela deveria esperar até a situação acalmar e depois partir para Quebeque, no Canadá, onde ele procuraria encontrá-la. George Pellet, membro de uma unidade de sabotagem incumbida de operar na retaguarda das forças alemãs, foi informado de que em caso de desembarque, a sua expetativa de vida era de sete dias[15].

Mas os alemães começaram a mudar de tática. Frustrados nos seus esforços para destruir as defesas aéreas da Grã-Bretanha, os comandantes da Luftwaffe optaram pura e simplesmente por bombardear o país – principalmente a capital e, de forma desproporcionada, a sua zona oriental, onde viviam principalmente os pobres e os operários, perto das docas e das fábricas. Goering julgou que se incendiasse Londres destruiria a determinação do povo inglês a prosseguir o combate.

Na noite em que foi enviada a mensagem CROMWELL, começou o *Blitz* de Londres: a capital foi atacada por 348 bombardeiros e 617 caças alemães[16]. À tarde, quando rumavam a Inglaterra, formaram um bloco com 30 km de largura e 60 km de profundidade.

Alguns observadores pensaram que a nova tática iria ter êxito. Na primeira noite do *Blitz*, Joseph Kennedy, enquanto ia a descer Piccadilly, disse a um amigo: «Aposto contigo cinco contra um, com o valor que quiseres, que daqui a duas semanas Hitler vai estar no Palácio de Buckingham.»[17] Era tempo, disse ele ao Departamento de Estado, de os britânicos aceitarem a derrota[18].

De facto, no uivo das sirenes, no ruído da aproximação dos bombardeiros e no fumo, no fogo e na morte que estes deixavam atrás de si «havia uma sensação de apocalipse iminente»,[19] escreve o historiador e romancista britânico Peter Ackroyd. A poetisa Edith Sitwell captou o momento num poema:

> A Chuva continua a cair –
> Escura como o mundo dos homens, negra como a nossa perda –
> Cega como os mil e novecentos e quarenta pregos
> Da Cruz

Um bombeiro disse que os incêndios eram tão intensos que «o calor empolava a tinta dos carros. Empolava os rostos dos homens... Magoava-nos os olhos, magoava-nos o nariz. Fiquei com o queixo bastante queimado e empolado. Quando os telhados caíam, as janelas vomitavam faúlhas, como que sopradas por foles gigantes»[20].

No dia seguinte, 8 de setembro, Churchill visitou a área mais atingida, o East End, a zona sobrelotada e pobre de Londres, onde ainda havia edifícios a arder. Quando viu um abrigo antiaéreo que tinha sido atingido em cheio, começou a chorar. Uma velhota disse: «Veem, ele importa-se mesmo, está a chorar.»[21]

15 DE SETEMBRO DE 1940

Depois de uma semana de bombardeamentos, Churchill deslocou-se ao quartel-general do 11.º Grupo de Caças, a unidade responsável pela defesa do espaço aéreo de Londres e do sudeste de Inglaterra. Não foi uma visita ao acaso: Churchill sabia das interceções «Ultra» que quase todos os bombardeiros alemães baseados em França iriam atacar Londres nesse dia, e também sabia, das visitas que tinha feito ao 11.º Grupo nesse verão, que o posto de comando era o melhor lugar para seguir os combates. Duas semanas antes, tinha havido duelos de caças mesmo por cima.

No dia da visita de Churchill, 15 de setembro, registaram-se alguns dos combates aéreos mais ferozes da campanha[22]. Mais tarde, Churchill disse que tinha sido «a data culminante»[23] da Batalha de Inglaterra. Era uma manhã de domingo. No quartel-general do 11.º Grupo, localizado na orla ocidental de Londres, Churchill desceu cerca de 15 m até ao *bunker* que continha a sala de operações. O major-general Keith Park, o comandante do Grupo de Caças, percorria a sala e dava ordens, enviando as esquadrilhas para o combate. Uma parede estava coberta com um gigantesco painel da largura da sala onde eram registadas as movimentações de cada uma das vinte e cinco esquadrilhas do Grupo de Caças. Uma série de luzes registava o estado de cada unidade – em prontidão, no ar, as que tinham encontrado o inimigo e por fim, em cima, luzes vermelhas para as «Empenhadas» – ou seja, em combate.

As luzes vermelhas foram-se acendendo. Pouco depois, Park tinha todos os aviões que haviam descolado em combate, o que significava que as esquadrilhas iriam começar a aterrar em breve para reabastecimento. Era um momento muito preocupante porque os aviões aglomerados no solo podiam ser atacados pelos alemães e sofrer perdas insuportáveis. Park contactou o seu comandante e pediu autorização para empenhar as três esquadrilhas de reserva. Havia cerca de duzentos aviões alemães a sobrevoarem o sudeste de Inglaterra.

Churchill, incapaz de se conter, perguntou a Park: «Quantas mais tem?» Nenhuma, respondeu Park. «Vou empenhar a última.» Park escreveu posteriormente que Churchill, ao ouvir a sua resposta, ficou «muito sério». E ficou mesmo, dado que compreendeu, como disse mais tarde, que «a nossa inferioridade numérica era grande; a nossa margem era pequena; o que estava em jogo era incomensurável»[24]. Durante cinquenta minutos, não houve mais caças britânicos disponíveis[25]. Quatro meses antes, Churchill tinha ficado arrepiado ao ouvir os líderes franceses usarem uma frase semelhante acerca da inexistência de reservas. Pouco depois, tinham sido derrotados. No início da Batalha de Inglaterra, ele tinha refletido: «As coisas mais importantes podem estar presas a um fio finíssimo.»[26] E agora ele via o fio da Grã-Bretanha esticado quase ao ponto de se partir.

Mas os britânicos, ao contrário dos franceses, aguentaram-se. Os Spitfires e Hurricanes tinham de se reabastecer, mas os aviões alemães também – e para tal, tinham de se deslocar a distâncias muito maiores. Por conseguinte, não apareceu uma nova vaga de atacantes e os caças britânicos não foram apanhados no solo durante o reabastecimento. Contudo, naquele dia, os alemães largaram milhares de bombas, incluindo duas que atingiram o Palácio de Buckingham, provavelmente por engano[27]. A RAF perdeu vinte e oito aviões, mas abateu cinquenta e seis, um impressionante rácio de perdas de 2:1[28].

Quando Churchill deixou o *bunker*, as sirenes deram o sinal de «sem perigo». Churchill rumou a Chequers, a residência oficial do primeiro-ministro fora de Londres. Foi direito ao seu quarto e deitou-se; dormiu cerca de quatro horas. Era tão raro ele dormir tantas horas seguidas que o seu médico, Charles Wilson, foi avisado. Na manhã seguinte, Wilson perguntou a Churchill se ele se tinha sentido «em forma» quando deixara o *bunker*. «Ele não respondeu e eu perguntei-lhe como é que Park estava a lidar com a pressão», recordou Wilson. «Olhou para mim sem expressão; não tinha pensado em Park. O destino dos indivíduos já não era importante. Julgo que uma pessoa acaba por pensar assim quando tem responsabilidades como as dele.»

Um dos edifícios atingidos pelos bombardeamentos alemães de meados de setembro foi a residência palaciana londrina, em Park Lane, de Lorde Londonderry, o simpatizante nazi. O coronel Raymond Lee, o adido militar americano, percorreu os poucos quarteirões da embaixada americana até ao local para se deliciar com os estragos, e escreveu no seu diário: «Uma bomba que caiu do outro lado da rua deitou abaixo a parede, abriu uma cratera profunda e rebentou com todas as janelas da vizinhança. O que é que o estúpido do Londonderry estaria a pensar dos seus amigos, Hitler, Ribbentrop e Goering? Ainda há pouco tempo eram tão amigalhaços.»[29] Hoje existe no local um grande hotel Hilton.

* * *

Depois da guerra, Churchill disse a amigos que se pudesse voltar a viver um ano da sua vida, seria o de 1940[30]. O seu ânimo e a sua energia foram impressionantes. No auge dos receios de uma invasão alemã, «O PM foi muito simpático, como sempre, muito agradável e divertido»,[31] escreveu no seu diário o general *Sir* Alan Brooke, que se tornaria o principal conselheiro militar do primeiro-ministro. Apesar de carregar nos ombros o destino da sua nação, aliás, da civilização ocidental, Churchill conseguiu manter uma reserva de extravagância. Em alguns dos períodos mais negros da guerra, quando os Estados Unidos ainda não tinham entrado no conflito e as cidades inglesas estavam a ser diariamente bombardeadas, e enquanto os alemães se expandiam para os campos de trigo da Ucrânia e de petróleo do norte do Iraque, Churchill distraía-se a si próprio e aos seus convidados pondo discos a tocar («áreas marciais, valsas e canções vulgaríssimas de orquestras de metais», observou o seu pretensioso ajudante, Colville), executando exercícios militares com uma espingarda de caça e conversando com os seus animais de estimação. «Enquanto ruminava sobre estas questões [os reveses no Médio Oriente e a competência duvidosa dos generais britânicos], ia conversando com o gato, limpava-lhe os olhos com o guardanapo, dava-lhe bocadinhos de borrego e pedia-lhe desculpa por não ter natas porque estávamos em guerra.»[32] Percorria o jardim de roupão púrpura e chapéu de feltro cinzento para visitar os seus peixinhos-dourados. Brincava com o cão da filha, «um caniche muito simpático». A caminho de uma cimeira, leu um dos livros da série Horace Hornblower; a caminho de outra, passou um dia com *Phineas Finn*, o grande romance de Trollope sobre a ambição parlamentar. Quando estava a recuperar de uma pneumonia, leu finalmente (ou alguém lhe leu) *Orgulho e preconceito*.

* * *

Em retrospetiva, é evidente que os alemães nunca estiveram tão próximos de invadirem a Inglaterra, e muito menos de a conquistarem, como pareceu acontecer em 1940. A superioridade aérea era um pré-requisito essencial para o lançamento de uma força de invasão, mas os britânicos fabricavam caças mais depressa do que os alemães conseguiam destruir. Além disso, os britânicos tinham montado uma defesa antiaérea cuidadosamente concebida e operada, ao passo que a ofensiva alemã, apesar de garbosa, foi uma trapalhada sem objetivos precisos. Quando não existe uma estratégia coerente, as táticas, mesmo que executadas com exuberância, tornam-se insignificantes.

Os historiadores militares reconheceram há muito que a inovação tecnológica não vale praticamente nada sem um apoio organizacional cuidadosamente montado. Foi a organização ponderada dos recursos humanos e tecnológicos que deu aos britânicos a vantagem no combate contra a Luftwaffe. Stephen Bungay, na sua análise incontornável da Batalha de Inglaterra, conclui que a chave da vitória foi o sistema de alerta precoce extremamente eficaz dos britânicos[33]. Este sistema, uma combinação de radar, rádio e telefones judiciosamente dirigido por comandantes competentes, permitiu à RAF ganhar a iniciativa. As informações eram recolhidas e rapidamente transmitidas às esquadrilhas em estado de prontidão, que eram empenhadas no combate[34]. Esta abordagem em três fases, cada uma das quais envolvia tarefas muito diferentes, foi bem sintetizada pelo capitão Charles MacLean, um controlador de setor aéreo:

> A teoria da defesa com caças foi criada para evitar as chamadas «patrulhas permanentes». Protegendo o país com aviões permanentemente no ar, desgastavam-se os motores e era-se apanhado em terra quando o ataque ocorria. Por conseguinte, a RAF desenvolveu um sistema de alerta precoce. Primeiro, usava o radar para determinar o rumo da aproximação dos aviões e depois usava o pessoal do Corpo de Observação para os encontrar quando eles entravam no nosso espaço aéreo. As informações eram enviadas para uma sala de filtragem e depois para uma sala de operações onde os ataques eram reproduzidos numa mesa. Esta imagem estava ultrapassada em três ou quatro minutos, mas era suficientemente atual para direcionar os caças para onde eram realmente necessários.[35]

Ou seja, a imagem característica que hoje temos da Batalha de Inglaterra é de jovens pilotos esguedelhados à espera junto dos seus aviões, prontos para descolarem num ápice, e não aos comandos dos seus aviões. O sistema de defesa aérea britânico foi uma espécie de «computador humano», um sistema notável de tratamento de informação em tempo real que funcionou tão bem na conservação dos recursos aéreos britânicos – aviões, pilotos e pessoal de terra – que foi um dos fatores que levaram a que em 1940, com a passagem do tempo, a Royal Air Force se tornasse mais poderosa. Outro fator foi o aumento da produção das fábricas de aviões.

O terceiro fator que deu a vitória aos britânicos na Batalha de Inglaterra foi a incompetência da ofensiva aérea alemã. Contrariamente à reputação teutónica de perícia marcial, a abordagem da Luftwaffe foi «espantosamente amadorística»,[36] conclui Bungay, «pouco mais do que voar sobre Inglaterra, largar umas bombas em cima de várias coisas para chatear as pessoas e abater os caças inimigos que aparecessem»[37]. E Bungay acrescenta que não foi por acaso que o ramo das forças armadas alemãs que operou de forma tão incoerente foi o único chefiado por um político nazi, Goering, que, antes de entrar para a política, tinha sido piloto de caça na Primeira Guerra Mundial. Hitler gostava supostamente de dizer que tinha um exército conservador, uma marinha reacionária e uma força aérea nazi.[38] Esta arma politizada entrou no espaço aéreo inglês sem estar preparada para o que encontrou. Hans-Ekkehard Bob, que pilotou um caça Messerschmitt Bf 109, recordou a sua surpresa num dia cheio de nevoeiro: «De repente, vi atrás de mim uma formação de Spitfires com um campo de tiro excelente, e interroguei-me, como seria aquilo possível? Eu não tinha visibilidade nenhuma, nem para cima, nem para baixo; como é que a formação inimiga se tinha conseguido colocar em posição de tiro atrás de mim?»[39] A resposta está obviamente no impecável sistema britânico de radar e alerta precoce.

Os alemães, no seu momento de orgulho, também sobrestimaram os danos que estavam a causar: em meados de agosto, calcularam que os britânicos dispunham apenas de 300 caças operacionais. Na realidade, dispunham de 1438, o dobro dos que tinham seis semanas antes[40]. O rácio de perdas foi sempre favorável aos britânicos, que perderam 1547 aviões e destruíram 1887. Além disto, dado que a maior parte dos combates foi sobre a Inglaterra, os pilotos britânicos podiam realizar muito mais missões no mesmo dia; os seus aviões eram municiados em menos de quatro minutos[41]. E quando eram abatidos, em muitos casos, saltavam de paraquedas sobre território amigo e podiam voar de novo, ao passo que os pilotos alemães que sobreviviam tornavam-se prisioneiros de guerra, e muitos dos que caíam nas águas gélidas do Canal da Mancha morriam de hipotermia ou afogavam-se (pelos mesmos motivos, neste período, a RAF perdeu mais tripulantes de bombardeiros do que pilotos de caças: 801 do Comando de Bombardeiros e 544 do Comando de Caças)[42].

O povo britânico ajustou-se aos bombardeamentos. Por exemplo, segundo sondagens realizadas para o governo, em meados de setembro de 1940, 31% dos londrinos declararam que não tinham dormido na noite anterior; em meados de outubro, esta resposta foi dada apenas por 5% dos inquiridos, e, em meados de novembro, por ninguém[43].

Mas mesmo que o exército alemão tivesse desembarcado em solo inglês no outono de 1940, as suas testas-de-ponte teriam de ser aprovisionadas principalmente por mar[44]. Os navios alemães teriam pela frente a

RAF nos raros momentos de bom tempo, e, nos outros, o péssimo tempo outonal do Mar do Norte. «A margem de vitória não foi estreita», conclui Bungay no seu estudo magistral da Batalha de Inglaterra. «A Luftwaffe nunca esteve perto da vitória.»[45]

Mas é muito mais fácil ver isto hoje do que era em 1940. Devido ao facto de as suas tropas e os seus navios não terem estado envolvidos, os americanos tendem a esquecer-se de que a guerra foi extremamente difícil para os britânicos antes de o ataque japonês a Pearl Harbor levar ao envolvimento dos Estados Unidos. Não é por acaso que a entrada da América na guerra só surge no fim do terceiro dos seis volumes de memórias de Churchill sobre a Segunda Guerra Mundial. Dwight Eisenhower só aparece a meio do quarto volume. Orwell captou a situação negra da época no seu diário, a 19 de outubro de 1940: «É indizivelmente deprimente acender a lareira todas as manhãs com jornais do ano passado e ler os cabeçalhos otimistas enquanto vão ardendo.»[46]

Nesse mês, Churchill queixou-se, numa nota ao ministro dos Negócios Estrangeiros, de que estava espantado com «estas coisas enganadoras do Kennedy»[47]. Porém, semanas depois, Roosevelt foi eleito para um inédito terceiro mandato. Churchill ficou muito aliviado. Significava que a assistência americana à Grã-Bretanha poderia ser oferecida mais às claras, sem o receio de uma reação dos isolacionistas do Centro-Oeste. E significava que Roosevelt poderia finalmente ver-se livre de Kennedy.

Kennedy foi recambiado para casa mas não deixou de palrar. «A democracia está acabada em Inglaterra», disse ele aos jornalistas americanos. Além do mais, acrescentou ele, se calhar, também estava nas últimas nos Estados Unidos, por conseguinte, «Não faz sentido envolvermo-nos»[48].

Kennedy, que tinha ponderado candidatar-se à presidência, encontrou-se com Roosevelt na casa do presidente, em Hyde Park, em Nova Iorque. Roosevelt tinha pensado em convidar Kennedy para passar o fim de semana, mas depois de uma conversa privada de dez minutos mudou de ideias. Saiu da sala e encontrou a mulher, Eleanor. «Enquanto eu for vivo, nunca mais quero ver aquele cabrão», disse-lhe ele. «Pede-lhe a demissão e corre com ele daqui para fora.»[49] Eleanor retorquiu que Kennedy tinha sido convidado pelo menos para almoçar, mas Roosevelt disse-lhe para dar uma volta de carro com ele pela propriedade, e depois para lhe dar uma sanduiche e metê-lo no comboio para Nova Iorque. Ela recordaria aquele dia como «as piores quatro horas da minha vida».

Em Nova Iorque, Kennedy encontrou-se com Charles Lindbergh no Hotel Waldorf Astoria. Lindbergh escreveu no seu diário: «Ele considera, tal como eu, que a posição dos britânicos é irremediável e que a melhor coisa possível para eles seria uma paz negociada no futuro próximo.»[50] Kennedy tinha acrescentado que os principais obstáculos a semelhante acordo eram Churchill e a possibilidade na qual ele tanto apostava: a entrada da América na guerra.

ENTRA HOPKINS

Ao mesmo tempo que liderava a Grã-Bretanha na guerra, Churchill dedicou uma grande parte do seu tempo a cortejar os americanos e, em especial, a contrariar a influência de Kennedy e de outros isolacionistas de direita.

Primeiro, teve problemas com o tom. No início do namoro, foi ocasionalmente untuoso, tal como nos votos de bom ano que enviou a Roosevelt no princípio de 1941:

> Neste momento, quando o Ano Novo se inicia com uma tempestade, sinto que é meu dever, em nome do Governo Britânico, aliás, do Império Britânico, expressar-lhe, Sr. Presidente, a nossa imensa gratidão e admiração pela sua declaração memorável, no domingo passado, ao povo americano e aos amantes da liberdade em todos os continentes. Não sabemos o que temos pela frente, mas com este seu toque de clarim temos de avançar encorajados e fortificados, e confiantes no que haveis expressado, que tudo acabará bem para os povos anglófonos e para aqueles que comungam dos seus ideais.[51]

Roosevelt queria saber mais sobre Churchill e em janeiro de 1941 mandou Harry Hopkins a Londres como enviado presidencial[52]. Hopkins, um homem que estivera ligado à assistência social e que era o principal conselheiro de Roosevelt,[53] foi incumbido de avaliar Churchill como potencial aliado em caso de guerra. Hopkins tinha-se tornado um elemento tão presente na vida do presidente, que se mudou para a Casa

Branca: dormia no antigo estúdio de Abraham Lincoln, onde este tinha assinado a Proclamação da Emancipação. Hopkins gostava de jogar gamão e às cartas (póquer, *gin rummy*, *bridge*). Apesar da sua natureza frágil, apreciava passar os dias de folga nas corridas de cavalos, onde tinha o hábito de apostar dois dólares em cavalos com poucas hipóteses.

A escolha de Hopkins, que sofria de cancro e estava esquelético – tinha poucos anos de vida –, e nutria um profundo ceticismo em relação aos ares aristocráticos e à retórica bombástica, foi uma espécie de desafio de Roosevelt a Churchill. Uma parte da missão atribuída a Hopkins em 1941 foi determinar se Churchill era mesmo «desequilibrado» e se estava «quase sempre bêbedo»,[54] como havia quem dissesse em Washington.

Hopkins usou o novo serviço de hidroaviões da Pan American. Partiu de Nova Iorque, fez escala na Bermuda e nos Açores e aterrou em Lisboa, no Tejo[55]. De seguida, apanhou um voo da British Overseas Airways para Poole, em Inglaterra. Foi recebido por Brendan Bracken, que era conselheiro de Churchill de forma muito semelhante à de Hopkins e Roosevelt[56]. Foi um primeiro sinal de que a missão de Hopkins tinha sido compreendida. Apesar dos seus antecedentes de esquerda, ele não tinha atravessado o oceano para estudar a democracia ou o melhoramento da sopa dos pobres. Ia participar num conselho de guerra sobre a forma de ajudar a Inglaterra (e Churchill) a sobreviverem.

Hopkins precisou de um dia para recuperar da viagem. No dia seguinte, foi acompanhado para um almoço com Churchill. «Apareceu um cavalheiro redondo, sorridente e de rosto vermelhusco que me estendeu uma mão gorda mas convincente e me desejou as boas-vindas a Inglaterra»,[57] disse Hopkins ao presidente; escrevia as suas cartas em cursivo em papel do Hotel Claridge e enviava-as para a Casa Branca por um mensageiro. «Vestia um casaco curto preto – com calças às riscas –, e fiquei com a impressão de um olhar límpido e de uma voz suave.»

Comeram sopa, carne assada e salada. Hopkins explicou com franqueza ao primeiro-ministro que os britânicos, incluindo ele próprio, não eram considerados de muita confiança nos Estados Unidos. «Disse-lhe que havia quem achasse que ele, Churchill, não gostava da América, nem dos americanos, nem de Roosevelt», contou Hopkins ao presidente. «Ele lançou-se num ataque duro mas bastante contido ao embaixador Kennedy, que na sua perspetiva é o responsável por esta impressão.»

Churchill disse a Hopkins o que ele pensava que os americanos queriam ouvir, romantizando a Inglaterra bucólica:

> Não procuramos riquezas nem ganhos territoriais, procuramos apenas o direito de o homem ser livre; procuramos os seus direitos de adorar o seu deus, de levar a sua vida à sua própria maneira, a salvo de perseguições. Quando o humilde trabalhador regressa da labuta ao fim do dia e vê o fumo a sair da sua casinha rural no céu sereno do anoitecer, queremos que ele saiba que nenhum rat-a-tat [bateu na mesa] da polícia secreta na sua porta lhe vai perturbar o lazer ou interromper o repouso.

Foi uma bazófia churchilliana clássica.

Hopkins, que era um político experiente, sabia quando lhe estavam a atirar areia para os olhos. Quando Churchill lhe perguntou o que acharia o presidente destes comentários, Hopkins respondeu qual John Wayne num dos seus filmes de *cowboys* dos anos 30: «Bem, senhor primeiro-ministro, acho que o presidente se está nas tintas para isso», disse Hopkins, arrastando a voz. «Sabe, o que nos interessa mesmo é que o cabrãozão do Hitler leve das boas.»[58] Churchill deu uma grande gargalhada. Foi a resposta certa, em sintonia com os desejos e os anseios mais íntimos de Churchill.

Estiveram horas à conversa. Hopkins disse ao presidente que se foi embora convencido de que a informação de que Churchill antipatizava com os americanos e com Roosevelt era errónea. «Não faz sentido»,[59] escreveu ele. Não se sabe ao certo o que Hopkins disse a Roosevelt acerca do gosto de Churchill pela bebida mas a frase «olhar límpido» associada ao primeiro aperto de mão deve ter ajudado a clarificar a questão.

Com a exceção de Churchill, a atitude da generalidade dos britânicos em relação aos americanos era de condescendência. O diplomata mais importante do Ministério dos Negócios Estrangeiros, *Sir* Alexander Cadogan, foi típico. Depois de conhecer Hopkins, escreveu no seu diário: «Parece uma pessoa simples e simpática.»[60] Foi um comentário completamente ao lado, ainda por cima de um homem cuja profissão implicava avaliar os visitantes oficiais estrangeiros.

Nos dois anos seguintes, Hopkins foi o elemento-chave entre Churchill e Roosevelt, uma espécie de ministro dos Negócios Estrangeiros pessoal do presidente. Na sua primeira deslocação à Grã-Bretanha, acabou por ficar quase um mês, o dobro do tempo planeado. Passou doze noites na companhia de Churchill. Semanas depois, perto do fim da visita, Hopkins jantou com Churchill e com o seu séquito no Station Hotel, em Glasgow.

Durante o jantar, Hopkins levantou-se e disse: «Suponho que gostaríeis de saber o que vou dizer ao presidente Roosevelt quando regressar.» Sim, gostaria muito. Hopkins disse que ia usar a Bíblia para recomendar ao presidente o rumo futuro das relações anglo-americanas. De seguida, num murmúrio, recitou de Rute 1:16: «...onde tu fores, eu irei contigo e onde pernoitares, aí ficarei; o teu povo será o meu povo e o teu Deus será o meu Deus.» (Não citou o versículo seguinte, «Onde morreres, também eu quero morrer...»)[61] Churchill chorou lágrimas de gratidão.

Pela mesma altura, os americanos decidiram definitivamente adotar a estratégia da «Europa Primeiro»: se os Estados Unidos entrassem na guerra, o inimigo principal seria a Alemanha e não o Japão, e a maior parte dos recursos seria enviada para o outro lado do Atlântico. Na perspetiva de Churchill, terá sido a decisão americana mais significativa da Segunda Guerra Mundial[62].

Quando saiu do avião da Pan Am, em Nova Iorque, Hopkins disse aos repórteres: «Uma coisa posso dizer: não acredito que Hitler consiga vencer aquela gente.»[63] Hopkins tinha reparado muitos dos danos causados às relações anglo-americanas pelo embaixador Kennedy.

Mas ainda havia truques de prestidigitação. Em fevereiro de 1941, Churchill garantiu aos americanos que bastariam os seus recursos – artilharia, carros de combate, aviões, navios, alimentos, combustível e dinheiro. Churchill declarou memoravelmente aos americanos: «Deem-nos os instrumentos que nós damos conta do recado.»[64] Foi uma frase cativante: profissional, humilde e aparentemente simples.

Mas esta bela retórica era artificiosa. O adido militar americano, Raymond Lee, entretanto promovido a brigadeiro-general, escreveu no seu diário: «Churchill fez um discurso muito fanfarrão.»[65] Lee era um dos elementos mais pró-britânicos da embaixada americana. O historiador Richard Toye concluiu que Churchill sabia quase de certeza que para vencer a guerra precisava não só da vasta riqueza da América, mas também das suas hordas de homens[66]. De facto, em junho de 1941, a Direção de Planeamento das Forças Armadas concluiu: «A beligerância ativa dos Estados Unidos é essencial para o sucesso da prossecução e da conclusão da guerra.»[67] Ou seja, Churchill não precisava apenas dos instrumentos; precisava dos recursos humanos e do poderio industrial dos Estados Unidos empenhados em prol da causa – e sabia-o. Mas não podia dizê-lo.

CAPÍTULO 8

CHURCHILL, ORWELL E A LUTA DE CLASSES NA GRÃ-BRETANHA

* * *

1941

George Orwell, enquanto ia assistindo à Batalha de Inglaterra e ao *Blitz*, nunca acreditou que a Luftwaffe conseguisse subjugar a Inglaterra: «Não é provável que o bombardeamento aéreo decida uma guerra de grandes dimensões.»[1]

Em muitos aspetos, Orwell não se deu bem com a guerra. «Não me aceitam no exército, pelo menos para já, por causa dos pulmões»,[2] disse ele a um amigo. Não foi uma surpresa: um exame médico realizado em 1938 mostrou que Orwell, com 1,99 m de altura, pesava apenas 72,12 kg, e a radiografia revelou manchas nos pulmões[3]. Mas apesar disso e do seu ferimento no pescoço, Orwell continuou a fumar muito – cigarros fortes enrolados à mão. Procurou trabalho no departamento de relações públicas do Ministério da Aeronáutica, mas também não teve sorte[4]. Eileen trabalhava na censura.

Com uma saúde mais robusta, Orwell teria provavelmente dado um grande correspondente de guerra, uma espécie de versão britânica de Ernie Pyle, mas com um sentimento mais forte do combate e mais inclinação para retratar os factos duros da guerra em vez de os atenuar, como Pyle às vezes fazia.

Orwell sentia que podia e devia contribuir mais para o esforço de guerra, mas não via como. «É terrível sentirmos-mos inúteis e ao mesmo tempo vermos em todo o lado patetas e pró-fascistas em trabalhos importantes»,[5] lamentou-se ele numa carta a um amigo. Um dia, num sinal de frustração, andou por Londres a arrancar cartazes pró-soviéticos. «Numa altura normal», confessou ele ao seu diário, «é contra os meus princípios escrever numa parede ou interferir no que outra pessoa escreveu.»[6]

De forma significativa, a guerra pareceu impedir Orwell de escrever ficção durante anos. Não publicou nenhum romance entre 1939, o ano de publicação do fraquito *Coming Up for Air*, e *O triunfo dos porcos*, que começou a escrever em finais de 1943 e que foi publicado quando a guerra acabou na Europa, em 1945. Porém, tal como Churchill, Orwell extraiu energia da guerra. Em 1940, escreveu mais de trezentas peças de jornalismo, entre artigos, ensaios e recensões[7]. Num artigo notável, arrasou W. H. Auden por causa de uma linha do poema «Espanha»: «a aceitação consciente da culpa no assassínio necessário.» Orwell ficou irritado com as três últimas palavras. «O tipo de amoralismo do Sr. Auden só é possível quando se é aquele género de pessoa que está sempre noutro sítio quando alguém carrega no gatilho», escreveu ele. «Muito do pensamento de esquerda é uma espécie de brincadeira com o fogo de gente que nem sequer sabe que o fogo queima.»[8] Orwell sabia quase de certeza que Auden tinha partido para a América em 1939.

No dia 17 de abril de 1940, Orwell escreveu uma nota autobiográfica reveladora e algo singela para um livro americano intitulado *Twentieth Century Authors*:

> Além do meu trabalho, o que me dá mais prazer é a jardinagem, em especial, a horticultura. Gosto da gastronomia inglesa e da cerveja inglesa, dos tintos franceses, dos brancos espanhóis, de chá indiano, de tabaco forte, do carvão a arder na lareira, da luz das velas e de cadeirões confortáveis. Não gosto de grandes cidades, de barulho, de automóveis, da rádio, de comida enlatada, de aquecimento central e de «mobiliário moderno»... A minha saúde é um desastre, mas nunca me impediu de fazer nada, exceto, até hoje, combater na guerra… De momento, não estou a escrever nenhum romance, principalmente devido aos transtornos causados pela guerra.[9]

Semanas depois, deixou a casinha e mudou-se para Londres, para estar com a mulher. Em junho, alistou-se na Milícia, os agrupamentos paramilitares locais formados para combater a eventual invasão alemã. Orwell foi rapidamente promovido a sargento da Companhia C do 5.º Batalhão de Londres. Ficou estupefacto quando um oficial lhes disse que não precisavam de aprender muitas táticas porque, em caso de invasão, «a nossa missão, disse ele, era morrer nos nossos postos»[10]. Orwell escreveu no seu diário que estava espantado com os comandantes da Milícia. «Estes miseráveis retrógrados, tão obviamente tontos e senis, e tão degenerados em tudo, exceto na coragem física, são pura e simplesmente patéticos, e quase teríamos pena deles não fosse andarem sempre em cima de nós.» As palestras que ele deu à sua unidade foram de cariz mais prático. Dentro de um edifício, disse ele, as granadas de mão são «mais fáceis de atirar para baixo do que para cima»[11]. E avisou que as balas tendem a fazer ricochete nas paredes.

Em meados de 1940, Orwell, tal como muitas outras pessoas, pensou: «a Inglaterra vai ser invadida nos próximos dias ou semanas.»[12] Ao contrário de muita gente, mas tal como Churchill, Orwell gostou da sua experiência. Segundo um dos seus amigos, Cyril Connolly, «Ele sentiu-se enormemente à-vontade durante o *Blitz*, no meio das bombas, da coragem, dos escombros, das carestias, dos desalojados, dos sinais de um espírito revolucionário.»[13] Eileen também. Quando as sirenes começavam a uivar, ela apagava as luzes do apartamento e punha-se à janela a assistir à ação[14]. Orwell era um observador nato e havia muitas coisas novas e diferentes para ver. Ele escreveu no seu diário que não tinha visto nenhuma cratera mais profunda do que 3,5 m, o que o levou a concluir que as bombas alemãs eram bastante pequenas, talvez semelhantes às munições de artilharia de 150 mm que tinha visto usar em Espanha[15]. Num abrigo antiaéreo, Orwell ouviu queixumes sobre «assentos duros e a noite que nunca mais passava, mas ninguém se pôs com conversas derrotistas»[16].

Orwell reparou com interesse que os cães aprenderam rapidamente a desistir dos seus passeios nos parques quando ouviam as sirenes[17]. A sua única queixa foi: «Nas noites em que os bombardeamentos são intensos, é difícil trabalhar com a barulheira ensurdecedora. É difícil concentrarmo-nos, escrever um simples artiguito para o jornal leva o dobro do tempo.»[18]

O seu melhor texto da fase inicial da guerra é «The Lion and the Unicorn», um ensaio que pode ser lido como uma espécie de canção da Batalha de Inglaterra[19]. Orwell trabalhou no texto de agosto a outubro de 1940, durante o auge da campanha. O ensaio é uma contemplação da guerra da perspetiva do patriota de esquerda, estupefacto com o comportamento dos aristocratas britânicos e concebendo a possibilidade de a guerra acarretar turbulência social.

Os seus comentários sobre Chamberlain poderiam facilmente ter saído da boca de Churchill. Orwell escreveu o seguinte:

> Os adversários de Chamberlain acusaram-no de ser um intriguista tenebroso e matreiro que conspirou para vender a Inglaterra a Hitler, mas é muito mais provável que ele tenha sido apenas um velho estúpido a tentar fazer o seu melhor de acordo com as suas poucas luzes. Caso contrário, é difícil explicar as contradições da sua política, a sua incompreensão das vias que lhe estavam abertas. Tal como a massa do povo, não quis pagar o preço da paz nem da guerra.[20]

A fase inicial do conflito foi um momento de otimismo surpreendente para Orwell, que se mostrou esperançado: «Esta guerra, se não formos derrotados, vai eliminar a maior parte dos privilégios de classe.»[21] Em termos gerais, Orwell acertou: muitos privilégios de classe desapareceram depois da guerra, embora não devido a uma rutura revolucionária, mas sim através de uma transferência ordeira do poder para um governo trabalhista no pós-guerra.

O único conservador que Orwell parece ter admirado foi Churchill. Orwell disse num ensaio sobre o escritor socialista e utópico H. G. Wells que Churchill tinha compreendido os bolcheviques melhor do que Wells[22]. Wells respondeu a Orwell com uma nota furiosa: «Lê os meus primeiros textos, meu merdas!»[23] O idoso romancista deu em chamar a Orwell «trotskista pezudo»[24].

«A oratória de Churchill é bastante boa, num estilo antiquado, mas não gosto da sua locução»,[25] escreveu Orwell no seu diário, a 28 de abril de 1941, depois de ouvir um discurso de Churchill na BBC. Quanto aos demais conservadores, Orwell foi sempre desconfiado em relação à direita. Escreveu concordando com a afirmação de um amigo segundo a qual «com algumas exceções como Churchill, a aristocracia britânica é totalmente corrupta e falha do patriotismo mais básico»[26].

* * *

Os acontecimentos da Batalha de Inglaterra e do *Blitz* tiveram implicações para o sistema de classes às quais Orwell e Churchill foram sensíveis. Os pobres sofreram de forma desproporcionada com os bombardeamentos aéreos de 1940, e o governo de Churchill foi lento a reagir. As estações de metro de Londres não foram inicialmente disponibilizadas como abrigos antiaéreos, em parte devido ao receio de que as pessoas que lá se refugiassem fossem prejudiciais ao funcionamento dos transportes e talvez se negassem a sair[27]. Phil Piratin, um ativista comunista do bairro de Stepney, uma zona severamente atingida pelos bombardeamentos, envergonhou as autoridades liderando um grupo de residentes do East End que exigiu acesso ao abrigo existente na cave de um dos hotéis mais finos, o Savoy. Churchill leu as notícias nos jornais e perguntou ao gabinete porque é que as estações de metro não eram disponibilizadas como abrigos antiaéreos. «Garantiram-me que era muitíssimo indesejável»,[28] recordou ele. Churchill discordou e pouco depois as estações foram abertas.

A campanha de bombardeamento alemã, que durou do outono de 1940 até à primavera de 1941, teve o efeito de enobrecer os pobres aos olhos dos britânicos. «Agora, os trabalhadores são 100% heróis», escreveu o antropólogo Tom Harrisson, que estudou a literatura do *Blitz* durante os bombardeamentos. «É-lhes prodigalizada uma admiração extravagante, sem olhar à modéstia, à dignidade ou à exatidão.»[29]

De forma inversa, os ricos tornaram-se suspeitos, especialmente porque muitos trocaram Londres pelas suas casas de campo. Orwell declarou: «A dama no Rolls-Royce é mais prejudicial para o moral do que uma frota de bombardeiros de Goering.»[30] Basil Stapleton, um ás da RAF, recordou-se de ver um bombeiro impedido de trabalhar porque um Rolls-Royce passou por cima da mangueira. Stapleton e os seus companheiros bloquearam o automóvel e, «com a ajuda de algumas pessoas, virámos o Rolls-Royce ao contrário»[31].

Não eram apenas alguns britânicos que desconfiavam da aristocracia. Em julho de 1941, em Washington, o general George C. Marshall, o chefe do estado-maior do Exército dos EUA, expressou o seu receio a um repórter americano de que os apaziguadores da classe alta pudessem minar o esforço de guerra e deixar encurraladas as tropas americanas que ele enviasse para a Grã-Bretanha para a invasão da Europa. «Segundo me informou o Departamento de Estado, existe a possibilidade de os britânicos negociarem a paz com os nazis», disse ele, com base num relatório do chefe dos serviços de informações do exército. E acrescentou:

> Onde ficaria a minha vanguarda? Estou muito preocupado com as informações que recebi do Departamento de Estado. O problema parece ser que uma parte da opinião pública britânica prefere a paz à derrota. São as pessoas que têm mais a perder, a classe governante tradicional.[32]

Churchill não se poupou a esforços para garantir aos americanos de visita que não toleraria semelhantes iniciativas conciliatórias em relação aos alemães. No mesmo ano, disse a um congressista que representava o eleitorado da região carbonífera da Pensilvânia: «não existe nenhum sinal de fraqueza na nação, nem os trabalhadores tolerariam, por um instante que fosse, qualquer sinal de fraqueza ou indecisão por parte da classe governante.»[33]

Além do mais, em 1941, quem teve o papel mais significativo não foi o distinto exército nem a poderosa marinha, mas sim a Royal Air Force. A Força Aérea era nitidamente uma instituição de classe média, com cheiro a gasolina e lubrificante.

Orwell e Churchill aperceberam-se da natureza de classe média da RAF e comentaram-na. Orwell disse: «não se situa de maneira nenhuma... na órbita da classe governante.»[34]

De facto, segundo um historiador, havia quem dissesse que os homens da RAF eram «mecânicos de automóveis com uniformes»,[35] parecidos com os anónimos motoristas dos ricos. Evelyn Waugh, sempre atento às diferenças sociais, tem num dos seus romances passados durante a Segunda Guerra Mundial uma personagem que lamenta que um oficial superior da Royal Air Force tenha sido autorizado a entrar para um clube gastronómico de elite. A personagem explica que a gafe aconteceu porque foi durante a Batalha de Inglaterra, «quando a Força Aérea, durante algum tempo, foi quase respeitável... Meu caro, é um pesadelo para toda a gente»[36]. Mas alguns aspetos do sistema de classes persistiram na RAF. Segundo um piloto, Hugh Dundas, os membros de algumas unidades «auxiliares» formadas pelos ricos e aristocratas de Londres chamavam aos homens da RAF regular «tropas de cor»[37]. E as diferenças de classe também chegaram à carlinga: os oficiais tinham geralmente o privilégio útil de voarem todos os dias no mesmo avião, ao passo que os sargentos tinham de voar nos que estivessem disponíveis[38].

No entanto, Orwell ponderou as implicações sociais do papel da RAF ao impedir a invasão alemã. «Devido, entre outras coisas, à necessidade de criar uma força aérea enorme, foi aberta uma brecha importante no sistema de classes»,[39] escreveu ele. Terminada a Batalha de Inglaterra, referiu na conclusão de «The Lion and the Unicorn», «os herdeiros de Nelson e Cromwell não estão na Câmara dos Lordes. Estão nos campos e nas ruas, nas fábricas e nas forças armadas, nos bares com cerveja barata e nos jardins das traseiras suburbanos, mas continuam a ser subjugados por uma geração de fantasmas»[40].

Churchill, olhando para a questão de uma perspetiva diferente, disse aos seus subordinados, com alguma apreensão, que o papel da aristocracia na Batalha de Inglaterra tinha sido diminuto. Churchill observou que Eton, Harrow e Winchester, onde a elite da nação punha os filhos a estudar, não tinham «contribuído praticamente nada»[41] com pilotos para a Royal Air Force. Dos três mil pilotos de caça da Batalha de Inglaterra somente cerca de duzentos frequentaram Eton, Harrow ou outras escolas de elite[42]. Foi uma percentagem minúscula em comparação com a Primeira Guerra Mundial, onde por exemplo Eton forneceu às forças armadas 5768 efetivos, dos quais 1160 morreram e 1467 foram feridos[43]. Churchill escreveu: «Deixaram a coisa entregue à classe média-baixa»[44] – isto é, aos filhos de professores, bancários, lojistas metodistas e burocratas menores diligentes.

Churchill concluiu sobre estes «filhos excelentes» da classe média: «Salvaram o país, têm o direito de o governar.»[45] Neste sentido, Margaret Thatcher, filha de um merceeiro de uma pequena cidade que abandonou os estudos com treze anos de idade, surge claramente como legítima herdeira política de Churchill. Quando era uma jovem política em ascensão, costumava usar ao peito um alfinete prateado com o perfil de Churchill[46]. Thatcher, que foi eleita pela primeira vez para o parlamento em 1959, teve como colega o decrépito Churchill durante cerca de cinco anos, até ele se reformar, em 1964. Thatcher tornou-se primeira-ministra em 1979, cerca de trinta e nove anos depois da Batalha de Inglaterra.

Thatcher recordou Churchill de forma apropriada. Mandou renovar e abrir ao público pela primeira vez o *bunker* dele durante a guerra. E Thatcher tinha uma visão churchilliana do século XX. Quando visitou a Checoslováquia como primeira-ministra, pediu desculpas pelos atos de Neville Chamberlain. «Falhámos-vos em 1938, quando uma política de apaziguamento desastrosa permitiu a Hitler extinguir a vossa independência», disse ela na Assembleia Federal, em Praga. «Churchill repudiou prontamente o Acordo de Munique, mas ainda o recordamos com vergonha.»[47]

Churchill, sensível ao sistema de classes na sua condução da guerra, instruiu os generais e almirantes no sentido de terem cuidado com a forma como dirigiam as forças armadas. Logo na fase inicial do conflito, avisou a marinha para ter «um cuidado especial para que os preconceitos de classe não entrem nestas decisões» sobre a seleção dos cadetes para o Royal Naval College, em Dartmouth. E garantiu que investigaria o assunto – «Caso não me apresentem motivos melhores.» A marinha resistiu e ele, tal como tinha avisado, interveio diretamente. E até se reuniu com alguns candidatos a oficial que apesar de terem tido notas altas no exame de admissão tinham sido rejeitados. «Estive com os três candidatos», disse ele ao alto comando da marinha. «É verdade que o A tem um ligeiro sotaque *cockney* e que os outros são filhos de um sargento-ajudante e de um engenheiro da marinha mercante. Mas a intenção dos exames competitivos é abrir o ramo ao talento, independentemente da classe ou da fortuna.»[48] Churchill concluiu dizendo que tinha sido cometida uma injustiça e ordenou a admissão dos três candidatos. Era um grande desgaste de energias para quem estava a conduzir uma guerra e a impedir uma invasão.

Churchill fez jus à sua retórica nas interações com o pessoal da marinha. Uma vez, a bordo do HMS *Boadicea*, desapareceu da ponte, onde estavam reunidos os oficiais superiores e alguns altos funcionários civis. «Durante algum tempo, ficámos sem saber dele», escreveu um tenente ao pai, «até que fomos dar com ele sentado na messe dos fogueiros, a trocar patranhas com eles»[49].

Noutra frente da luta de classes, Churchill guerreou durante meses com as chefias militares por causa das insígnias regimentais dos uniformes. Parece um assunto trivial, mas Churchill apercebeu-se corretamente de que mais uma vez era uma questão enraizada nas distinções sociais. Os generais disseram-lhe que as antigas unidades de linha do exército associadas à aristocracia receberiam emblemas especiais para usarem no ombro. Justificaram a coisa com razões de ordem económica, devido à escassez de lã ou de alfaiates, mas Churchill, cético e sempre pronto para discutir pormenores, soube pela Comissão do Comércio que a quantidade de lã necessária para produzir as insígnias para todas as unidades, incluindo as «arrivistas» com oficiais da classe média, era relativamente reduzida – 85 000 metros de um total de 8 milhões de metros que se usavam por semana. O general Brooke, que muitas vezes deu mostras de tacanhez, queixou-se no seu diário: «Nesta questão, tem-se portado como uma criança e desperdiçado muito do nosso tempo.»[50]

Mas tal como observou o estratego Eliot Cohen, estas intervenções nas coisas da governança militar refletiram a compreensão perspicaz que Churchill tinha da liderança de guerra. Tratava-se de manter o moral de um exército repetidamente derrotado, e, por conseguinte, «a questão das insígnias e emblemas não é trivial»[51]. Em tempo de guerra, como disse Napoleão, os homens combatem por fitinhas coloridas. «Gostaria muito», escreveu Churchill ao funcionário responsável pela supervisão do exército, «que me explicasse também porque é que os Guardas [uma unidade de elite] devem ser favorecidos nesta questão. Foi-lhes dada alguma autorização especial, e se foi, com que justificação? Eu diria que os regimentos de linha, em especial os regimentos nacionais como os galeses ou escoceses, desejarão ainda mais o apoio do espírito de corpo e a expressão de individualidade que as insígnias distintas conferem»[52]. Isto foi mais do que um simples aspeto do gosto de Churchill pela pompa e pelas cores garridas. Churchill compreendeu que os oficiais da classe média e os soldados da classe operária tinham de ser tratados com mais respeito do que antes.

* * *

«De todos os países, a Inglaterra é o mais sujeito ao sistema de classes», disse Orwell em «The Lion and the Unicorn». «É a terra do snobismo e dos privilégios, governada principalmente por velhos e patetas.»[53] No ensaio, condenou a classe governante, mas abriu uma exceção em relação ao primeiro-ministro. «Até o governo de Churchill travar um pouco este processo, conseguiram fazer constantemente o que não se devia desde 1931.»[54]

Tendo em conta a sua atitude socialista, Orwell ficou admirado consigo próprio pelo seu apoio a Churchill durante a maior parte da guerra. «É significativo que no momento do desastre o homem mais capaz de unir a nação tenha sido Churchill, um conservador de origem aristocrática»,[55] escreveu ele durante a guerra.

Mas mais uma vez, Churchill, de forma surpreendente, tinha a mesma opinião que Orwell em muitas questões relacionadas com o sistema de classes. Orwell descreveu-se como «anarquista conservador»[56] e Churchill era um conservador anárquico, tendo saído do partido em 1904. Regressou em 1924, mas os conservadores não gostavam muito dele. Nunca o acharam completamente apropriado.

As questões relacionadas com o sistema de classes pareceram uma constante nos bastidores da guerra, surgindo de vez em quando em áreas surpreendentes. Alguns britânicos desconfiavam que a aristocracia, com a sua simpatia generalizada pelo fascismo, não era inteiramente de fiar[57]. William Joyce, que fez propaganda na rádio nazi, foi alcunhado pelo público britânico de «Lorde Haw-Haw», apesar de não ser aristocrata e de ter nascido em Brooklyn, em Nova Iorque[58].

Churchill e Orwell tornaram-se desconfiados das respetivas classes sociais, vendo-as como parte do problema. Para Orwell, o ponto de viragem ocorreu quando ele era um jovem polícia colonial na Birmânia. Apesar de ter frequentado Eton, Orwell, durante a maior parte da sua vida de adulto, comeu, bebeu e vestiu-se como se pertencesse à classe operária. Uma noite, durante a Segunda Guerra Mundial, chegou a casa e, por distração, comeu a tigela de enguias cozidas que a mulher tinha preparado para o gato e deu ao animal o empadão de carne que ela tinha feito para ele[59]. Os seus amigos e colegas viam-no geralmente com calças largueironas de bombazina, um grosso casaco de lã coçado por cima de uma camisa de flanela escura e sapatos por engraxar. Um amigo referiu: «Nunca o vi de fato, nem de chapéu, independentemente do tempo que fizesse.»[60]

Para Churchill, a desconfiança em relação à sua classe afirmou-se mais tarde, com a desilusão com o comportamento da classe governante em relação à ascensão de Hitler, e, depois, com a sua frustração com o desempenho dos elementos aristocráticos das forças armadas, tais como muitos generais do exército e, em especial, as chefias da Royal Navy.

Tal como Orwell compreendeu, as momices churchillianas que alienavam os conservadores aristocráticos afirmaram posição de Churchill junto das restantes classes. «Em Inglaterra, é muito desvantajoso para um líder popular ser um cavalheiro, e Churchill… não é»,[61] escreveu Orwell em 1943. Churchill era considerado um metediço, um ferrabrás, um vira-casacas em relação a dois partidos e, talvez pior ainda, meio americano. Um dos seus críticos chamou-lhe «meio estrangeiro e totalmente indesejável»[62].

Em 1940, quando Churchill foi pressionado por Halifax e outros «apaziguadores do costume», como lhes chama o historiador *Sir* Max Hastings, para considerar a possibilidade de negociações com a Alemanha, foram os trabalhistas do Gabinete, Clement Attlee e Arthur Greenwood, que o apoiaram[63]. Churchill não esqueceu este apoio, pelo menos até ao fim da guerra na Europa, quando regressou à política partidária – e se deu mal.

A oposição resoluta de Churchill a negociações de paz com Hitler também poderá ter tido que ver com o sistema de classes. Toda a gente sabia que alguns aristocratas importantes tinham sido brandos com Hitler, e a retórica inflexível de Churchill poderá ter contido a promessa implícita às classes média e operária, e até aos pobres, de que enquanto ele estivesse de sentinela não haveria nenhuma traição. C. P. Snow, filho de um organista de igreja, recordou que em 1940 tinha ficado tranquilizado depois de ouvir Churchill. «Ele era um aristocrata, mas teria de bom grado reduzido à pobreza a sua classe e os seus amigos, ou mesmo toda a gente, se fosse esse o preço a pagar para salvar o país. Nós acreditámos que ele era capaz de fazer aquilo. E os pobres também acreditaram quando a sua voz chegou aos bairros-de-lata nas noites estivais de 1940.»[64]

* * *

Orwell e Churchill podiam ser surpreendentemente duros ou mesmo severos na análise das questões militares. Isto seria de esperar de Churchill, mas é um bocadinho surpreendente quando Orwell escreve no seu diário, em março de 1941, que talvez a Inglaterra devesse deixar a França ocupada passar fome por razões políticas. «A coisa a fazer seria esperar até a França estar à beira da fome, com o governo de Pétain a tremer, e depois fornecer uma grande quantidade de alimentos em troca de algumas cedências substanciais, por exemplo a entrega de unidades importantes da marinha francesa. É claro que, por enquanto, este tipo de política é totalmente impensável.»[65] E concluiu: «Quando combatem por uma causa na qual acreditam, as pessoas não têm escrúpulos.»[66]

Orwell também expressou a esperança de que as casas dos ricos que tinham fugido dos bairros finos da zona ocidental de Londres para as suas residências no campo fossem requisitadas pelas autoridades para abrigarem os habitantes do East End desalojados pelas bombas, mas entristeceu-o pensar que «os porcos dos ricos ainda têm peso suficiente para que isto não aconteça»[67]. Isto levou-o de volta à sua opinião de que os pobres acabariam por se insurgir contra aquele tipo de comportamentos. «Quando se vê como os ricos continuam a agir, no que se está manifestamente a transformar numa guerra de classes, pensamos em São Petersburgo, em 1916.»[68] Contudo, na primavera de 1941, Orwell começou a alterar os seus pensamentos sobre a possibilidade de uma revolução inglesa. «Olhando para a parte inicial deste diário», escreveu ele, a 13 de abril, «vejo que as minhas previsões políticas foram erradas, mas mesmo assim é como se as mudanças revolucionárias que desejei estejam a acontecer, mas em câmara lenta.»[69]

A experiência de Orwell como polícia na Birmânia e comandante de uma pequena unidade na Guerra Civil de Espanha parece tê-lo tornado um analista perspicaz das operações militares, pelo menos ao nível tático, capaz de decifrar a propaganda. No dia 22 de abril de 1941, escreveu ceticamente no seu diário acerca das notícias otimistas sobre vitórias britânicas na Grécia. «O que mais me preocupa é a afirmação repetida de que estamos a causar baixas enormes, que os alemães avançam em formação cerrada e são ceifados aos molhos, etc. Disseram a mesma coisa durante a Batalha de França.»[70] Nem mais. Dois dias depois, as forças aliadas, comandadas pelos britânicos, começaram a retirar da Grécia, deixando para trás doze mil homens, alguns mortos mas a maior parte prisioneiros, bem como numerosos carros de combate e outro equipamento pesado.

Em agosto, Orwell previu corretamente: «Temos pela frente uma guerra prolongada e terrivelmente esgotante, com toda a gente cada vez mais pobre.»[71] Nesta altura, sem nenhuma explicação, Orwell deixou de escrever no diário e só retomou a escrita seis meses depois.

* * *

Alguns dos principais conselheiros militares de Churchill atribuíram a sua exaustão ao próprio. Porém, em muitas situações, Churchill compreendeu melhor do que eles a forma de utilizar os ativos da máquina de guerra britânica. Em abril de 1941, ordenou ao comandante da Royal Navy no Mediterrâneo, o almirante Andrew B. Cunningham, que impedisse o aprovisionamento dos alemães via Trípoli. Churchill sugeriu o afundamento de um ou dois navios à entrada do porto da cidade, mas «ABC» Cunningham, como era conhecido, rejeitou a ideia. Churchill disse que a marinha tinha de bombardear Trípoli e frisou aos superiores de Cunningham que se a marinha não atuasse, iria parecer que «nos estava a deixar ficar mal»[72]. Cunningham protestou, dizendo que o ataque poderia causar perdas pesadas de marinheiros britânicos mas depois, a contragosto, rumou à Líbia. Para sua surpresa, conseguiu bombardear o porto de madrugada, durante quarenta e dois minutos – e nenhum navio ou marinheiro britânicos foi atingido pelo fogo inimigo.

Concluída a operação, Cunningham enviou a Churchill uma mensagem mal-humorada. «Safámo-nos desta vez, mas só porque a Força Aérea alemã estava alhures», escreveu ele. «Por conseguinte, garantimos o efeito de surpresa. *A Esquadra do Mediterrâneo levou cinco dias para fazer o que uma esquadrilha de bombardeiros pesados, operando a partir do Egito, poderia provavelmente fazer em poucas horas*. Além disso, nesta operação, a esquadra correu riscos consideráveis e, na minha opinião, injustificáveis.»[73]

Foi uma mensagem atrevida, e talvez tenha sido temerário por parte de um almirante tentar ensinar ao primeiro-ministro o funcionamento do poderio aéreo baseado em terra. Mas Churchill muniu-se das informações relevantes e ripostou:

> O senhor almirante devia obter informações exatas porque sem elas não é possível formar uma opinião. O chefe de Estado-Maior da Força Aérea diz-me que o mesmo peso de projéteis que o senhor almirante disparou sobre Trípoli em quarenta e dois minutos, a saber, 530 toneladas, poderia ser largado por uma esquadrilha de Wellingtons, descolando de Malta, em 10,5 semanas, ou por uma esquadrilha de Stirlings do Egito em cerca de 30 semanas.[74]

Churchill não ficou aborrecido com Cunningham. Admirava a natureza fogosa do almirante e dois anos mais tarde, fazendo jus à sua preferência pelos chefes militares agressivos, promoveu-o a comandante supremo da Royal Navy.

O general Alan Brooke, chefe do Estado-Maior General Imperial, sendo o militar que trabalhou mais estreitamente com Churchill, foi o que mais sofreu com o comportamento do primeiro-ministro. Brooke era um homem obstinado, nascido no seio de uma família do Ulster, e com um talento militar considerável, e que esteve quase à altura da Segunda Guerra Mundial. Nos seus diários, não apresenta Churchill como o nobre salvador da nação, mas sim como um resmungão embriagado cujas divagações noturnas contribuíram mais para prejudicar o esforço militar do que para o ajudar.

Em 1941, Brooke escreveu no seu diário que durante uma reunião pela noite dentro, Churchill «teve um ataque terrível de mau-feitio, disse-nos que só sabíamos obstruir as suas intenções, que não tínhamos ideias próprias, e que sempre que ele apresentava ideias nós colocávamos objeções... Só Deus sabe onde estaríamos sem ele, mas Deus sabe onde iremos com ele»[75].

O general, que era um ornitólogo dedicado, escreveu, em fevereiro de 1942, sobre uma reunião com Churchill: «foi uma papagaiada pegada.»[76] Churchill era duro com os chefes militares. Brooke queixou-se de que ele dizia coisa petulantes como «Mas vocês não têm um único general que vença batalhas, não há nenhum com ideias, será que temos de perder constantemente batalhas assim?»[77]

Os almirantes também não foram poupados. No princípio da guerra, Churchill ficou irritado com uma proposta das chefias da marinha de retirada do Mediterrâneo e recordou-lhes mordazmente: «Os navios de guerra são para combater.»[78]

Para Brooke, enquanto militar, o veredito acerca de Churchill foi: «o planeamento estratégico não era o forte do Winston.» Esta conclusão não foi tirada no calor do momento nem devido à exaustão, mas sim anos mais tarde, depois da guerra, como uma reflexão ponderada. Brooke escreveu nos seus diários, publicados muitos anos depois, que Churchill «preferia trabalhar com base na intuição e no impulso... Os seus planos e ideias militares oscilaram entre conceções absolutamente brilhantes e ideias completamente fantásticas e perigosas. Afastá-lo dos seus planos fantásticos exigia um esforço sobre-humano e nunca era totalmente bem-sucedido porque ele tendia a regressar constantemente às mesmas ideias»[79].

Mas quando estas acusações, apesar de corretas, são pesadas na balança, tornam-se mais ou menos irrelevantes. Durante a guerra, Churchill gostava de usar a expressão «nível dos acontecimentos»,[80] empregando-a por vezes para questionar se um subordinado compreendia verdadeiramente o contexto no qual trabalhava. Nas suas análises, Brooke nunca compreendeu que, no nível mais elevado da guerra, Churchill foi um pensador estratégico de primeira categoria. O primeiro-ministro, ao contrário do general, foi magistral a reunir as peças do *puzzle* bélico global, ligando diversos teatros de operações e povos. Churchill conseguiu pesar os obstáculos operacionais e políticos, não só num determinado momento, mas continuamente, durante anos. Ao contrário de Brooke, Churchill compreendeu que «numa guerra de grandes dimensões, não é possível separar as questões militares das políticas»[81]. E escreveu: «No topo, são uma e a mesma coisa... Uma grande parte da literatura sobre este século trágico está enviesada pela ideia de que na guerra só as considerações militares contam e que a visão nítida e profissional dos militares é obstruída pelas intromissões dos políticos.»

De forma surpreendente, Churchill oferece a melhor explicação da sua abordagem à grande estratégia no ensaio encantador que escreveu sobre a pintura amadora. «Pintar um quadro é como travar uma batalha», explicou ele. «O princípio é o mesmo. É um problema idêntico a desenvolver um argumento prolongado, sustentado e interligado. É uma proposição que independentemente de se compor de poucas ou inúmeras partes, se rege pela unidade de conceção.»[82]

Churchill percebeu melhor do que os seus generais a unidade de conceção, isto é, como fundir o poderio aéreo, naval e terrestre de formas tendentes a tornar o esforço global maior e mais intenso do que o das partes. Por exemplo, em 1940, considerando que os generais não estavam a usar a marinha para providenciar apoio de fogo ao exército no Egito, nem para operações de aprovisionamento no litoral norte-africano, Churchill foi crítico num memorando: «Dispor de capacidade anfíbia e não a utilizar é um crime.»[83]

A ALEMANHA INVADE A RÚSSIA

O ataque alemão à União Soviética, a 22 de junho de 1941, uma violação do Pacto Ribbentrop-Molotov de agosto de 1939, levou Orwell a uma longa meditação no seu diário. As opiniões convencionais e as estimativas militares britânicas eram que a Rússia, tal como os alvos anteriores dos nazis, não duraria muito contra a triunfante máquina de guerra alemã. «As pessoas veem Estaline numa lojinha em Putney, a vender samovares e a dançar danças caucasianas»,[84] escreveu Orwell. Mas ele tinha mais fé na capacidade de resistência dos soviéticos. «As estimativas mais sóbrias dizem o seguinte: se em outubro ainda existir um exército russo a combater Hitler, ele [Hitler] estará tramado, provavelmente no próximo inverno.»

Na noite da invasão, Churchill acolheu a Rússia na aliança antinazi, dizendo sobre Hitler na rádio:

> Combatê-lo-emos na terra, combatê-lo-emos no mar, combatê-lo-emos no ar, até, com a ajuda de Deus, livrarmos a Terra da sua sombra e libertarmos os povos do seu jugo. Qualquer homem ou Estado que lutar contra o nazismo terá a nossa ajuda. Qualquer homem ou Estado que marcha com Hitler é nosso inimigo… Por conseguinte, daremos toda a ajuda que pudermos à Rússia e ao povo russo.[85]

Orwell aplaudiu o discurso de Churchill no seu diário: «muito bom»[86].

O escritor ficou chocado com a rapidez com que os comunistas procuraram apagar a memória do tratado concluído por Estaline com Hitler, que não foi mencionado nas histórias oficiais soviéticas[87]. Os comunistas começaram de imediato a exigir aos Estados Unidos e à Inglaterra que abrissem uma «Segunda Frente Já!» para aliviarem a pressão alemã sobre a União Soviética. Este controlo ideológico sobre os factos mais básicos, a colocação dos acontecimentos numa espécie de «buraco da memória», como lhe chamou Orwell, foi um dos grandes temas que ele decidiu abordar sete anos depois, em *1984*.

ORWELL, O PROPAGANDISTA

Orwell acabou por encontrar forma de apoiar o esforço de guerra entrando para o Serviço Ultramarino da BBC, em agosto de 1941. Durante mais de dois anos, trabalhou em emissões para a Índia, envolvendo-se no tipo de propaganda que tanto tinha denunciado nos seus escritos. Mais uma vez, tal como com a sua decisão da juventude de se tornar polícia colonial, Orwell optou por uma ocupação profundamente contrária à sua natureza.

Como seria de esperar, Orwell não se sentiu confortável, em especial, porque uma parte do seu trabalho era elogiar o esforço de guerra, o que não foi fácil em 1941 e 1942. Em janeiro de 1942, asseverou numa alocução: «É duvidoso que uma fortaleza tão poderosa como Singapura possa ser tomada de assalto.»[88] Ele estava obviamente a procurar apoio para a causa britânica na Ásia, onde a Índia estava ameaçada pelo Japão, e muitas pessoas concordaram com a sua análise. Mas Orwell estava completamente enganado, e a queda rápida da ilha-fortaleza de Singapura, poucas semanas depois, foi uma das piores derrotas da guerra. No entanto, Orwell elogiou Churchill por dar ele próprio a má notícia em vez de incumbir terceiros de o fazerem[89].

Depois do fracasso do raide de Dieppe, em agosto de 1942, outro dos reveses mais contundentes da guerra, Orwell procurou ao máximo retratar a operação como um empate, com «baixas pesadas de ambos os lados»[90]. Não foi o caso. Dieppe foi um desastre e Orwell quase de certeza que o sabia, ou pelo menos desconfiava.

Orwell não teve grande sucesso como locutor, em parte, por causa dos problemas nas cordas vocais, mas também porque o que tinha na alma não fazia dele uma boa escolha para porta-voz do governo. John Morris, chefe da secção japonesa da BBC, que trabalhava perto de Orwell, recordou: «Ele escrevia muito bem, mas era um orador fraco e hesitante; mesmo nas conversas particulares, expressava-se mal e muitas vezes demorava tempo a encontrar a palavra certa. As suas alocuções semanais eram maravilhosamente escritas, mas ele tinha uma voz apagada e monótona.»[91]

De facto, a prosa de Orwell era excelente. Eis um excerto de um pequeno comentário quase esquecido que ele escreveu em 1943 sobre *Macbeth*:

> *Hamlet* é a tragédia de um homem que não sabe como cometer um homicídio. *Macbeth* é a tragédia de um homem que sabe... *Macbeth* é a única peça de Shakespeare em que o vilão e o herói são a mesma personagem.[92]

A BBC gostava mais do trabalho de Orwell do que ele. «Desenvolve um trabalho bom, sensível e leal», lê-se na primeira avaliação do seu desempenho. «Tem convicções fortes, mas nunca é demasiado orgulhoso para aceitar orientação.»[93] Orwell foi recomendado para uma promoção e um aumento de salário.

Mas Orwell nunca se enquadrou na BBC, e escreveu no seu diário: «O ambiente é algo entre uma escola de raparigas e um manicómio, e tudo o que estamos a fazer é inútil ou ligeiramente pior.»[94]

Não se encontram no seu diário queixas contra a edição ou censura dos seus pensamentos. Orwell ficou estupefacto com a incompetência da BBC e ao descobrir que a estação tinha muito menos ouvintes no ultramar do que se julgava. Pensou que talvez o seu trabalho fosse completamente inútil. «O que mais me choca na BBC... não é tanto a esqualidez moral e a futilidade do que estamos a fazer, mas sim o sentimento de frustração, a impossibilidade de fazer seja o que for», acrescentou ele três meses depois. «Nunca se passa nada, a não ser hesitações constantes.»[95]

A única altura em que ele gostava de estar na BBC era de manhã cedo, quando as mulheres da limpeza varriam as salas e cantavam em uníssono. «Chega um exército delas, todas ao mesmo tempo, sentam-se na receção à espera que lhes distribuam as vassouras, fazem tanto barulho como um galinheiro, e depois cantam em uníssono, em coros maravilhosos, enquanto varrem os corredores. O lugar tem um ambiente muito diferente nesta altura daquele que existe mais tarde durante o dia.»[96]

A única folga que tirou durante a sua estada na BBC foi um período de férias no Worcestershire, onde foi pescar no Severn[97]. Num dos seus primeiros romances, *Coming Up for Air*, o narrador diz algo que poderá ser autobiográfico: «Quando olho para a minha vida não posso francamente dizer que alguma coisa que fiz me deu tanto gozo como a pesca. Em comparação, tudo o resto tem sido um fiasco, até as mulheres.»[98] Orwell adorava pescar, mas se calhar não era um grande pescador: nas duas semanas no Severn, não pescou quase nada durante cinco dias e quando pescou foram principalmente peixinhos miúdos[99].

Talvez de forma mais significativa, a passagem de Orwell pela BBC intensificou a sua desconfiança em relação ao controlo da informação pelo Estado. «Toda a propaganda é mentira, mesmo quando estamos a dizer a verdade»,[100] escreveu ele em 1942, criando um paradoxo que se tornaria central para *1984*. De forma mais mordaz, batizou a câmara de tortura do livro de «Sala 101», o nome da sala de conferências do edifício da BBC, em Londres, em 55 Portland Place, onde ele se aborrecia de morte durante as reuniões.

Orwell também terá suspeitado de que as suas alocuções na rádio sobre Shakespeare e Gerard Manley Hopkins, por muito interessantes que fossem, não estariam a contribuir com grande coisa para o esforço de guerra.

Orwell começou a matutar sobre o mundo pós-guerra. As suas reflexões foram obviamente influenciadas sobre o que ele sabia de Hitler e Estaline, mas também pela sua experiência em Espanha. Na fase inicial da guerra, muito antes da entrada dos Estados Unidos, Orwell temeu pelo mundo que iria emergir do conflito. Na primavera de 1941, escreveu que o totalitarismo se poderia espalhar pelo mundo.

> E é importante compreender que o controlo que exerce sobre o pensamento, além de negativo, também é positivo. Proíbe-nos a expressão – ou mesmo o pensar – de certos pensamentos e ao mesmo tempo dita o que vamos pensar, cria-nos uma ideologia, tenta governar a nossa vida emocional...[101]

Estas meditações assustadoras deram origem aos seus dois livros mais poderosos.

Quando estava a ponderar sair da BBC, Orwell conheceu David Astor, o terceiro filho de Nancy e Waldorf Astor. David não era próximo da sua mãe autoritária, que disse uma vez que os seus cinco filhos tinham sido «concebidos sem prazer e nascidos sem dor»[102]. Um dos seus descendentes recordou que ela gostava de pôr os filhos a chorar. Nancy, que era uma pessoa muito independente, foi a primeira mulher eleita para o parlamento. Quando o jovem David estava em Oxford, rejeitou a crença da mãe na ciência cristã e o seu apoio ao apaziguamento.

Astor, que era mais liberal do que a maior parte dos seus familiares, trabalhava no *Observer*, que pertencia ao pai, e andava à procura de bons escritores para tornar o jornal mais atrativo[103]. O editor tinha-se demitido por causa de desentendimentos com os Astors acerca da forma como Churchill estava a conduzir a guerra. Astor deu efetivamente mais vida ao jornal, duplicando a circulação durante a primeira década em que o controlou[104].

«Logo que o conheci, gostei imenso dele», recordou Astor. «Eu gostava de tudo o que tinha lido dele, mas ele não era um nome conhecido. Era mais um ensaísta e estava a trabalhar na BBC, mas não era uma figura consagrada.»[105] Astor pensou em contratar Orwell como correspondente de guerra, mas um exame médico determinou que ele era «inapto para o serviço no ultramar por causa do problema do peito»[106]. Orwell deixou finalmente a BBC e escreveu recensões a livros para o *Observer* durante anos. A sua amizade com o aristocrático Astor – uma coisa invulgar para Orwell – durou até ao fim dos seus dias e contribuiu para a sua obra mais importante: Astor ajudou-o a encontrar um lugar para escrever *1984*. Poucos anos depois, encontrou um sítio para ele ser sepultado.

CAPÍTULO 9

CHEGAM OS AMERICANOS

* * *

1941-1942

Quando os japoneses atacaram Pearl Harbor, no dia 7 de dezembro de 1941, Churchill, quase em êxtase, disse que a guerra estava ganha. A reação do seu principal ajudante militar, o general Brooke, foi tipicamente mais tacanha: queixou-se no seu diário de que as últimas quarenta e oito horas de trabalho do seu estado-maior tinham sido «desperdiçadas!»

Segundo o historiador Roy Jenkins, «É a diferença entre um bom oficial de estado-maior e um estadista mundial»[1].

O ataque a Pearl Harbor provocou em Churchill uma alegria que ele mal conseguiu disfarçar, mesmo quando escreveu sobre o acontecimento, oito anos mais tarde. Esta passagem incontida das suas memórias pode ser lida como uma espécie de hossana:

> A Inglaterra viveria; a Comunidade das Nações e o Império viveriam... Não íamos ser aniquilados. A nossa história não ia chegar ao fim. Até poderíamos nem ter de morrer enquanto indivíduos. Hitler tinha o destino selado. Mussolini tinha o destino selado. Os japoneses seriam pulverizados. Tudo se resumia à aplicação adequada de uma força esmagadora.[2]

De facto, naquela altura, Churchill alcançou os seus dois grandes objetivos estratégicos: manter a Grã-Bretanha na luta e envolver os Estados Unidos. Estava cumprida a missão que ele tinha descrito ao filho dezoito meses antes, enquanto se barbeava.

No entanto, nos quatro anos seguintes, Churchill viu-se e desejou-se para lidar com os americanos. O seu próximo passo foi garantir que o governo dos Estados Unidos mantinha a sua estratégia da «Europa Primeiro», que assumia como principal objetivo de guerra a derrota de Hitler. E tinha de o conseguir sem dar a sensação de que se estava a impor.

O discurso de Churchill no Congresso, no dia 26 de dezembro de 1941, foi brilhante em vários aspetos. Falar no Capitólio foi uma iniciativa inteligente. É provável que Neville Chamberlain, caso fosse primeiro-ministro, não o tivesse feito, e se tivesse, talvez os legisladores americanos o considerassem um misto de criado de quarto enfadonho e com uma versão pouco engraçada de Charlie Chaplin.

A alocução de Churchill no Congresso depois de Pearl Harbor foi uma obra de génio político. Teve uma estrutura artística, com quatro secções que poderiam ser intituladas:

Eu
Nós
Eles
Nós contra eles

Churchill gastou algumas centenas de palavras a apresentar-se ao Congresso – e à América. Os três primeiros parágrafos do discurso começam com a palavra «Eu». Churchill descreveu-se como sendo quase um deles, invocando os seus antecedentes meio americanos. «Eu não posso deixar de pensar que se o meu pai fosse americano e a minha mãe britânica... talvez eu tivesse chegado até aqui»[3] – isto é, por eleição e não por convite.

De seguida, Churchill apelou de forma indireta à antipatia dos americanos pela aristocracia. «Eu sou filho da Câmara dos Comuns. Na casa do meu pai, fui ensinado a acreditar na democracia.» E sublinhou a ideia, citando Lincoln: «Eu orientei-me sempre com confiança para o ideal de Gettysburg, "o governo do povo, pelo povo e para o povo".»

Terminadas as apresentações, Churchill assestou o holofote na nova aliança de forma quase poética. Passou do «Eu» para o «Nós». Saudou a entrada dos Estados Unidos na guerra e elogiou a atmosfera de confiança que tinha encontrado em Washington. «Nós, na Grã-Bretanha, acalentámos o mesmo sentimento nos nossos dias mais negros», disse ele, numa ligeira alusão ao facto de os britânicos estarem em guerra há dezasseis meses. «Nós também acreditámos que tudo iria correr pelo melhor.»[4]

O primeiro «nós» refere-se obviamente aos britânicos, mas duas frases depois Churchill usa um pronome coletivo que engloba os britânicos e os americanos: «As forças alinhadas contra nós são enormes. São terríveis e implacáveis.»[5] A partir desta altura, quando ele diz «o nosso lado», está a referir-se às duas nações: uniu-as no discurso. «Temos muito que aprender na arte cruel da guerra... Aliás, devemos estar gratos por nos ter sido dado tanto tempo... Estamos a fazer o trabalho mais nobre do mundo... Somos senhores do nosso destino... Enquanto acreditarmos na nossa causa e demonstrarmos uma determinação inabalável, a salvação não nos será negada.»

De seguida, Churchill passou rapidamente em revista a guerra em terra e no mar e com um malabarismo ligou o futuro do Império Britânico ao futuro da liberdade, uma ligação que muitos americanos não fariam. «É um facto que o Império Britânico, que há dezoito meses muitos julgavam quebrado e arruinado, está incomparavelmente mais forte e a sua força aumenta a cada mês. Finalmente, e peço-vos desculpa por dizer isto, a melhor notícia de todas é que os Estados Unidos, unidos como nunca antes, desembainharam a espada da liberdade.»[6]

Churchill concluiu esta secção com um hino à insensatez do Japão ao entrar simultaneamente em guerra com o Reino Unido e os Estados Unidos. «Mas que tipo de pessoas julgam eles que somos?»[7] Foi uma pergunta muito americana – *Mas eles saberão com quem se estão a meter?* Mais uma vez, Churchill uniu os povos americano e britânico. «Será que não compreendem que os venceremos sempre, até aprenderem uma lição que nem eles nem o mundo vão esquecer?» Estra frase valeu-lhe uma ovação de pé. Churchill referiu com satisfação nas suas memórias que estas perguntas de retórica foram saudadas com «aplausos enormes»[8]. Foi mais do que um discurso: foi o equivalente diplomático a uma proposta de casamento.

À noite, na Casa Branca, Churchill levantou-se da cama para abrir uma janela. De repente, sentiu falta de ar e depois disse ao seu médico pessoal que tinha tido «uma dor surda no coração, até ao braço esquerdo». O médico percebeu que o primeiro-ministro tinha tido um ligeiro ataque cardíaco[9], mas não quis assustar Churchill porque achou que ele tinha mais em que pensar.

E tinha. Passada uma semana, Churchill estava a agir como se a sua proposta aos americanos tivesse sido aceite e a parceria consumada. Numa nota ao gabinete, disse que achava necessário acatar as opiniões dos americanos e explicou: «Já não somos solteiros, casámo-nos.»[10] Ao fim do dia, um homem que não era criado de ninguém fazia questão de empurrar a cadeira de rodas de Roosevelt quando iam tomar os coquetéis preparados pelo presidente. Foi muito mais do que uma cimeira. Churchill passou duas semanas na Casa Branca e jantou com Roosevelt e Harry Hopkins em treze das catorze noites[11].

O trato familiar com o presidente americano nunca foi tão natural como Churchill o fez parecer, quer na altura, quer nas suas memórias. No início da sua carreira, Churchill soou por vezes bastante antiamericano, pelo menos em privado. Em 1928, depois de o presidente Calvin Coolidge falar na necessidade de a Europa pagar as suas dívidas de guerra aos Estados Unidos, Churchill queixou-se dos americanos a alguns amigos. «Esta noite, o Winston falou muito francamente sobre os EUA», escreveu no seu diário um dos convidados alojados em sua casa, Henry James Scrymgeour-Wedderburn, futuro conde de Dundee. «Acha-os arrogantes, fundamentalmente hostis em relação a nós e determinados a dominar a política mundial.»[12]

Churchill escreveu à mulher: «A declaração do Coolidge pôs-me o sangue a ferver. Porque não nos deixam em paz? Sacaram até ao último cêntimo das dívidas da Europa; dizem que não vão ajudar; podiam deixar-nos tratar dos nossos assuntos em paz.» Clementine, que estava numa residência no campo, escreveu-lhe no mesmo dia a avisá-lo dos rumores que corriam acerca da mudança dele de chanceler do Tesouro para ministro dos Negócios Estrangeiros. E escreveu com presciência: «Penso que é uma boa ideia ires para os Negócios Estrangeiros – mas temo que a tua conhecida hostilidade em relação à América possa ser um obstáculo – Terás de compreender e dominar a América e fazê-la gostar de ti.»[13]

Nos anos 40, Churchill fez exatamente o que a sua sábia esposa lhe tinha aconselhado. Talvez a frase mais verdadeira das suas memórias seja o comentário sobre o que foi colaborar com Roosevelt: «A minha relação com ele foi cuidadosamente cultivada por mim.»[14]

A adulação não era uma coisa natural para Churchill, mas ele foi bajulador porque tinha de ser. Foi uma necessidade imposta pela guerra, mas na Grã-Bretanha os seus pares aperceberam-se e sentiram repugnância. «Andamos sempre a rastejar em relação aos americanos», reclamou o cunhado do rei. «Os telegramas recentes do PM para FDR são quase nauseantes na sua lisonja sentimental e subserviente.»[15]

A reação de Orwell a Pearl Harbor foi marcadamente mais cética em relação aos americanos. Os londrinos estavam a tornar-se mais pró-russos mas, observou ele, «não se vê um aumento correspondente do sentimento pró-americano – muito pelo contrário». A razão, explicou ele, era que «a nossa nova aliança pôs a nu a dimensão enorme do sentimento antiamericano que existe na generalidade da classe média inculta»[16].

Independentemente da causa, Orwell, ao abordar a América, trocou de papel com Churchill: tornou-se um romântico alheio aos factos e Churchill tornou-se um realista empedernido.

«A civilização da América oitocentista foi a civilização capitalista no seu melhor»,[17] disse Orwell. Na sua perspetiva, a América do princípio do século XIX tinha sido uma espécie de paraíso libertário para os trabalhadores. «O Estado era quase inexistente, as igrejas eram fracas e falavam com muitas vozes, e a terra estava à mão de semear. Quando alguém não gostava do emprego que tinha, dava um soco no olho do patrão e ia mais para oeste.»[18] O gosto de Orwell pelos dias selvagens da história americana era obviamente a perspetiva de um adulto branco. A liberdade e as oportunidades disponíveis para os negros, os índios e as mulheres eram muito menos do que as publicitadas na sua análise.

No início da sua carreira, em meados dos anos 30, Orwell pensou em escrever uma biografia de Mark Twain[19] mas não encontrou nenhuma editora interessada. Churchill também pensou, na juventude, em escrever um livro sobre um tema americano, uma história da Guerra da Secessão. Quando era jovem e fez a sua primeira digressão pela América como palestrante, foi apresentado no palco por Mark Twain[20].

Os escritores prediletos de Orwell incluíam três americanos: Twain, Whitman e Jack London[21]. Orwell não parece ter sido muito influenciado pelo retrato devastador dos Estados Unidos oitocentistas feito por outro dos seus autores favoritos, Charles Dickens. *Martin Chuzzlewit*, um romance inspirado na digressão de Dickens pelos Estados Unidos, em 1842, apresenta a América como uma nação de «dólares, demagogos e bares», violenta e profundamente hipócrita, que apregoa a honra e a liberdade ao mesmo tempo que escraviza milhões de pessoas[22].

Orwell não parece ter-se interessado muito pelos Estados Unidos do seu tempo. «Curiosamente, ele sabia pouco sobre a América», observou o escritor Christopher Hitchens, que adorava Orwell. «Nunca visitou os Estados Unidos e mostrou pouca curiosidade acerca do país... Ou seja, a América é a grande lacuna da presciência de Orwell sobre o século em que viveu.»[23]

O antiamericanismo dos britânicos aumentou com a chegada de hordas de soldados americanos ao país: em 1943, sessenta e seis comboios navais descarregaram 681 000 americanos. «Viam-se cada vez mais americanos nas ruas», recordou uma londrina. «Chamavam-se uns aos outros com bizarros gritos de guerra índios e organizavam jogos de beisebol no Green Park.»[24] A presença militar americana na Grã-Bretanha atingiu o auge em maio de 1944, na véspera do Dia D, com o número espantoso de 1,6 milhões de efetivos.

* * *

Houve alturas em que Orwell percebeu a vida política britânica melhor do que Churchill, como parece ter acontecido no princípio de 1942. Quando o primeiro-ministro regressou da sua deslocação bem-sucedida à América, deu com alguma turbulência na Câmara dos Comuns, onde os deputados falaram na necessidade de alterações na liderança de guerra. Foi um momento difícil para Churchill porque muitas das notícias relacionadas com a guerra eram más e ele desconfiava que o pior ainda estava para vir. Em mais de dois anos de guerra, os britânicos tinham sofrido uma série de reveses contundentes. As Forças Expedicionárias Britânicas (BEF) tinham sido corridas da região oeste do continente europeu (França e Bélgica), do norte (Noruega) e do sudoeste (Grécia), e também de Dacar, em África. Corria em Londres a piada de mau gosto que BEF queria dizer «Back Every Fortnight»[25]. Além disso, as forças britânicas estavam a recuar perante os japoneses na Ásia Oriental.

Churchill desafiou a Câmara dos Comuns para debater a guerra e para um voto de confiança na sua liderança. «Tivemos muitas más notícias do Extremo Oriente, e eu julgo que é bastante provável, por razões que passarei a explicar, que tenhamos muitas mais», começou ele preventivamente. «Associadas a estas más notícias, há muitas histórias de erros crassos e falhas, quer na previsão, quer na ação. Ninguém se atreverá a dizer que desastres como estes ocorrem sem ter havido falhas e deficiências.»[26] Churchill, com uma linguagem notavelmente direta, desafiou os seus opositores a darem o seu melhor: «Não precisam de estar com falinhas mansas no debate, nem de ter medo quando votarem.»

Seguiram-se três dias de debates, alguns bastante duros. «Não vale a pena o primeiro-ministro levantar-se e dizer que está satisfeito com a sua equipa e que se houve erros, a culpa é só dele», disse o conservador Herbert Williams no primeiro dia. «Ele é a única pessoa deste país que está satisfeita com a sua equipa.»

O trabalhista Thomas Sexton disse a mesma coisa: «As pessoas deste país estão confusas. Não vale a pena fugir à realidade. Estão confusas por causa das esperanças com que lhes acenaram nesta guerra – esperanças em relação à Noruega, à Grécia, a Creta e à Malásia.»

Outro deputado acusou Churchill de chefiar «um governo de um homem só» que governava «com uma combinação do que se pode chamar despotismo e paternalismo».

Quase no fim dos debates, Edward Turnour, um velho chamberlainista, avisou que a votação era essencialmente inútil. «Existe muita intranquilidade nesta câmara e não é uma votação que a vai eliminar», disse ele. «Só uma coisa o fará: factos e resultados mais favoráveis para a nossa causa do que os verificados nos últimos meses.»

Terminado o debate, Churchill levantou-se e dirigiu-se à Câmara:

> Não ofereço justificações, não ofereço desculpas, não faço promessas.
>
> Não mitiguei de forma nenhuma o sentimento de perigo e desgraça iminentes, de natureza menor e maior, que ainda pairam sobre nós, mas ao

> mesmo tempo confesso a minha confiança, hoje mais do que nunca, de que concluiremos este conflito de forma condizente com os interesses do nosso país e de forma condizente com o futuro do mundo.
> Tenho dito.

Churchill baixou os braços com as palmas das mãos para fora, «para receber os estigmas»,[27] disse Harold Nicolson. De seguida, Churchill referiu: «Que todos ajam agora de acordo com o que julga ser o seu dever, em harmonia com o seu coração e a sua consciência.»[28] Venceu a votação por 464 contra 1.

Em meados de fevereiro de 1942, Singapura acabou mesmo por cair. O fim foi rápido e desconcertante. Singapura era um grande símbolo, o bastião do poderio imperial britânico no Sudeste Asiático, mas o comandante britânico rendeu-se a uma força japonesa inferior após uma semana de combates. Cerca de 85 000 soldados aliados caíram prisioneiros. Churchill disse que foi «o pior desastre e a maior capitulação da história britânica»[29].

Orwell era um admirador de Churchill, mas achou a derrota tão desconcertante que duvidou que Churchill se aguentasse como primeiro-ministro. «Até à queda de Singapura, seria verdade dizer que a massa do povo gostava de Churchill e antipatizava com o resto do governo, mas nos últimos meses a popularidade dele caiu a pique. Além disso, tem os conservadores de direita contra ele (os conservadores, no seu conjunto, sempre detestaram Churchill, mas foram obrigados a ficar calados durante muito tempo)», escreveu ele. E concluiu: «Não dou a Churchill muitos mais meses no poder.»[30]

Orwell, que se sentia há muito atolado na BBC, decidiu partir. Tinha-se sentido atarefado mas improdutivo:

> Agora escrevo neste diário muito menos vezes porque não tenho tempo. Mas não estou a fazer nada que não seja fútil e tenho cada vez menos para mostrar pelo tempo que gasto. Parece que é o mesmo com toda a gente – uma sensação medonha de frustração, de andarmos apenas com futilidades, a fazer coisas imbecis… coisas que na realidade não ajudam nem afetam de maneira nenhuma o esforço de guerra, mas são consideradas necessárias pelo gigantesco aparelho burocrático no qual estamos encurralados.[31]

Até a sua tentativa de cultivar os seus próprios alimentos correu mal: contou com uma escassez de batata, mas a colheita de 1942, referiu ele melancolicamente na mesma entrada do diário, «é enorme». A sementeira foi inútil.

Orwell sabia que devia fazer outra coisa que não a BBC, mas não sabia bem o quê. A sua vida não era totalmente desagradável. O seu sobrinho, Henry Dakin, que passou três meses com ele e Eileen, recordou que Orwell o levou a ver *A quimera do ouro*, de Charlie Chaplin, que fora remontado e lançado com filme sonoro. «Ele riu-se às gargalhadas, mais do que todos os outros espetadores», disse Dakin.

Orwell e Eileen tomavam o pequeno-almoço e saíam para o emprego. À noite, Orwell costumava enfiar-se no quarto a escrever. «A Eileen tinha um ar bastante desmazelado, mas era extremamente atraente e muito simpática», recordou Dakin. «Tinham uma vida agradável juntos, eram sempre amáveis um com o outro e muito simpáticos comigo.»[32]

Dakin reparou que Eileen parecia andar sempre de casaco preto, mesmo quando estava a cozinhar ou a comer. Talvez estivesse profundamente deprimida. Lettice Cooper, que a conhecia do trabalho, referiu que depois da morte do irmão em Dunquerque «ela dizia que não se importava de viver ou morrer. Estava sempre a dizer isto»[33].

Os Orwells mudaram-se da sua casinha do campo. Estavam ambos empregados em Londres e viveram centenas de ataques da Luftwaffe. Mudaram várias vezes de apartamento, em parte devido aos danos causados pelas bombas a alguns edifícios, mas também por causa da disponibilidade de habitações melhores porque muitas das pessoas mais abastadas se mudaram para o campo. A dada altura, depois de irem viver para Abbey Road, em St. John's Wood, uns amigos ofereceram-lhes um jantar de comemoração com um belo frango e uma preciosa garrafa de clarete. Quando se sentaram para comer, uma bomba explodiu nas redondezas. «O rebentamento levantou-nos das cadeiras»,[34] recordou o anfitrião, Mark Benney, que ficou contente por a garrafa estar inteira – e os convivas também. Orwell ofereceu rapidamente uma interpretação de classe para a sobrevivência do grupo: «Se estivéssemos numa daquelas espeluncas dos operários, do outro lado da esquina, já estávamos mortos e bem mortos!»

* * *

Enquanto mantinha a sua posição interna, Churchill teve de cultivar a sua relação com os americanos. Às vezes, os grandes feitos não são devidamente reconhecidos porque o seu autor fá-los parecer mais fáceis do que na realidade foram. A forma como Churchill lidou com a América na Segunda Guerra Mundial é um destes casos. A aliança anglo-americana costuma dar-se como garantida, mas assentou num campo de minas enorme e letal de questões que tiveram de ser desenterradas e desencadeadas. Os americanos não gostavam da tendência de Churchill para abocanhar as franjas do poder alemão no Mediterrâneo e no Norte de África, uma estratégia que Churchill defendeu corretamente como necessária, pelo menos em 1942 e 1943, para desviar forças alemãs da Frente Leste. Por seu lado, Churchill desdenhava do anticolonialismo americano e considerava que uma parte da sua missão em relação aos americanos era «pô-los em contacto com questões políticas nas quais têm opiniões vincadas mas pouca experiência»,[35] tais como o futuro do Império Britânico, em especial, da Índia. Churchill ficou estupefacto por muitos americanos considerarem a China uma nação tão importante como a Grã-Bretanha. Depois da sua primeira visita a Roosevelt, escreveu: «Se eu quiser resumir numa palavra a lição que aprendi nos Estados Unidos, é "China".»[36]

A diferença de opiniões entre os Aliados Ocidentais sobre o papel da Rússia na guerra revelou-se particularmente irritante. Roosevelt julgou que conseguia lidar com Estaline melhor do que os britânicos, e disse a Churchill: «Sei que não se importará que eu seja brutalmente franco ao dizer-lhe que estou convicto de que posso lidar pessoalmente com Estaline melhor do que o seu Ministério dos Negócios Estrangeiros ou do que o meu Departamento de Estado. Estaline não suporta a sua gente de topo.»[37] Roosevelt sobrestimou as suas capacidades. Estaline era um mestre implacável do controlo, não só na condução da guerra, mas também na configuração do mundo pós-guerra. Quando os americanos e os britânicos ficaram consternados com a atitude fria e desconfiada de Estaline, Churchill avisou Roosevelt: «O aparelho soviético está absolutamente convencido de que pode conseguir tudo à bruta.»[38] Este comentário poderia ter sido feito por Orwell.

Churchill mordeu muitas vezes a língua. Em abril de 1942, Roosevelt enviou-lhe alguns conselhos sobre a forma de lidar com a Índia. Churchill escreveu uma resposta devastadora, que começou por: «Fiquei profundamente preocupado com a sua mensagem.»[39] De seguida, ameaçou demitir-se do cargo de primeiro-ministro por causa da questão da Índia. Mas depois, pôs de lado o esboço irritado e escreveu uma nova mensagem que começou com: «Li com toda a atenção o seu documento magistral.» Esta mudança parece ter uma carga elétrica e psicológica.

Orwell, apesar de ser um anti-imperialista convicto, alinhou com Churchill em relação aos conselhos americanos sobre a Índia, e escreveu no seu diário: «Um dos problemas do momento é as declarações irrefletidas dos americanos que palram há anos sobre a "liberdade da Índia" e o imperialismo britânico, mas agora abriram-lhes repentinamente os olhos para o facto de a elite indiana não querer a independência, isto é, responsabilidades.»[40]

A relação entre o presidente e o primeiro-ministro foi consolidada durante a segunda deslocação de Churchill a Washington, seis meses depois da primeira, quando discursou no Congresso. Churchill estava alojado na Casa Branca, no quarto em frente ao de Harry Hopkins. No dia 21 de junho de 1942, um domingo, depois de acordar, leu os jornais na cama, como era seu hábito, tomou o pequeno-almoço e desceu para se encontrar com Roosevelt no gabinete do presidente.

Quando começaram a conversar, chegou um ajudante com um telegrama cor-de-rosa e entregou-o ao presidente. Roosevelt leu o telegrama e depois, sem uma palavra, passou-o a Churchill. Dizia: «Tobruk capitulou, vinte e cinco mil homens prisioneiros.»[41] Foi um golpe físico para Churchill. No princípio, não acreditou. Na noite anterior, tinha recebido um telegrama do Cairo a garantir-lhe que as defesas da fortaleza, localizada na fronteira entre a Líbia e o Egito, estavam em condições. Tobruk dispunha de mantimentos para três meses, incluindo reservas enormes de gasolina. Não parecia existir nenhum motivo de peso para o seu comandante ter capitulado tão depressa.

Churchill pediu uma confirmação. Quando chegou, estremeceu. Tal como em Singapura, cinco meses antes, as tropas aliadas tinham capitulado perante forças sitiantes numericamente inferiores.

Churchill ficou angustiado. É provável que tenha chorado, mas não o confessa explicitamente nas suas memórias: «Não tentei esconder o meu choque do presidente. Foi um momento muito difícil. A derrota é uma coisa, a vergonha é outra.»

Os americanos repararam que ele não ofereceu desculpas. «Ele disse que tinha pura e simplesmente sido má liderança», escreveu no seu diário o secretário de Estado, Henry Stimson. «Rommel tinha sido melhor general e melhor tático, e tinha equipado as suas tropas com armamento melhor.»[42]

Roosevelt, sentado à secretária, perguntou: «O que podemos fazer para ajudar?»[43]

Churchill aproveitou: «Forneçam-nos o máximo de carros de combate Sherman que puderem e enviem-nos para o Médio Oriente o mais rapidamente possível.»

O general George C. Marshall, o chefe do Exército dos EUA, foi convocado. Marshall observou que o fornecimento dos carros de combate implicaria retirá-los à 1ª Divisão Blindada, que tinha acabado de os receber. Segundo o relato de Churchill, Marshall disse: «Tirar as armas das mãos de um soldado é uma coisa terrível.» No entanto, prosseguiu ele, «se a necessidade dos britânicos é assim tão grande, há que fornecê-los». Marshall disse também que conseguiria disponibilizar e enviar cem peças de artilharia automotoras de 105 mm, que eram semelhantes a versões mais ligeiras de carros de combate. Pouco depois, estavam a caminho cerca de trezentos carros de combate e as peças de artilharia. De forma ainda mais importante, Churchill levou a melhor no debate sobre uma invasão do Norte de África liderada pelo exército americano em 1942, uma iniciativa à qual Marshall e Eisenhower se opuseram energicamente por atrasar o desembarque em França.

À tarde, Churchill chamou o seu médico ao quarto. «Tobruk caiu», disse ele. «Sinto-me envergonhado. Não consigo compreender porque é que Tobruk capitulou. Mais de 30 000 dos nossos renderam-se. Se não querem combater_»[44] Parou e sentou-se numa cadeira.

A gratidão duradoura de Churchill pela ajuda que os americanos lhe deram naquela altura é evidente nas suas memórias. No mesmo volume, refere-a por duas vezes. Mas também sofreu muito com a segunda capitulação de 1942.

* * *

O afeto crescente de Churchill pelos americanos não era inteiramente partilhado na Grã-Bretanha por outros membros da sua classe, quer à esquerda, quer à direita. A rede de espiões pró-soviéticos centrada em Anthony Blunt, Kim Philby, Donald Maclean e Guy Burgess foi parcialmente motivada pela antipatia aos Estados Unidos e à sua cultura. Nas suas memórias, Philby diz que gostava de dar publicamente «umas valentes tacadas no modo de vida americano em geral»[45].

Mas o antiamericanismo ainda era mais intenso à direita. Em dezembro de 1937, Neville Chamberlain tinha declarado: «Com os americanos, é sempre melhor e mais seguro contar apenas com palavras.»[46] Quando Lorde Halifax foi enviado por Churchill para Washington como embaixador, Lorde Linlithgow, o vice-rei da Índia, escreveu-lhe uma nota de solidariedade por causa «da pesada labuta de bajular aquela cambada de novos-ricos estúpidos»[47].

Uma boa definição de um snobe é alguém que quando se depara com uma situação social incómoda parte logo do princípio de que a culpa é da outra pessoa. Nicolson era a personificação deste exemplo. Durante uma visita à América, antes da guerra, achou os indígenas bem-intencionados mas lastimosos: «A maior parte é simpática, mas são tão ignorantes e estúpidos que não compreendem o meu ponto de vista.»[48] E ele também não confiava na tendência dos americanos para a franqueza. «Há qualquer coisa no servilismo dos americanos que me faz perder a cabeça... é a eterna superficialidade da raça americana.»[49] Estas reservas continuaram durante a guerra. Em novembro de 1943, Nicolson escreveu à mulher: «Nós somos muito mais avançados. Às vezes, acho que os americanos são um caso perdido.»[50]

E também havia a suspeita de que os americanos, não obstante o seu sorriso fácil, não comungavam de um dos grandes objetivos de guerra britânicos, a preservação do Império. «O presidente não era um amigo do Imperio Britânico», observou Harold Macmillan, que se tornou primeiro-ministro em 1957. «Este anticolonialismo foi um elemento importante da mentalidade de Roosevelt, mas ele parece ter tido ideias bastante toscas sobre a forma como a independência poderia ser gradualmente concedida nos grandes impérios coloniais sem turbulência.»[51] Uma das ideias de Roosevelt que os britânicos consideraram tosca foi a sua opinião de que o Vietname devia ser independente. A história podia ter sido diferente se a proposta de Roosevelt de independência para o Vietname não tivesse sido rejeitada pelos britânicos e franceses.

A condescendência levou muitos funcionários públicos britânicos a subestimarem o poder crescente dos Estados Unidos e a ficarem furiosos e chocados em 1944, quando os americanos começaram a agir como parceiros dominantes na relação.

Por causa de todos estes preconceitos, os encontros anglo-americanos iniciais foram como muitos primeiros encontros entre potenciais namorados: uma mistura poderosa de entusiasmo, ignorância e inépcia trapalhona. O diplomata Oliver Harvey observou: «A comitiva do presidente é muito judaica.» Harvey também achou a sociedade americana surpreendentemente atrasada, considerando-a «cem anos atrás de nós em evolução social»[52].

Harvey, que era conselheiro de Anthony Eden, o ministro dos Negócios Estrangeiros durante a maior parte da guerra, não estava só a ser um snobe. Ficou horrorizado com o racismo da América e detestou a insistência dos militares americanos em seguirem as regras da segregação quando estacionados em Inglaterra. «É escandaloso que os americanos exportem o seu problema interno. Não queremos linchamentos em Inglaterra. Não suporto a típica atitude sulista em relação aos negros. É uma grande úlcera na civilização americana e deita por terra metade das proclamações deles.»[53] Esta atitude era um tema dos conservadores britânicos há mais de um século, remontando à pergunta acutilante do escritor Samuel Johnson sobre os revolucionários americanos: «Porque é que os latidos mais altos a exigir liberdade são dos negreiros?»[54]

Quando foi enviado para Washington, em 1941, Lorde Halifax teve uma reação semelhante. O embaixador convenceu-se de que os americanos não gostavam dele não por estar associado à malograda política de apaziguamento, mas por causa do peso de «uma parte da imprensa influenciada pelos judeus»[55] junto do público. Halifax concluiu rapidamente que os americanos eram «uma massa de criancinhas – um bocadinho toscos, muito calorosos e norteados principalmente pelas emoções».

Mas a mentalidade britânica também tinha qualquer coisa, em especial, a despreocupação inabalável da aristocracia, que deve ter posto os americanos a subirem pelas paredes. Anthony Eden disse que durante a Batalha de Inglaterra havia muitos combates sobre a sua residência no campo, «por vezes quando estávamos a jogar ténis»[56]. Um Messerschmitt despenhou-se no bosque atrás da casa. Eden não diz se o incidente interrompeu a partida. Dezasseis anos depois, o erro crasso de Eden na sua leitura dos americanos contribuiu para a Crise do Suez, que destruiu o seu mandato como primeiro-ministro e reduziu ainda mais o estatuto da Grã-Bretanha no mundo.

CAPÍTULO 10

VISÕES NEGRAS DO MUNDO PÓS-GUERRA

* * *

1943

Orwell era uma figura menor da vida britânica, mas estava à beira da grandeza. Churchill começou a cair a pique do pináculo do poder ao enfrentar a dura realidade do mundo pós-guerra.

Viram-se ambos confrontados com a ascensão da América, cujas tropas deixaram uma má impressão inicial, levando os britânicos a subestimá-las. A indisciplina dos soldados americanos preocupou os militares britânicos, que eram mais experientes. Segundo um sargento britânico: «Nós montávamos uma guarda cerimonial todas as noites, mas eles encostavam-se às espingardas, mastigavam pastilhas, fumavam e tinham uma atitude muito pouco militar.»[1]

Orwell também não gostou do aspeto dos americanos. Em finais de 1942, escreveu que tinha visto soldados americanos nas ruas de Londres: «Têm no rosto um descontentamento manifesto.»[2] Orwell não gostou daqueles rostos.

Nos níveis cimeiros, os militares americanos também não impressionaram os britânicos. O general George C. Marshall e o seu estado-maior apresentaram-se mal preparados na Conferência de Casablanca, em janeiro de 1943, na qual seriam tomadas decisões que influenciariam esse ano de guerra, tais como a invasão da Sicília e depois talvez da Itália continental. Roosevelt disse a Marshall para levar apenas cinco conselheiros para a cimeira, e, por conseguinte, segundo Marshall confessou ao seu biógrafo, «a nossa preparação foi muito inadequada»[3]. Em contraste, os britânicos, encantados com as delícias quase esquecidas do sol, dos ovos e das laranjas de Marrocos, levaram a bordo do HMS *Bulolo* uma «carga» de oficiais cultos e inteligentes[4], munidos de diversos planos bélicos e capazes de redigirem análises sobre qualquer tópico relacionado com a guerra que surgisse nas conversações dos seus chefes. Segundo o almirante Ernest King, o rabugento chefe da marinha americana, que tinha servido na Guerra Hispano-Americana, queixou-se de que «cada vez que introduziam um tema, os britânicos tinham um documento pronto»[5]. Em muitas ocasiões, os americanos viram-se incapazes de responder de forma inteligente. Por exemplo, não levaram nenhum especialista em navegação transatlântica e quando disseram que partiam do princípio de que teriam de transportar anualmente para a Grã-Bretanha 3,6 milhões de toneladas de mantimentos, os britânicos informaram-nos de que o número exato era na ordem dos 7 milhões de toneladas[6].

Em contraste com os americanos, Churchill, como sempre, ia ao pormenor. Quando os seus principais estrategos insistiram que não seria possível invadir a Sicília antes de 30 de agosto de 1943, ele passou a maior parte da tarde a analisar os pressupostos deles[7] e concluiu que a invasão poderia ser lançada semanas antes, em finais de junho ou no princípio de julho. Tinha razão: os Aliados desembarcaram na Sicília na madrugada do dia 10 de julho de 1943.

Os britânicos não ficaram impressionados com o pensamento dos americanos. «Marshall não tem praticamente nenhuma visão estratégica, os seus pensamentos assentam na criação de forças e não no seu empenhamento», escreveu no seu diário o general Brooke, conselheiro militar de Churchill, durante as reuniões de Casablanca. «Veio para aqui sem um único conceito estratégico genuíno e não contribuiu com nada para a condução futura da guerra. Tem-se limitado a críticas algo trapalhonas dos planos que nós apresentamos.»[8]

Os americanos chegaram a Casablanca determinados a discutir o calendário e os preparativos para a invasão do Norte da Europa, que pretendiam que ocorresse em 1943, mas foram-se embora com uma coisa completamente diferente: aceitaram uma estratégia orientada para o Mediterrâneo, pelo menos em 1943. É possível que esta abordagem mais cautelosa tenha sido a intenção original de Roosevelt, razão pela qual ele terá impedido Marshall de levar um número adequado de conselheiros e estrategos para a cimeira. De facto, Churchill tinha dito aos seus conselheiros que Roosevelt preferia o plano mediterrânico[9]. Roosevelt tinha menos entusiasmo do que Marshall pela travessia do Canal da Mancha em 1943. Entendia que era demasiado arriscado, que as forças americanas necessitavam de mais experiência de combate e que um ano de adiamento diminuiria as capacidades das forças terrestres alemãs e ainda mais o seu poderio aéreo[10]. Marshall, apesar de defender o desembarque em França em 1943, disse a Roosevelt que o general Mark Clark, que tinha estado mais próximo dos combates em África, concordava com os britânicos: «deve haver um longo período de instrução antes de se fazer qualquer tentativa de desembarque perante resistência determinada.»[11] Roosevelt também terá gostado do adiamento da invasão da Europa por causa da possibilidade de desviar recursos para a guerra no Pacífico.

Os americanos aprenderam rapidamente com os erros. Quando regressou a Washington, Marshall ordenou uma reorganização da sua equipa de planeamento[12]. Um dos seus estrategos, o brigadeiro-general Albert Wedemeyer, informou desalentadamente o seu superior hierárquico imediato, em Washington: «Ficámos com uma mão à frente e outra atrás.» E prosseguiu:

> Chegámos, ouvimos e fomos vencidos... Eles caíram em cima de nós como gafanhotos, com uma enorme quantidade de estrategos e diversos assistentes, com planos preparados para garantirem que, além de concretizarem as suas intenções, o faziam depressa e com a garantia quase certa de continuarem a definir a estratégia durante toda a guerra.[13]

Esta estranha primeira sessão de planeamento em grande escala tornou os britânicos condescendentes em relação aos americanos durante anos. «Os americanos ainda têm uma abordagem amadorística», escreveu o diplomata britânico Oliver Harvey, em agosto de 1943. «Se é para ganhar rapidamente a guerra a ocidente, terá de ser com a nossa estratégia e com a nossa gente.»[14]

É espantoso que o general Brooke tenha prestado tão pouca atenção aos americanos em 1942 e 1943. Escreveu no seu diário os nomes de todos os oficiais britânicos que encontrou, e da maior parte dos franceses, mas além de Eisenhower e Walter Bedell Smith, que se tornaram presenças regulares, os seus companheiros de jantar são simplesmente referidos como «uns oficiais americanos»[15] e etc., como se fossem crianças para ver mas não para ouvir. Não se tratou de um acaso. Segundo o médico pessoal de Churchill, «Brooke não se dava bem com os americanos»[16].

E quando Brooke fala dos militares americanos nos seus diários, é geralmente com um toque de desprezo. «Parece-me que as tropas americanas precisam de muito mais antes de servirem para alguma coisa»,[17] suspirou ele no seu diário, em fevereiro de 1943. Foi mais ou menos nessa altura que o exército americano enfrentou pela primeira vez os alemães, no desfiladeiro de Kasserine, na Tunísia, com resultados nitidamente fracos. Harold Nicolson gracejou no seu diário: «Nós dizemos que os americanos fogem ao primeiro tiro»[18]. Até Churchill ficou surpreendido com a trapalhada americana em Kasserine. «O II Corpo de Exército americano sofreu uma derrota pesada e terá perdido cerca de metade do seu armamento mais importante sem ter infligido perdas graves ao inimigo», disse ele ao rei. Mas concluiu com uma nota de otimismo: «São tropas corajosas, só não têm experiência, mas não hesitarão em aprender com a derrota e melhorarão sofrendo até as suas qualidade marciais mais fortes virem à superfície.»[19] Em maio de 1943, Brooke continuava a dizer aos americanos que não se poderiam realizar grandes desembarques em França «até 1945 ou 1946»[20].

E Brooke nem sempre percebeu que era crucial manter a Rússia na guerra. Queixou-se no diário do envio de algumas centenas de carros de combate e caças para Estaline. «Pessoalmente, considero isto uma loucura total»,[21] escreveu ele sobre o fornecimento de material à Rússia. Brooke não percebeu que todo e qualquer equipamento que incentivasse a Rússia a combater valia o seu peso em ouro. Aliás, uma das características comuns dos subordinados mais importantes de Churchill foi a sua tendência para a tacanhez. Não compreenderam a guerra tão bem como ele. Por exemplo, em outubro de 1942, durante a Batalha de Estalinegrado, quando era necessário incentivar a Rússia, *Sir* Alexander Cadogan, do Ministério dos Negócios Estrangeiros, gabou-se no seu diário: «Consegui manter no esboço de resposta uma valente tacada aos russos.»[22]

De Casablanca, Churchill rumou ao Egito. Continuava a divertir-se no meio da guerra. Uma manhã, quando estava a tomar o pequeno-almoço na embaixada britânica, às 07h30, a preparar-se para uma sessão de planeamento militar, rejeitou a chávena de chá que lhe ofereceram e pediu um copo de vinho branco, que bebeu de um trago[23]. Quando a anfitriã expressou diplomaticamente a sua surpresa, ele tranquilizou-a: disse-lhe que era a terceira bebida do dia, dado que já tinha consumido dois copos de *whisky* com soda. A forma como Churchill se tratava bem, apesar das pressões da guerra, é uma obra de arte. Costumava usar cuecas de seda cor-de-rosa claras[24].

Às vezes, era esquisito com a alimentação: os seus criados sabiam que nunca lhe deveriam apresentar uma variedade de comidas que ele detestava, incluindo salsichas, couves, carne em conserva e arroz-doce[25]. Um dos seus ajudantes disse que ele fumava cerca de dezasseis charutos por dia[26]. Eleanor Roosevelt recordou: «Era espantoso para mim que alguém conseguisse fumar e beber tanto e estar impecável.»[27]

TEERÃO: O NASCIMENTO DE UM MUNDO NOVO

Em novembro de 1943, cerca de dez meses depois da cimeira de Casablanca, os três líderes aliados, Churchill, Roosevelt e Estaline, reuniram-se pela primeira vez. (A outra vez seria em Ialta, perto do fim da guerra). A Conferência de Teerão está pouco presente na memória dos americanos, mas teve uma influência enorme sobre Churchill e Orwell: o primeiro-ministro ficou angustiado durante muito tempo, enquanto o romancista e jornalista retirou inspiração para escrever a sua primeira grande obra de ficção.

Para Churchill, as conversações de Teerão foram um momento alarmante. Dedicou-lhe nas suas memórias quase tanto espaço como à cimeira de Ialta. A Conferência de Teerão – os preparativos, as conversações, os jantares e as consequências – domina o quinto volume das sus memórias da Segunda Guerra Mundial, onde refere que considerou a cimeira um sucesso monumental, pelo menos em termos militares: «Passámos a situação militar em revista e separámo-nos num ambiente de amizade e unidade de ação, e eu senti-me bastante contente.»[28] É uma frase orwelliana, no sentido atual de usar a língua para esconder e não para revelar.

Na realidade, a cimeira de Teerão foi muito difícil para Churchill. Chegou cheio de dores de garganta. A partir dessa altura, as coisas foram de mal a pior. Depois da primeira ronda de conversações, o médico pessoal de Churchill perguntou-lhe se havia algum problema. «Muita coisa correu mal»,[29] rosnou ele. Roosevelt tinha começado a agir como se fosse o parceiro dominante[30]. Foi no Irão que Churchill compreendeu que o seu sonho de dominar uma aliança anglo-americana a longo prazo não se concretizaria.

Churchill revela nas suas memórias dois momentos que o perturbaram particularmente. Primeiro, o presidente Roosevelt negou-se a reunir-se com ele em privado, mas tinha-o feito com Estaline. A atitude do líder russo era o oposto da de Churchill: nas reuniões formais entre os três, Estaline estava descontraído, fumava e brincava com um pequeno lápis vermelho[31].

Segundo, durante um jantar com os três líderes e outros sete convidados, Estaline, com um humor macabro, propôs que no fim da guerra fossem executados cinquenta mil oficiais alemães. Churchill ficou indignado com a sugestão e respondeu: «O parlamento e o público britânicos nunca tolerarão execuções em massa... Os soviéticos não devem ter ilusões a este respeito.»

A título de alternativa, Estaline sugeriu a liquidação em massa do estado-maior general alemão. Churchill objetou novamente, dizendo que preferia ser fuzilado a «manchar a minha honra e a honra do meu país com semelhante infâmia». Roosevelt, para tentar diminuir a tensão, recorreu a um humor tosco: propôs que a título de compromisso fossem executados apenas quarenta e nove mil oficiais alemães.

Nesse momento, Elliott Roosevelt, o filho do presidente, que insistira em participar no jantar apesar de não ter sido convidado, levantou-se do seu lugar à mesa. Não lhe cabia falar mas falou, e de forma particularmente chocante. Rejeitou o argumento de Churchill e concordou com a ideia sanguinária de Estaline. Segundo o relato de Churchill, o jovem americano, um debochado que andava sempre metido em escândalos – que não era muito diferente de Randolph, o filho do primeiro-ministro –, acrescentou que tinha a certeza de que o Exército dos EUA concordaria com a ideia. O jovem Roosevelt tinha sido convidado de Churchill em Inglaterra por duas vezes, e deve ter pensado que era suficientemente conhecido para falar à mesa dos grandes[32].

Churchill não aguentou mais. «Levantei-me da mesa e fui para a sala ao lado, que estava na penumbra», conta ele. Elliott Roosevelt refere, nas suas memórias banais, que quando Churchill passou por ele, lhe perguntou: «Tem noção do que está a dizer? Como se atreve a dizer semelhante coisa?»

Momentos depois, Churchill, na penumbra da sala adjacente, sentiu duas mãos pousarem-se-lhe nos ombros por trás. Era Estaline, o anfitrião do jantar, que fora garantir ao primeiro-ministro que estava «só a brincar»[33]. Churchill sabia muito bem que as matanças não eram apenas uma piada para o líder russo. Seis meses antes, fora informado de que, na primavera de 1940, Estaline teria ordenado a execução de vinte mil oficiais polacos na floresta de Katyn, perto de Smolensk[34]. Este conhecimento tornou-se sobremaneira excruciante porque nem Churchill nem Roosevelt podiam denunciar Estaline pela sua atrocidade – aliás, durante a guerra, ambos bloquearam todas as tentativas de investigação do massacre.

Outra coisa que complicou as emoções de Churchill naquela noite foi o facto de horas antes ter oferecido a Estaline uma espada cerimonial para comemorar a resistência soviética em Estalinegrado. O romancista Evelyn Waugh, horrorizado por o Ocidente se aliar a um monstro como Estaline, chamou mordazmente *Sword of Honor* à trilogia de romances sobre a Segunda Guerra Mundial. Numa sinopse de *The End of the Battle*, Waugh diz acerca do seu herói: «Ele acha que a causa justa da guerra se perdeu com a aliança com a Rússia.»[35]

Em Teerão, Churchill viu o declínio da Grã-Bretanha. Viu que era um grande momento da história mundial. Alguns dos seus conselheiros mais próximos não foram tão perspicazes. *Sir* Alexander Cadogan escreveu no seu diário que estava «entediado com esta conferência» – tinha pouco que fazer e estava a desperdiçar o seu tempo.[36]

Churchill partiu de Teerão profundamente transtornado e angustiado com o desaparecimento da supremacia britânica no mundo. Depois da conferência, a sua personalidade pareceu mudar. O dínamo de 1940 tornou-se o inerte de 1944: cada vez mais esquecido, menos eloquente e frequentemente muitíssimo cansado, fazendo mais sestas e dormindo até tarde em muitas manhãs. Uma noite, na sua casa de campo, sentou-se ao pé da lareira, bebeu a sopa e confessou ao general Brooke que nem ele nem Roosevelt eram os homens que tinham sido. «Ele disse que dormia sempre bem, que comia sempre bem e que, em especial, bebia sempre bem! Mas já não saltava da cama como dantes, e que sentia que não se importaria de passar o dia inteiro na cama. Nunca o tinha ouvido admitir que está a começar a ir-se abaixo.»[37]

Churchill começou a pensar na cimeira de Teerão em termos de animais. Pouco depois, disse à sua velha amiga, Violet Bonham Carter, que quando se reunira com Estaline e Roosevelt na capital iraniana tinha compreendido a insignificância do seu país em comparação com os dos seus parceiros. «De um lado, o grande urso russo com as suas patonas estendidas – do outro, o grande elefante americano – e entre eles, o pobre burrinho britânico – que é o único que sabe o caminho para casa.»[38]

Mas muitas pessoas também pensavam em Churchill em termos de animais. No princípio da guerra, Colville, o seu ajudante, escreveu que quando levava as missivas da manhã a Churchill encontrava o primeiro--ministro rosado, careca e anafado, «deitado na cama, parecia um porquinho simpático, com uma camisola interior de seda»[39]. Para *Lady* Diana Cooper, Churchill, com o fato-macaco com fecho de correr que usou frequentemente durante a guerra, «parece mesmo o porquinho Prático a construir a sua casa com tijolos»[40]. O seu médico pessoal, ao vê-lo nadar na Florida, em janeiro de 1942, escreveu: «O Winston deleita-se meio submerso na água como um hipopótamo num pântano.»[41]

* * *

Orwell estava num rumo idêntico. A Conferência de Teerão foi central para a forma como compreendeu o seu tempo e influenciou os seus dois grandes romances, *O triunfo dos porcos* e *1984*. O primeiro é uma alegoria do presente; o segundo é um retrato de um futuro distópico. Ambos têm algumas raízes no que ele viu acontecer em Teerão: o mundo a ser retalhado pelos líderes das superpotências emergentes. Por conseguinte, em *1984*, o mundo consiste em três superestados totalitários: a Oceânia, a Lestásia e a Eurásia; a Inglaterra foi reduzida à «Pista Um»[42].

Na altura em que a Conferência de Teerão estava a terminar, Orwell começou finalmente a dar os passos que o tornaram um grande escritor. Em novembro, deixou a Milícia, ostensivamente por razões de saúde mas também porque se tornara evidente que a invasão alemã estava fora de questão. A maré da guerra estava a virar e os Aliados começaram a concentrar-se e a preparar-se para os desembarques em França, no ano seguinte. Na mesma altura, Orwell deixou a BBC, explicando, numa cortês carta de demissão: «Sinto que regressando ao meu trabalho normal de escrita e jornalismo serei mais útil do que sou atualmente.»[43] A sua análise revelou-se totalmente correta. Nos seis anos seguintes, escreveu os seus dois grandes romances e alguns dos seus melhores comentários políticos e culturais.

Orwell também começou a escrever uma coluna intitulada «As I Please» para o *Tribune*, um pequeno semanário cuja linha socialista era mais consonante com a sua do que as posições políticas do *Observer*, de David Astor. No texto inaugural, publicado em dezembro de 1943, Orwell decidiu oferecer um olhar trocista sobre os soldados americanos. «Mesmo sem passar por Piccadilly, com os seus enxames de bêbedos e prostitutas, é difícil ir a algum lado em Londres sem ter a sensação de que a Grã-Bretanha se tornou Território Ocupado. O consenso geral parece ser que os únicos soldados americanos com maneiras decentes são os negros.»[44] Mas o mais importante foi que Orwell começou a escrever *O triunfo dos porcos*.

Quando a Royal Navy era o símbolo do poderio global britânico, os meninos eram fotografados vestidos à marinheiro. À direita, Winston Churchill com sete anos, já com um ar imperioso. Em baixo, Eric Blair («George Orwell»), com três anos.

Churchill como primeiro lorde do Almirantado, 1911.

George Orwell (fila de trás, primeiro a contar da esquerda) na equipa do «jogo de parede» de Eton, semelhante ao râguebi, em 1921.

George Orwell com dezassete anos de idade.

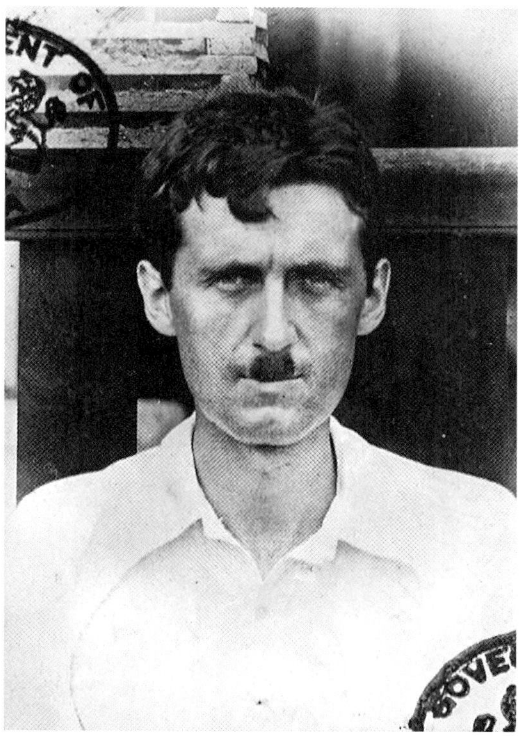

Fotografia do passaporte de George Orwell durante a sua estada na Birmânia.

Orwell (fila de trás, terceiro a contar da esquerda) numa messe da polícia na Birmânia, 1923.

O primeiro-ministro Neville Chamberlain com Hitler em Munique, em setembro de 1938. Quando regressou a Londres, declarou que tinha garantido a «paz para o nosso tempo».

Orwell durante a sua convalescença em Marrocos no inverno de 1938-1939.

Orwell (fila de trás, último à direita) na Milícia durante a Segunda Guerra Mundial.

Entre 1941 e 1943, Orwell trabalhou no Serviço Oriental da BBC como produtor de palestras destinadas a apoiar o esforço de guerra.

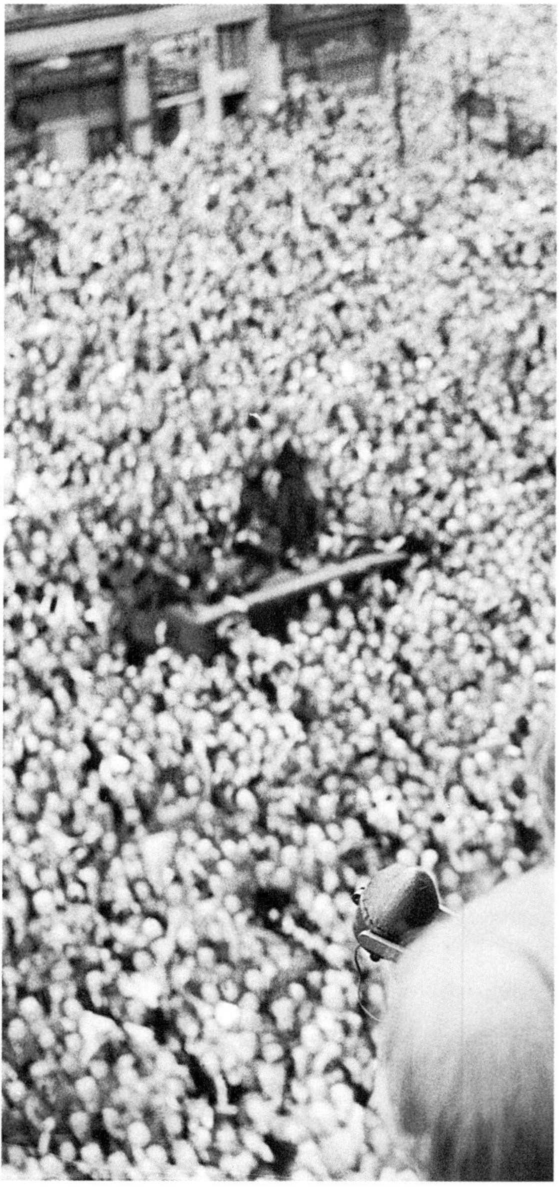

Churchill acena a uma multidão em Londres, a 8 de maio 1945, e declara a vitória na guerra contra a Alemanha.

Em cima: Churchill confere notas com o presidente Franklin D. Roosevelt durante a Conferência de Casablanca, em 1943. Em baixo: Churchill com Roosevelt e Estaline durante a Conferência de Teerão, realizada no mesmo ano. Churchill partiu de Teerão consternado, pois compreendeu que os EUA e a União Soviética tinham começado a marginalizar a Grã-Bretanha. A conferência foi uma inspiração importante para *O triunfo dos porcos*.

Churchill na América. Em cima: com a família numa limusina, em 1946. Em baixo: bastante envelhecido, num encontro com o presidente Harry Truman na Casa Branca, em 1952.

Churchill e Orwell como figuras contemporâneas. Em cima: mais de meio século após a morte de Churchill, o seu retrato surge num cartaz que apela à permanência da Grã-Bretanha na União Europeia. Em baixo: na Tailândia, em 2014, um protesto contra um golpe militar invoca o livro mais célebre de Orwell.

Na Alemanha, em 2013, um manifestante empunha um cartaz com um desenho de Orwell durante um dia de manifestações contra as escutas realizadas no país pela U.S. National Security Agency.

Dois grandes escritores (e dois grandes fumadores). Em cima: Orwell à sua secretária. Em baixo: Churchill a fumar um charuto à secretária do seu gabinete.

CAPÍTULO 11

O TRIUNFO DOS PORCOS

* * *

1943-1945

Não existe nenhuma prova de que Churchill tenha lido *O triunfo dos porcos*, a grande história de Orwell sobre os animais de uma quinta que se revoltam contra os seus donos humanos mas acabando escravizados pelos porcos. É bem capaz de ter lido, dado que anos mais tarde leu e gostou de *1984*. Mas Churchill chegou sozinho às mesmas conclusões em relação aos líderes russos. Em 1950, ao falar com Malcolm Muggeridge sobre Estaline, Churchill lamentou-se: «É uma pena que ele se tenha revelado tamanho porco!»[1]

Churchill teria achado o livro consonante com o seu meio cultural. A tradição de fábulas com animais falantes é antiga, remontando pelo menos a Esopo, mas parece ter florescido particularmente no apogeu do Império Britânico, em finais do século XIX e no princípio do século seguinte, a altura da juventude e do início da vida de adulto de Churchill.

Rudyard Kipling mostrou o caminho na última década do século XIX, com *O livro da selva*. Não admira que Churchill fosse um admirador de Kipling e dos seus livros. «Ele teve uma grande influência sobre mim»,[2] disse o primeiro-ministro, em 1944. No entanto, é surpreendente descobrir que Orwell, cujo livro *Dias birmaneses* foi uma denúncia inequívoca dos efeitos do imperialismo britânico, também gostava do poeta laureado do Império. «Rudyard Kipling é o único escritor popular deste século que não foi um mau escritor», escreveu Orwell em 1936, pouco depois da morte de Kipling. «Ainda era possível ser-se ao mesmo tempo imperialista e cavalheiro, e a decência pessoal de Kipling é incontestável.»[3]

Mas este género peculiarmente britânico tinha muito mais para dar. Em 1902, o ano entre a morte da rainha Vitória e o nascimento de Orwell, foi publicado *Peter Rabbit* [*A história do Pedrito Coelho*], que se tornou imensamente popular, vendendo milhões de exemplares e dando origem a uma série de sequelas. O livro tem um toque de macabro de que Orwell talvez tenha gostado. «"Ora bem, meus queridos", disse a Senhora Coelho certa manhã, "podem ir para os campos ou passear pelo caminho, mas não vão para o quintal do Senhor McGregor*: O vosso pai teve lá um acidente e acabou metido numa empada pela Senhora McGregor".»[4] Talvez não seja por acaso que o chefe da comunidade britânica de *Dias birmaneses* se chama «Senhor Macgregor».

As histórias sentimentais de A. A. Milne sobre «Winnie the Pooh» e os animais seus amigos surgiram nos anos 20 e foram extremamente populares. Contudo, no meio de toda esta ficção antropomórfica, poucos livros se enquadraram tão bem no mundo da classe média-alta eduardina como *O vento nos salgueiros,* de Kenneth Grahame, publicado em 1908. Este clássico da literatura infantil começa com o Toupeira a fazer diligentemente a limpeza da primavera na «sua casinha», que tem retratos de Garibaldi e da rainha Vitória, e uma gravura do quadro *The Infant Samuel*, pintado por *Sir* Joshua Reynolds em 1776, e que foi muito reproduzido na Grã-Bretanha no século XIX. Mas até uma toupeira eduardina tem limites. Farto da limpeza e atraído pelo tempo quente, atira a vassoura para o chão e exclama: «Basta!»[5] O Toupeira sai para explorar o dia primaveril e torna-se amigo do Rato, que lhe diz: «Gosto imenso da tua roupa, meu caro... Um dia, vou comprar um casaco de trazer por casa de feltro preto, logo que tiver dinheiro.»[6] A história acaba com o Toupeira e o Rato, juntamente com os seus amigos, o Texugo e o Sapo, a reconquistarem a casa do Sapo, que foi ocupada por doninhas, arminhos e furões.

---

* «Gregório» na versão portuguesa. (*N. do T.*)

Este livro, com a sua narrativa memorável dos prazeres de «mandriar num barco» no vale do Tamisa, deve ter evocado em Orwell a sua juventude na mesma região, primeiro a infância, em Henley-on-Thames, e depois, alguns quilómetros a leste, quando estudou em Eton, que se situa junto do rio, onde ele passou muito tempo. Durante toda a sua vida, Orwell adorou a natureza. Observava-a de perto e adorava estar inserido nela, a trabalhar na lavoura, a caçar e a pescar. «O sapo tem os olhos mais belos de todas as criaturas vivas», escreveu ele na primeira primavera depois da Segunda Guerra Mundial. «Parecem ouro, ou mais exatamente, parecem as pedras preciosas de cor dourada que se veem em alguns anéis com sinete.»[7] E a atenção de Orwell à natureza revigorou a sua escrita política. O trabalhista Clement Attlee não era apenas frio como um peixe: para Orwell, era «um peixe morto há pouco e que ainda não enrijou»[8].

E há ainda *The Story of Doctor Doolittle*. Hugh Lofting era um engenheiro dos Guardas Irlandeses que procurou em vão sinais de humanidade na frente de combate durante a Primeira Guerra Mundial. *Doctor Doolittle* começou como uma série de cartas para os filhos. Num mundo onde os homens viviam como animais, em trincheiras e debaixo da terra, rodeados de ratazanas e infestados de piolhos, onde eram chacinados aos milhares, não seriam pura e simplesmente animais falantes? Lofting publicou o seu livro infantil dois anos depois da Grande Guerra.

Estes autores estavam presentes para Orwell quando ele começou a escrever um dos livros mais memoráveis de sempre com animais falantes.

O AVISO DE ORWELL

Orwell deu a *O triunfo dos porcos* o subtítulo de «Um conto de fadas». Trata-se efetivamente de um conto de fadas, mas para adultos: é uma história de desencanto, de violência política e de traição de ideais. Tal como aconteceu ao pai do Pedrito Coelho, a utopia começa a correr mal no caminho para o quintal. A história decorre na Quinta Manor, em Willingdon, no East Sussex, entre Hastings e Brighton, na costa sudeste de Inglaterra. A quinta pertence ao Sr. Jones, um velho que negligencia os animais e passa a vida a beber no Leão Vermelho – talvez não seja uma coincidência: em *O vento nos salgueiros*, é o destino do Sapo quando ele foge[9].

Os animais, irritados com o roubo dos frutos do seu trabalho e com os maus-tratos que sofrem, começam a resmungar. Depois de não serem alimentados uma semana inteira, correm com Jones e com os seus trabalhadores da quinta. De seguida, a primeira coisa que fazem é providenciar um funeral decente aos presuntos pendurados na cozinha. São liderados por uma figura tipo Estaline, o porco Napoleão, que começa por cooperar com o seu rival tipo Trotsky, o porco Snowball. Depois, numa cena reminiscente da batalha no clímax de *O vento nos salgueiros*, os humanos tentam reconquistar a quinta, mas são repelidos pelos animais.

A maior parte dos animais é confiante e trabalhadora, demorando a aperceber-se de que começou a ser explorada pelo novo regime porcino. «Os porcos não trabalhavam, orientavam e supervisionavam os outros»,[10] mandando-os apanhar o feno e bebendo todo o leite ordenhado de manhã. Snowball ensina a seguinte máxima aos animais: «Quatro pernas bom, duas pernas mau.»[11] As ovelhas gostam tanto do lema que o balem horas a fio, «sem se cansarem». Pouco depois, os porcos arrogam-se o direito exclusivo de comer maçãs, dizendo aos outros que é uma medida necessária para poderem cumprir os seus deveres de supervisão. Orwell escreveu no seu diário que considerava esta cena o «ponto de viragem da história»[12]. Segundo explicou a um amigo, «se os animais tivessem feito frente aos porcos quando eles quiseram ficar com as maçãs, não teria havido problemas»[13].

Quando Snowball e Napoleão se desentendem por causa da construção de um moinho, Napoleão reage introduzindo um novo elemento: nove cães enormes que só trabalham para ele. Os cães expulsam Snowball da quinta e regressam para junto de Napoleão. «Reparou-se», conta ominosamente o narrador anónimo, «que eles abanavam as caudas para ele da mesma forma que outros cães faziam com o Sr. Jones»[14]. Pouco depois, Napoleão anuncia o fim dos debates públicos. Quando «quatro jovens cevados»[15] guincham a sua objeção, os cães rosnam.

Os porcos mudam-se da pocilga para a quinta e começam a vender ovos aos humanos, dando origem a uma breve rebelião liderada por três frangos. Os galináceos e os seus partidários são subjugados pela fome, que resulta em nove mortes. Os quatro porcos que protestaram são acusados de colaborarem secretamente com o fugitivo Snowball para sabotarem a quinta. Quando terminam as suas confissões, os cães rasgam-lhes as gargantas. «E assim prosseguiram as confissões e execuções, até haver uma pilha de cadáveres aos pés de Napoleão e o ar feder a sangue.»[16]

Os porcos descobrem uma caixa de *whisky* na adega e põem-se a beber e a cantar até altas horas da noite. Depois, começam a fazer cerveja e reduzem as rações dos outros animais, exceto as dos cães de guarda.

Os anos passam e os porcos começam a andar nas patas traseiras. Perante isto, as ovelhas passam a cantar: «Quatro pernas bom, duas pernas melhor!»[17] Napoleão anda com um chicote. No fim do livro, na sua frase mais célebre, os animais são informados: «Todos os animais são iguais mas alguns são mais iguais do que outros.»[18] É o epitáfio da revolução dos animais.

Numa medida que está no cerne das preocupações de Orwell em relação ao Estado moderno, os porcos começam a apresentar uma história revisionista. O fugitivo Snowball é acusado de não ter sido nenhum herói, mas antes um cobarde e um instrumento dos humanos. Orwell vinha refletindo sobre esta tendência há anos. «A peculiaridade do Estado totalitário é que embora controle o pensamento, não o fixa» no sentido de ser imutável, escreveu ele em 1941. «Estabelece dogmas inquestionáveis e modifica-os de dia para dia.»[19]

Neste tipo de regime, a realidade é o que o Estado diz que é. Os factos aceites mudam e tornam-se simplesmente uma função do poder: em *O triunfo dos porcos*, os porcos alteram constantemente as regras da quinta e a narrativa da história da quinta em benefício próprio. Para Orwell, este comportamento, o controlo do passado, do presente e do futuro, era um aspeto essencial do controlo absoluto exercido pelo Estado. Mais tarde, Orwell concluiu: «Na realidade, o totalitarismo exige a alteração contínua do passado, e a longo prazo exige provavelmente a descrença na própria existência da verdade objetiva.»[20] Este pensamento tornou-se um dos temas nucleares do seu último livro. Não é apenas o futuro que pertence aos todo-poderosos, mas também o passado.

Na cena final do livro, os porcos estão dentro de casa, a jogar às cartas e a beber com os humanos com os quais têm negócios. Napoleão e um dos homens estão a fazer batota. Os outros animais espreitam por uma janela. «As criaturas olhavam do porco para o homem, do homem para o porco e novamente do porco para o homem, mas já era impossível dizer quem era o quê.»[21]

É uma história de advertência, é o estalinismo refletido num espelho distorcido. «É óbvio que escrevi o livro principalmente como uma sátira à revolução russa», disse Orwell ao seu amigo Dwight Macdonald. «Mas quero que tenha um significado mais lato porque digo que aquele tipo de revolução (uma revolução conspiratória violenta liderada por gente inconscientemente sedenta do poder) só pode resultar numa mudança de amos.»[22]

À noite, na cama, Orwell lia a Eileen o que tinha escrito de *O triunfo dos porcos*[23]. Talvez seja esta uma das razões pelas quais a história se desenrola tão bem. *O triunfo dos porcos* também funciona puramente como fábula: os porcos inteligentes que passam uma grande parte do tempo a ler, os cães que sabem ler, mas não estão interessados, o gato interesseiro e hipócrita que vota a favor e contra sobre se todas as criaturas com duas pernas são inimigas – uma questão que irrita as aves da quinta. Quando lemos o livro, interrogamo-nos sobre a sua eventual influência sobre E. B. White, que, em 1949, quatro anos depois de *O triunfo dos porcos* ser publicado e se ter tornado um fenómeno de vendas mundial, começou a escrever *A teia de Carlota*, um texto sobre um porquinho muito mais simpático e gentil chamado Abílio e a sua amizade com uma aranha sábia chamada Carlota.[24]

Estas duas histórias com porcos falantes são dos livros mais vendidos de sempre, juntamente com *Doctor Doolittle*, de Lofting.

* * *

Durante anos, antes de escrever *O triunfo dos porcos*, Orwell foi confrontado várias vezes com a ferocidade do regime soviético. Trotsky foi assassinado no México, em agosto de 1940, por um comunista espanhol treinado pelo NKVD, a polícia secreta soviética[25]. O homicídio, feito com um machado de alpinista com a pega serrada para ser menos volumoso, seguiu-se a um atentado com espingardas e uma bomba, três meses antes, feito por um grupo de veteranos da Guerra Civil de Espanha dirigido pelos russos.

O desertor russo Walter Krivitsky morreu em circunstâncias misteriosas, em fevereiro de 1941, num quarto de hotel em Washington, onde tinha fornecido informações às autoridades americanas – incluindo que um jornalista britânico em Espanha estava a trabalhar para o NKVD e tinha recebido ordens para assassinar Franco[26]. Krivitsky desconhecia o nome do jornalista, mas depois do colapso da União Soviética a abertura de alguns arquivos da polícia secreta revelou que se tratava de Kim Philby. Antes de entrar para os serviços secretos britânicos, Philby trabalhou como correspondente de guerra do *Times* durante a Guerra Civil de Espanha e em França, em 1940, aquando da invasão alemã.

Em Espanha, Philby atuou durante dois anos disfarçado de pró-fascista[27], mas na altura em que conheceu pessoalmente Franco, os objetivos do NKVD já tinham mudado para a repressão da esquerda anticomunista, incluindo o POUM e os seus partidários, tais como George Orwell.

Krivitsky desertou depois de um dos seus amigos íntimos, Ignace Reiss, ter sido assassinado por agentes soviéticos na Suíça. O NKVD também vinha há anos a conduzir uma campanha de raptos e assassínios contra os emigrados russos brancos em França[28]. Ainda hoje, observa o historiador Christopher Andrews, tende-se a «não reconhecer a prioridade dada ao homicídio» na política externa soviética em finais dos anos 30.

Orwell esbarrou com dificuldades surpreendentes para publicar *O triunfo dos porcos*, em parte, por causa da interferência de infiltrados soviéticos. O escritor avisou Victor Gollancz, o editor de esquerda que tinha publicado os seus livros entre 1933 e 1939, desde *Na penúria em Paris e em Londres* a *Coming Up for Air*, que ele não iria gostar do livro e que não iria publicá-lo. Disparate, disse Gollancz, que só tinha rejeitado Orwell uma vez, no caso de *Homenagem à Catalunha*. Porém, depois de ler o manuscrito, Gollancz devolveu-o rapidamente com uma nota dizendo que Orwell tinha razão. Escreveu ao agente literário de Orwell: «Não posso publicar de maneira nenhuma... um ataque geral desta natureza.»[29]

Pelo menos outras quatro editoras britânicas rejeitaram o livro, incluindo a Faber, através de T. S. Eliot, seu editor, que achou a história demasiado trotskista para o seu gosto[30]. E também achou que os porcos eram «muito mais inteligentes do que os outros animais, logo, são os mais bem qualificados para gerirem a quinta». A Jonathan Cape estava inclinada para publicar o livro, mas decidiu não o fazer depois de ser avisada por Peter Smollett, o chefe da secção russa do Ministério da Informação, que expressou o receio de o livro prejudicar as relações anglo-soviéticas[31]. Anos mais tarde, descobriu-se que Smollett era um agente soviético recrutado por Kim Philby.

Orwell ficou estupefacto com as rejeições. «Vejo-me e desejo-me para encontrar uma editora para o livro quando normalmente não tenho dificuldades para publicar as minhas coisas, e agora as editoras até andam todas a pedir manuscritos»,[32] escreveu ele a um amigo, em maio de 1944. As editoras americanas também não mostraram interesse: cinco rejeitaram o livro. Em dezembro de 1945, a Harcourt Brace comprou os direitos de publicação para os EUA por 250 libras, mas isto só depois de o livro se ter revelado um êxito em Inglaterra.

Orwell acabou de escrever *O triunfo dos porcos* em fevereiro de 1944, mas o livro só foi publicado em agosto do ano seguinte. Orwell passou uma parte do período intermédio a escrever a sua coluna para o *Tribune*. Em junho de 1944, Orwell e Eileen adotaram um menino, Richard. O bebé, nascido em Newcastle, em maio, tinha apenas três semanas de idade e não possuía roupa. Segundo um amigo do casal, Eileen teve medo de não conseguir amar o bebé, mas «no fim, a Eileen ficou muito feliz por tê-lo, por amá-lo, e muito orgulhosa dele»[33]. Quando teve de comparecer perante um juiz para tornar a adoção definitiva, Eileen vestiu-se bem e até comprou um chapéu amarelo para a ocasião.

Pouco depois da adoção, o apartamento ficou inabitável devido à explosão, nas redondezas, de uma «bomba voadora» V-1, a versão precoce nazi de um míssil de cruzeiro. Os Orwells mudaram-se novamente para Islington. Hoje é uma zona na moda e é o cenário de romances como *Diário de um escândalo,* de Zoë Heller, e *Era uma vez um rapaz,* de Nick Hornby, mas em 1944, segundo um dos biógrafos de Orwell, estava bastante degradada, e era «o tipo de zona marginal que Orwell adorava... um enclave da classe média-baixa em território operário»[34].

Em fevereiro de 1945, Orwell deslocou-se ao continente para cobrir a fase final da Segunda Guerra Mundial na Europa para o *Observer*. Segundo David Astor, «Ele queria estar com as primeiras tropas a entrarem na Alemanha porque sabia que embora tivesse escrito muito sobre ditaduras, nunca tinha estado num país sob uma ditadura»[35].

Não foi uma ideia sensata. Orwell não era saudável. Em finais de março, teve de dar entrada num hospital, em Colónia. Durante o internamento, ocupou-se a escrever «Notes for My Literary Executor», que são interessantes porque ele classificou dois dos seus romances anteriores como «livros tontos só para ganhar dinheiro»[36]. Quando estava no hospital, Orwell recebeu a notícia de que Eileen tinha de ser operada para a remoção de tumores uterinos. No dia 29 de março de 1945, antes de entrar na sala de operações, Eileen escreveu-lhe uma nota a tranquilizá-lo: o quarto do hospital era bom e tinha vista para o jardim. No dia seguinte, Orwell recebeu um telex a informá-lo de que Eileen tinha morrido durante a operação. O funeral foi no dia 3 de abril[37]. Talvez tenha sido esta a razão pela qual Orwell decidiu para o início de *1984* o dia 4 de abril de 1984 – o primeiro dia da sua nova e desconsolada vida.

Depois do funeral, Orwell deixou o filho ao cuidado de um amigo e regressou ao seu jornalismo na Europa. Parece ter escrito muito pouco, o que é compreensível. «Penso que ele achou que não tinha visto nada de particularmente interessante»,[38] disse Astor. No dia 12 de abril, em Paris, Orwell escreveu ao romancista Anthony Powell: «A Eileen morreu. Morreu de forma muito súbita e inspirada, a 29 de março, durante uma operação que à partida não seria problemática. Eu estive com ela e não estava à espera de nenhuma complicação... Não vi o relatório do inquérito, mas também não quero, não é isso que a vai trazer de volta.»[39] Talvez o seu silêncio tenha sido uma indicação do seu sofrimento. George Woodcock, um anarquista e poeta canadiano que se tornou amigo de Orwell nos anos 40, escreveu: «Ele só me falou uma vez na primeira mulher, a Eileen.»[40]

* * *

O triunfo dos porcos apareceu nas livrarias britânicas cinco meses depois da morte de Eileen e três dias depois do fim da Segunda Guerra Mundial. Foi publicado por Fredric Warburg. A resposta foi totalmente diferente da de qualquer livro anterior de Orwell. «Imprimimos o máximo de exemplares que as nossas reservas de papel permitiram, isto é, 5000, e venderam-se num ou dois meses», disse Warburg. «E depois andámos a arrebanhar mais papel e imprimimos, imprimimos, imprimimos. E ainda não parou de vender.»[41]

Pela primeira vez na vida, Orwell era um êxito literário e financeiro. Através de um amigo, pagou ao benfeitor anónimo que em 1938 lhe tinha enviado trezentas libras para ele poder passar o inverno em Marrocos, a descansar os pulmões. Numa nota que acompanhou a primeira prestação, Orwell pediu desculpa: «É péssimo demorar tanto tempo a pagar, mas até agora não consegui mesmo», escreveu ele. «Só há pouco tempo é que comecei a ganhar dinheiro a sério.»[42]

Mas Orwell não andava contente. Pouco depois da publicação de *O triunfo dos porcos*, comprou uma pistola a um amigo, dizendo-lhe que temia um atentado comunista à sua vida[43]. Segundo John Rodden e John Rossi, especialistas em Orwell, os seus receios eram mais reais do que talvez ele próprio suspeitasse. Os arquivos soviéticos abertos depois da Guerra Fria revelaram que ele constava numa lista de pessoas a executar em Espanha caso fosse capturado[44]. Dito isto, fora de Espanha, os indivíduos assassinados pela polícia secreta soviética foram geralmente desertores ou russos anticomunistas, pelo que Orwell talvez estivesse a ser um tanto ou quanto paranoico.

Orwell, recém-enviuvado, começou a retirar-se do mundo, passando o mais tempo possível na extremidade norte e quase sem estradas da remota ilha de Jura, na costa ocidental da Escócia. Mas sentia-se solitário e nas suas deslocações a Londres declarou-se a várias mulheres, algumas das quais mal conhecia. Orwell sabia que estava doente e queria garantir que depois de morrer haveria alguém para cuidar do filho, Richard. Uma amiga, Celia Kirwan, rejeitou meigamente a sua proposta, mas continuou a encontrar-se com ele[45]. Orwell convidou uma vizinha que mal conhecia, Anne Popham, para tomar chá. Segundo ela, Orwell pediu-lhe para se sentar na cama, abraçou-a e disse, «És muito atraente... Achas que conseguias gostar de mim?» Ela achou a abordagem «incomodativa» e foi-se embora logo que se conseguiu libertar dele[46].

«A POLÍTICA E A LÍNGUA INGLESA»

Orwell também refletiu sobre a destruição da língua, que seria um dos grandes temas do seu livro seguinte (e último), *1984*. Em dezembro de 1945, depois da publicação de *O triunfo dos porcos* e enquanto estava a conceber *1984*, Orwell terminou um ensaio que é provavelmente o seu melhor, «Politics and the English Language».

Orwell escrevia geralmente como um observador, mas neste ensaio é um prescritor: estabelece regras e oferece conselhos. Segundo ele, o escritor cuidadoso deve fazer a si próprio uma série de perguntas acerca de cada frase, tais como o que está a tentar dizer e quais são as palavras que melhor o exprimem. Deve ter um cuidado especial com a utilização de imagens insípidas e gastas que não evocam verdadeiramente uma imagem na mente do leitor.

Orwell ressume os seus argumentos de forma sucinta e oferece seis regras «elementares»:

1. Nunca usar uma metáfora, analogia ou outra figura de retórica que se vê habitualmente impressa.
2. Nunca usar uma palavra comprida quando uma curta serve.
3. Se for possível eliminar uma palavra, deve ser sempre eliminada.
4. Nunca usar a passiva quando se pode usar a ativa.
5. Nunca usar uma frase, uma palavra científica ou uma palavra em calão estrangeiras caso exista uma palavra inglesa equivalente consagrada.
6. É preferível quebrar qualquer uma destas regras a dizer uma barbaridade.[47]

Qualquer escritor fará bem em afixar estas regras na parede do seu espaço de trabalho.

Um aspeto menos referido é que o ensaio não é apenas contra a má escrita: desconfia dos motivos dessa prosa. Segundo Orwell, a escrita obscura, monótona e com latinices tem um objetivo específico: dissimular o que está realmente a acontecer. «A linguagem política… destina-se a fazer as suas mentiras soarem a verdadeiras e tornar o homicídio respeitável, e a dar um ar de solidez ao vento»[48]. Por conseguinte, escreve ele numa das suas passagens mais memoráveis de sempre:

> Aldeias indefesas são bombardeadas do ar, os habitantes são expulsos para os campos, o gado é metralhado, as cabanas são incendiadas com balas incendiárias: a isto chama-se *pacificação*. Milhões de camponeses são espoliados das suas quintas e enviados pelas estradas com os únicos haveres que conseguem levar às costas: a isto, chama-se *transferência de populações*

ou *retificação fronteiriça.* As pessoas são encarceradas durante anos sem julgamento, abatidas com um tiro na nuca ou enviadas para morrerem de escorbuto em campos madeireiros no Ártico: a isto, chama-se *eliminação de elementos duvidosos*.[49]

Este parágrafo funciona bem como uma história concisa do tempo de Orwell. É Orwell no auge das suas capacidades.

* * *

Churchill tinha uma opinião muito semelhante. Também dependia das palavras e era muito sensível à sua utilização incorreta. E comentou: «Quem não consegue dizer o que quer em bom inglês não pode ter muito para dizer que valha a pena ouvir.»[50]

Tal como Orwell, Churchill manteve-se vigilante contra a prosa de má qualidade durante toda a sua vida. «Travou uma guerra continuada contra a verbosidade nos documento oficiais, em especial, os telegramas do Ministério dos Negócios Estrangeiros», recordou um dos seus ajudantes durante a guerra, *Sir* John Martin[51]. Churchill ofereceu o livro *Modern English Usage,* da autoria de Fowler, como presente de Natal a um membro da família real,[52] provavelmente à jovem princesa Isabel, que em breve se tornaria rainha. Churchill queixou-se ao ministro dos Negócios Estrangeiros de que os diplomatas britânicos davam erros ortográficos na palavra «inadmissível»[53]. No princípio da guerra, quando Anthony Eden propôs chamar às milícias «Voluntários de Defesa Local»,[54] Churchill alterou o nome para o termo mais simples e mais concreto de «Milícia». De forma semelhante, Churchill também objetou contra a ideia do ministro da Alimentação de criar «Centros Comunitários de Alimentação», desagradado com o fraseamento e com o cheirinho a socialismo. Foram rebatizados «Restaurantes Britânicos».

Apesar de estar a conduzir uma grande guerra pela sobrevivência, Churchill encontrou tempo para orientar os seus subordinados na escrita. No dia 19 de agosto de 1940, no meio da Batalha de Inglaterra, emitiu uma diretiva sobre a concisão. «O objetivo é a redação de relatórios que enunciem os pontos principais numa série de parágrafos breves e secos», escreveu ele. De seguida, numa passagem que poderia ser tirada de um ensaio de Orwell, ofereceu alguns exemplos da maldita verbosidade:

> Acabemos com frases como: «Importa também ter em conta as seguintes considerações...», ou «Há que considerar a possibilidade de implementar...» A maior parte destas frases confusas são só para encher e podem ser completamente eliminadas ou substituídas por uma única palavra. Não nos abstenhamos de usar a frase curta e expressiva, mesmo que seja conversacional...[55]

Churchill até se aventurou a aconselhar Roosevelt sobre a escrita: em fevereiro de 1944, disse-lhe: «é quase sempre preferível não usar advérbios nem adjetivos»[56]. Ao escrever as suas memórias, continuou a ser sensível em relação à linguagem desajeitada. A dada altura, quando cita um memorando sobre o combate no Saara, pede desculpa ao leitor por usar a palavra «despotável». «Foi a palavra lamentável que usei na altura em vez de "impotável"». E acrescenta: «Peço desculpa.»[57]

CAPÍTULO 12

CHURCHILL (E A GRÃ-BRETANHA): DECLÍNIO E TRIUNFO

* * *

1944-1945

Na fase final da guerra, Churchill e Orwell começaram a ir-se baixo.

Churchill passou um almoço inteiro com o compositor e empresário artístico Irving Berlin a pensar que estava a falar com o filósofo Isaiah Berlin, que trabalhava na embaixada britânica em Washington. Irving Berlin estava em Londres para levar à cena o seu musical *This Is the Army*[1]. O primeiro-ministro falou na guerra e nas perspetivas de reeleição do presidente Roosevelt com o compositor de grandes êxitos musicais como *White Christmas*, *Puttin' on the Ritz* e *God Bless America*. Irving Berlin começou a desconfiar de que havia um problema de identidade quando o primeiro-ministro lhe chamou «professor», e ficou taciturno. Depois de o compositor se ir embora, Churchill disse: «O Berlin é como quase todos os burocratas: maravilhosos no papel, mas uma desilusão quando os conhecemos pessoalmente.»[2]

Foi mais ou menos nesta altura que Orwell reparou no estado enfraquecido de Churchill. Em abril de 1944, com o Dia D no horizonte, escreveu: «A julgar pela voz, Churchill está a envelhecer muito.»[3]

A oratória de Churchill entrou em suspensão. O livro de David Cannadine sobre os «grandes discursos» de Churchill não inclui nada entre fevereiro de 1942 e os comentários de Churchill sobre as mortes de Lloyd Gorge e Roosevelt, na primavera de 1945. É uma lacuna de três anos. O primeiro discurso de Churchill no Congresso dos EUA, em dezembro de 1941, foi eletrizante; o segundo, dezassete meses depois, foi competente, meticuloso e mediano.

Na segunda metade da participação americana na guerra, em 1944--1945, era inevitável que a aliança anglo-americana se desfizesse. Churchill apercebeu-se desta realidade em Teerão, e foi assim que viu os dois últimos anos da guerra.

A relação de Churchill com o aliado americano foi dificultada por três fatores de tensão. Os americanos irritaram-se com a relutância de Churchill em abrir uma segunda frente na Europa. Roosevelt pareceu evitar Churchill em 1944, demorando ocasionalmente muito tempo a responder às mensagens do primeiro-ministro. Um dos motivos foi obviamente a doença de Roosevelt. Em 1944, Duff Cooper, ex-ministro da Informação e futuro embaixador britânico em Paris, queixou-se à mulher numa carta de que a política britânica estava «manietada por um velho aleijado e teimoso»[4] – o presidente Roosevelt. Mas Churchill e Roosevelt começaram efetivamente a afastar-se. Os americanos já não precisavam tanto dos britânicos. Com efeito, iam ganhar a guerra e o mundo.

Churchill também sabia que a Grã-Bretanha estava em declínio. Churchill declarou «Não me tornei primeiro-ministro do rei para presidir à liquidação do Império Britânico»,[5] mas foi um malabarismo retórico. Ele sabia quase de certeza que a Grã-Bretanha iria sair da guerra como uma sombra do que fora.

As bizarrias de Churchill começaram a cansar. Em 1944, o general Brooke já não podia com o primeiro-ministro. Em janeiro, escreveu: «Meu Deus, estou fartinho de trabalhar para ele.»[6] Passado um mês: «Pergunto-me muitas vezes se estou a dar em doido ou se ele será realmente são.»[7] Em março: «Ele perdeu completamente o equilíbrio e está com uma disposição muito perigosa.»[8] No mesmo mês: «Sinto-me como um homem acorrentado ao carro de um lunático!»[9]

Em junho de 1944, depois dos desembarques do Dia D na Normandia, Brooke escreveu: «Tivemos uma noite longa e penosa a ouvir os devaneios estratégicos do Winston.»[10] Brooke denunciou Churchill no seu diário como «um amador completo em estratégia... atola-se em pormenores para os quais nunca deveria olhar e por isso nunca vê um problema estratégico na sua perspetiva real»[11]. O seu veredito final sobre Churchill foi: «Nunca admirei e desprezei tanto um homem ao mesmo tempo.»[12]

Brooke terá atingido o cúmulo da irritação depois de uma reunião realizada no dia 6 de julho de 1944, quando Londres estava a ser atingida por uma barragem de bombas voadoras V-1, que, como vimos, danificaram o apartamento dos Orwells.

> Ele estava muito cansado devido discurso que tinha proferido na Câmara dos Comuns por causa das bombas voadoras e tinha tentado recuperar com bebida. Por conseguinte, estava choramingas, maldisposto e meio embriagado, ofendia-se com tudo, desconfiava de toda a gente e estava muito vingativo em relação aos americanos – tão vingativo, aliás, que a sua visão estratégica estava completamente distorcida. Tive uma discussão muito feia com ele. Começou a dizer mal do Monty porque as operações não estavam a correr mais depressa e Eisenhower tinha aparentemente dito que ele era demasiado cauteloso. Fui aos arames e perguntei-lhe se ele não era capaz de confiar nos seus generais durante 5 minutos em vez de estar constantemente a insultá-los e a apoucá-los. Ele disse que não fazia nada disso... E depois apresentou uma série de propostas pueris...[13]

Muitas coisas que Brooke escreveu no seu diário e que outros disseram depois da guerra – em muitos casos, em reação ao egocentrismo das memórias de Churchill – são verdadeiras. Churchill teve muitas falhas como líder de guerra[14]. Negligenciou a logística. Não percebeu o papel da aviação naval nem de outros aspetos importantes da guerra. Tal como muitos outros britânicos, continuou a ver os porta-aviões como os olhos das esquadras e não como a nova força de ataque da marinha, em substituição dos couraçados[15]. Subestimou o impacto que os submarinos alemães teriam na guerra[16]. Tal como os seus generais, Churchill subestimou o poderio militar do Japão e sobrevalorizou a capacidade de resistência das forças britânicas na Ásia, em especial, na fortaleza de Singapura. Em geral, segundo um especialista, «não é injusto dizer que Churchill teve alguns pressupostos errados, ou mesmo ilusões, em relação ao Extremo Oriente que afetaram as suas decisões enquanto estadista e a sua escrita enquanto historiador»[17].

Na fase inicial da guerra, Churchill teimou em acreditar que seria possível alcançar a vitória principalmente com o bombardeamento aéreo da Alemanha em vez de com uma invasão, talvez por não poder oferecer nenhuma teoria plausível para a vitória da Grã-Bretanha antes da entrada da América na guerra. «Quando procuro uma forma de vencermos a guerra, só vejo um caminho certo», escreveu ele, em julho de 1940, «...que é um ataque absolutamente devastador e exterminador de bombardeiros pesados a partir deste país contra o território nazi. Temos de os esmagar com estes meios, caso contrário, não vejo uma solução»[18].

Churchill distraía-se com frequência com pequenas incursões e ataques indiretos em detrimento dos objetivos principais. «O Winston adorava operações bizarras»,[19] comentou o seu conselheiro para as informações, *Sir* Desmond Morton. Sobrestimou os ganhos de uma invasão da Itália. Foi o principal impulsionador do desembarque em Anzio, a sudoeste de Roma, um dos piores atoleiros da guerra para os Aliados[20]. Baseando-se demasiado na sua experiência na Primeira Guerra Mundial, Churchill não percebeu que a mecanização militar durante a Segunda Guerra Mundial desvalorizou o papel da infantaria e aumentou a importância da artilharia e dos carros de combate[21]. Esta lacuna também o terá levado a subestimar a eficácia que os americanos revelaram em 1944-1945. Talvez daí a sua relutância em relação a um desembarque em França e a sua insistência nos ataques à periferia do Eixo.

Porém, nas coisas grandes, ele esteve mais certo do que errado. Não há dúvida de que esteve mais certo do que a maior parte dos seus subordinados, daí o valor de estar sempre a questioná-los. Nas suas memórias, ao olhar para os dilemas estratégicos da guerra, Churchill refletiu: «É sempre bom investigar»[22]. A sua inquirição persistente dos subordinados foi uma espécie de «auditoria contínua dos juízos militares», escreve o estratego e historiador americano Eliot Cohen. Outros líderes de guerra farão bem em imitar esta abordagem inquisitiva. Não deverão procurar consensos, mas sim examinar as diferenças entre os conselheiros e pedir-lhes que expliquem as suas opiniões diversas. É uma forma de descobrir os pressupostos dos quais os subordinados poderão ter partido sem se darem conta. Quando as reuniões não são contenciosas, é provável que também não sejam produtivas – em especial, as sessões de planeamento. É uma situação frequentemente desagradável, em particular para os conselheiros, mas é a melhor forma de desenvolver estratégias e descobrir as próprias fraquezas antes que o inimigo o faça. A essência da estratégia é fazer escolhas difíceis, decidir entre o que Dwight Eisenhower definiu como o essencial *versus* o importante. Churchill foi soberbo nesta tarefa.

Ao resumir o pensamento estratégico de Churchill, Cohen conclui: «Ele viu a política de guerra em termos de grandes tijolos que iam criando a estrutura da vitória. Muito poucas pessoas conseguem pensar ou pensam desta forma.»[23] Cohen acrescenta que o sentido de tempo estratégico de Churchill foi absolutamente notável: primeiro, ganhou tempo para reforçar as forças armadas britânicas até que a América entrasse na guerra, e depois concordou com a invasão da Europa em 1944.

Churchill teve o mérito de compreender que precisava de alguém como o general Brooke para lhe bater o pé. Aliás, foi Churchill quem reparou em Brooke, quem o promoveu para a chefia suprema das forças armadas e quem o manteve nesse posto durante anos. Quando os diários muito críticos de Brooke foram publicados, o médico pessoal de Churchill perguntou-lhe se ele tinha pensado alguma vez em demitir o general. «Nunca», respondeu Churchill; fez uma pausa, e repetiu a palavra «com uma convicção absoluta»[24].

Durante a guerra, Churchill disse ao general Ismay, o seu ajudante, que tinha começado a acreditar que Brooke o detestava. «Vejo que sim. Vejo-o nos olhos dele», disse Churchill.

Ismay respondeu: «O CIGS [chefe do Estado-Maior General Imperial] não o detesta! Adora-o! Mas nunca lhe dirá que sim quando achar que não» – o que era obviamente essencial para Brooke cumprir o seu dever.

Churchill, lavado em lágrimas, disse: «Querido Brooke!»[25]

* * *

Com o aumento do poderio americano, aumentou também o ressentimento dos britânicos em relação aos recém-chegados. Enoch Powell, hoje recordado como um político reacionário anti-imigração dos anos 60, teve duas carreiras muito diferentes antes dessa época. Antes da

Segunda Guerra Mundial, foi um dos classicistas mais brilhantes do seu tempo, em especial, devido ao seu trabalho sobre Tucídides. Depois, durante a guerra, tornou-se um oficial de informações extremamente bem-sucedido, ascendendo de praça a brigadeiro. E ao mesmo tempo, tornou-se vincadamente antiamericano. Em fevereiro de 1943, escreveu aos pais: «Vejo a avolumar-se no horizonte um perigo maior do que a Alemanha ou o Japão jamais foram... o nosso terrível inimigo, a América.»[26] Durante a guerra, Powell recebeu instrução em segurança operacional de Malcolm Muggeridge,[27] que era sargento instrutor e mais tarde se tornou amigo de Orwell, com quem esteve frequentemente nos meses que antecederam a sua morte.

Orwell mencionou o crescente antiamericanismo que viu em Inglaterra. «Houve um aumento evidente da animosidade contra a América, que se estende agora a pessoas que eram pró-americanas, tais como os meios intelectuais literários», escreveu ele. E acrescentou que os esquerdistas tinham começado a compreender «que os EUA são potencialmente imperialistas e estão politicamente muito atrás da Grã-Bretanha. Uma frase que hoje se ouve muito é que Chamberlain apaziguou a Alemanha e Churchill apaziguou a América»[28].

Em finais de 1944, a revista *Economist* pegou no tema e acusou Churchill de praticar uma «política de apaziguamento» dos Estados Unidos[29]. Em março de 1945, com a vitória na Europa iminente, John Colville, ajudante de Churchill, escreveu no seu diário: «Os americanos tornaram-se muito impopulares em Inglaterra.»[30]

De forma idêntica, os americanos estavam irritados com a relutância de Churchill em invadir a França e derrotar os alemães em combate direto. Segundo Ralph Ingersoll, que na altura era um jornalista com tendências de esquerda, «Os cínicos diziam que desde 1942 os britânicos estavam a gastar vidas russas e dólares americanos com juros muito interessantes nas duas coisas. Por conseguinte, qual era a pressa?»[31].

A AMÉRICA ULTRAPASSA A GRÃ-BRETANHA

Mas a fixação dos britânicos nas falhas dos americanos foi uma ilusão, porque não os deixou ver o ritmo espantoso ao qual os americanos estavam a melhorar. Em finais de 1943, as forças britânicas já combatiam há quatro anos. Estavam exaustas. A nação britânica começava a ficar sem soldados. Mas as forças americanas estavam a amadurecer.

No princípio de 1943, Churchill disse ao general Brooke que ele, enquanto general britânico, seria o comandante-em-chefe da invasão aliada da Europa. Contudo, em agosto, Churchill reconheceu que as forças que iriam derrotar os alemães na frente ocidental seriam predominantemente americanas, e reconheceu perante Roosevelt que o comandante teria de ser americano[32]. Semanas depois, Churchill escreveu: «Conseguiremos igualar a força expedicionária americana com um número quase igual de divisões britânicas, mas depois do assalto inicial o incremento de forças terá de ser quase exclusivamente americano porque eu já não tenho mais efetivos.»[33]

No princípio de 1944, deu-se o atoleiro de Anzio, a sudoeste de Roma. O desembarque foi ideia de Churchill, mas o comando foi americano. Perante o fim rápido do avanço, os Aliados voltaram a culpar-se mutuamente. Os americanos referiram a fadiga das tropas britânicas (com razão), e os britânicos apontaram para o excesso de cautela e para a incompetência dos comandantes americanos, John Lucas e Mark Clark (com razão), bem como para a cobardia das tropas americanas (sem razão nenhuma). Na verdade, o principal culpado era Churchill, que tinha concebido a ideia de apanhar os alemães desprevenidos com uma operação anfíbia de flanqueamento. Só a perícia, a energia e a paciência de Eisenhower impediram que o fiasco de Anzio azedasse ainda mais as relações entre os Aliados.

Os americanos estavam a atravessar o Atlântico com uma torrente de soldados, material bélico e energia. Em meados de 1944, começaram a ultrapassar os britânicos em eficácia de combate. Em particular, começaram a mecanizar as suas forças, tornando-as muito mais móveis do que a infantaria britânica. Em França, em 1944, quando o marechal britânico Bernard Montgomery duvidou dos planos logísticos do general americano Lawton Collins, dizendo que não era possível aprovisionar um corpo de exército (em geral, cerca de três divisões, com um total de 50 000 homens) usando apenas uma estrada, Collins retorquiu com atrevimento: «Pois bem, Monty, talvez vocês não consigam, mas nós conseguimos.»[34]

Os britânicos foram ultrapassados pelos americanos em parte porque sobrestimaram as suas capacidades tecnológicas e também a agilidade americana. A indústria britânica estava a vacilar, e uma das causas foi o desdém da aristocracia britânica pela ciência aplicada. Segundo Orwell, durante muito tempo a Grã-Bretanha tinha sido «governada por gente tacanha e profundamente incuriosa», que considerava a ciência «ligeiramente desonrosa»,[35] chegando ao ponto de a «desprezar».

Churchill também se apercebeu desta falha. Em dezembro de 1944, escreveu ao ministro da Produção sobre a penicilina, o novo medicamento milagroso. «É desanimador descobrir que, embora tenha sido uma descoberta britânica, os americanos já estão muito à nossa frente, não só na produção, mas também na técnica.»[36] Mas até o próprio Churchill, não obstante o valor que atribuiu ao radar, às armas nucleares e a outras engenhocas da época, tendeu a negligenciar a ciência britânica nos seus escritos históricos. Segundo o historiador Ronald Lewin, «Parece que a Revolução Industrial não existiu, e os cientistas, em comparação com os militares e os estadistas, não têm nenhuma menção honrosa. Newton, Faraday, Rutherford e os seus pares são ignorados ou merecem apenas algumas palavras desconexas.»[37]

Churchill não foi o único historiador que negligenciou a ciência. Os académicos oriundos da aristocracia refletem com frequência os preconceitos do seu pequeno grupo social. Os historiadores britânicos denotaram durante anos um ressentimento contra a turbulência social causada pela Revolução Industrial. George Trevelyan, um dos académicos mais influentes do seu tempo – nasceu dois anos depois de Churchill e, tal como ele, era filho de um destacado político britânico –, quase retratou a ciência e a tecnologia como não sendo britânicas, uma perspetiva bizarra para uma nação que poucas décadas antes tinha mostrado o caminho com a Revolução Industrial. «Nos anos médios do século XIX, a mudança industrial começou a criar a vulgaridade massificada que pouco depois submergiu os padrões elevados da cultura literária com o advento do novo jornalismo, a decadência do campo e a mecanização da vida», escreveu ele em *English Social History*. «A educação científica substituiu inevitavelmente o humanismo.»[38]

Segundo o historiador Correlli Barnett, no século XX, como resultado desta atitude das elites, a morosidade na aplicação prática da ciência inovadora tornou-se um problema generalizado na Grã-Bretanha. Ao analisar a produção de carros de combate britânicos durante a Segunda Guerra Mundial, Barnett concluiu que as suas deficiências mecânicas foram, «em grande medida, por culpa de empresas incompetentes na conceção, no desenvolvimento e no fabrico», e os carros de combate foram vítimas de «um desenvolvimento excessivamente apressado, deficiente e fragmentado, em vez de passarem por um processo rigoroso de conceção e testagem, exatamente a mesma situação desastrosa que afetou os novos modelos de automóveis britânicos depois da guerra»[39]. Segundo Barnett, este foi um dos motivos pelos quais os Estados Unidos fabricaram mais carros de combate para a Grã-Bretanha entre 1939 e 1944 do que a própria Grã-Bretanha. Esta tendência calamitosa repetiu-se com outros equipamentos – camiões, radares, rádios – e em praticamente todas as áreas tecnológicas, com a exceção da propulsão a jato, onde os britânicos continuaram a dar cartas. Mas mesmo neste domínio, os britânicos, para construírem motores a jato, tiveram de recorrer à América para o fabrico de pás de turbinas e rotores que não se avariassem sob pressão.

A contestação de alguns académicos aos argumentos de Barnett é pouco convincente. Por exemplo, o historiador David Edgerton criticou Barnett num ensaio escrito em 1991[40], mas não desmontou o seu argumento básico: o declínio britânico nas indústrias aeroespacial, automóvel e das tecnologias da informação, que se tornou indiscutivelmente evidente nos anos 50, começou a manifestar-se uma década antes, durante a guerra.

Os ganhos americanos não foram apenas tecnológicos; também foram humanos. A eficácia de combate do soldado americano aumentou muito mais do que a do britânico. Bernard Lewis, futuro historiador proeminente do Médio Oriente que foi oficial de informações do exército britânico durante a guerra, disse que tinha duas impressões dominantes acerca dos militares americanos. A primeira era que se negavam arrogantemente a estudar a experiência de combate britânica e insistiam em cometer os seus próprios erros. A segunda – e mais significativa – «era a rapidez com que reconheciam os erros e concebiam e aplicavam medidas corretivas. Nós não fazíamos nada disto»[41]. Segundo Raymond Lee, o adido militar americano, um dos motivos para julgar que não havia grande coisa a aprender com os britânicos foi o sentimento pretensioso dos americanos, a partir de 1942, de que «os britânicos ainda não tiveram êxito na guerra; porque nos hão de dar conselhos?» Quanto às capacidades técnicas dos britânicos, Lee foi desdenhoso: «Os britânicos não são mesmo uma raça com inclinações mecânicas e usam toda e qualquer desculpa para não terem de lidar com coisas novas. Isto é obviamente verdade não só em relação aos carros de combate e aos aviões, mas também a todos os demais instrumentos que nós lhes fornecemos.»[42]

Os generais britânicos viram-se obrigados a prestar mais atenção aos americanos nos meses pós-Dia D: não dispunham de reservas, mas os americanos estavam a alinhar forças de combate que chegaram ao triplo das britânicas[43]. Os americanos começaram a exigir mais voz e de vez em quando tomavam decisões sem consultarem os britânicos.

CHURCHILL «DRAGONADO»

Em 1944, com o fim da guerra a aproximar-se, Orwell, como sempre, analisou a sua produção jornalística durante o conflito. «A primeira coisa que tenho de admitir é que pelo menos até ao fim de 1942 me enganei redondamente na minha análise da situação», escreveu ele. «Sublinhei demasiado o caráter antifascista da guerra, exagerei as mudanças sociais em curso e menosprezei o poderio enorme das forças da reação.»[44] Orwell não sabia obviamente que sete meses depois um governo trabalhista tomaria posse e começaria a implementar algumas das grandes mudanças sociais que ele preconizava.

Churchill já não era capaz deste tipo de flexibilidade intelectual, em parte por estar exausto, mas também por se sentir encurralado pelos americanos. No fim do verão de 1944, enquanto os exércitos aliados avançavam sobre a Alemanha, os «ianques» começaram a adotar ocasionalmente uma nova atitude: tomavam educadamente nota dos conselhos dos britânicos e depois ignoravam-nos. «Até julho de 1944, a Inglaterra teve uma palavra considerável a dizer», observou Churchill uma década mais tarde. «Depois dessa altura, tive a consciência de que quem tomava as grandes decisões era a América.»[45]

Churchill apreendeu isto da forma mais difícil, no verão, quando os americanos ignoraram várias vezes a sua oposição resoluta à Operação

Dragoon, o plano para invadir o sul de França e avançar para nordeste para efetuar a junção com os exércitos desembarcados na Normandia. Na fase inicial da guerra, Churchill teve razão ao defender as operações indiretas, dado que o motivo mais importante para atacar a periferia nazi fora dar aos russos razões para se manterem na guerra. Todavia, em meados de 1944, os Aliados eram suficientemente fortes para atacarem o coração da Europa. Já não era uma altura para operações periféricas.

Churchill tendia a discutir os pormenores porque geralmente sustentavam as suas opiniões estratégicas, mas agora os pormenores estavam contra ele e ele não sabia aparentemente o que fazer.

Churchill introduziu o assunto nas suas memórias dizendo que a questão da operação no sul de França «ocasionou a primeira divergência importante sobre grande estratégia entre nós e os nossos amigos americanos»[46]. Churchill não gostou do plano, em parte, porque dependia de retirar tropas aliadas do norte de Itália. É um motivo ilógico porque a frente italiana estava num impasse. Mesmo que as linhas alemãs fossem rompidas, os Aliados, ao avançarem para norte, teriam pela frente tropas alemãs formidavelmente entrincheiradas nos desfiladeiros dos Alpes. Aliás, Estaline referiu isto oito meses antes, na Conferência de Teerão, quando praticamente a primeira declaração que fez foi uma recomendação veemente contra o plano italiano. Na perspetiva soviética, disse ele, a Itália não era «um lugar adequado para tentar atacar a Alemanha propriamente dita; os Alpes constituíam uma barreira quase insuperável»[47]. Mas talvez Estaline também não estivesse interessado no avanço de tropas aliadas para partes da Europa Oriental que ele cobiçava e que pouco tempo depois ocupou e subjugou.

Churchill lançou-se numa campanha longa e difícil contra a operação no sul de França, escrevendo a Roosevelt e aos conselheiros do presidente. «Não há dúvida nenhuma», disse ele, «que uma subida do vale do Ródano iniciada em finais de agosto poderá ser facilmente bloqueada e travada»[48]. Semanas depois, enviou novamente um telegrama a Roosevelt: «Peço-lhe encarecidamente que cancele a operação.» E também insistiu junto de Eisenhower, profetizando que a Operação *Dragoon* seria um fiasco semelhante ao desembarque em Anzio, onde as forças aliadas tinham ficado atoladas durante meses na costa italiana em 1944. O ajudante de campo de Eisenhower escreveu no seu diário: «O Ike disse não, disse não durante a tarde inteira e acabou por dizer não em todas as formas da língua inglesa que domina.»[49] Churchill acusou os americanos de terem uma atitude «mandona» e ameaçou demitir-se por causa da Operação *Dragoon*.

Churchill nunca admitiu que a operação foi um êxito. Tinha sido concebida como ataque de flanco importante para complicar a situação militar dos alemães em França e em Itália. Na realidade, aquando dos desembarques, em meados de agosto de 1944, os americanos encontraram pouca resistência precisamente porque os alemães estavam ocupados noutras paragens. Passado um mês, os americanos perseguiram as forças alemãs que retiraram da Riviera francesa quase até à interseção das fronteiras da França, da Suíça e da Alemanha, e depois efetuaram a junção com o exército de Patton. Churchill, tal como Montgomery, talvez ainda não tivesse percebido a rapidez com que o exército mecanizado americano conseguia avançar.

Churchill, que na fase inicial da guerra tinha mostrado uma personalidade flexível, tornou-se petulante e quezilento. Depois do desembarque no sul de França, insistiu erroneamente: «Até agora, teve o efeito contrário do desejado por quem o concebeu.»[50]

Anos mais tarde, quando escreveu as suas memórias, Churchill negou-se a aceitar os factos, e até disse que mesmo que o desembarque no sul de França tivesse aberto portos como Marselha, «teria sido demasiado tarde para contribuírem. Foi efetivamente o que aconteceu; aliás, em 1944, era o que parecia ser mais provável»[51].

Na realidade, como referem Williamson Murray e Allan Millett na sua história magistral da Segunda Guerra Mundial, «Os americanos tinham razão»[52]. Segundo estes autores, a conquista dos portos de Marselha e Toulon «revelou-se uma dádiva celestial para o aprovisionamento das forças americanas em combate na fronteira alemã no outono e no inverno de 1944-1945, dado que os Aliados só puderam começar a utilizar o porto de Antuérpia em dezembro.» As instalações portuárias de Marselha estavam relativamente intactas, bem como a rede ferroviária que conduzia ao porto, que não tinha sido saturada com bombardeamentos aéreos durante os preparativos para o Dia D, ao contrário dos caminhos-de-ferro do norte de França. Em 1944-1945, cerca de 25% dos mantimentos dos Aliados na Europa Ocidental foram desembarcados no sul de França e depois enviados rapidamente de comboio para a frente de combate.[53] Em dezembro de 1944, os Aliados canalizavam 501 000 toneladas de mantimentos por mês através de Marselha e dos portos vizinhos, o dobro da tonelagem movimentada pelos portos do norte de França.[54] Churchill era fraco nos cálculos logísticos, e talvez esta tenho sido uma das razões pelas quais Antuérpia foi deixada tanto tempo na posse dos alemães.

E é possível que a teimosia de Churchill em relação à Operação *Dragoon* tenha tido um custo de oportunidade. No verão de 1944, a sua mente brilhante poderia ter-se debruçado sobre o mundo pós-guerra. Por exemplo, haveria mais alguma coisa a fazer para contrariar a provável conquista russa da Europa de Leste? Em particular, poderia fazer-se alguma coisa para ajudar os polacos? Eram perguntas dignas das suas capacidades, mas talvez fossem tão esmagadoras ou tão intratáveis que ele preferiu centrar a sua energia na questão secundária do desembarque no sul de França.

À medida que os contornos do mundo pós-guerra foram adquirindo nitidez, Churchill tornou-se mais taciturno e caiu num dos seus estados de espírito sombrios ao qual chamava o «Cão Negro».[55] Em agosto de 1944, durante um almoço, Churchill disse à sua velha amiga Violet Bonham Carter que tinha concluído que «temos pela frente um mundo terrível». À noite, ela escreveu no seu diário: «O W. deu-me a impressão de estar muito cansado... Principalmente, não senti a exultação da vitória iminente de que estava à espera.»[56]

Semanas depois, Churchill disse sombriamente ao seu médico pessoal: «Não acredito neste admirável mundo novo.»[57]

O homem que tinha por hábito embrenhar-se profundamente nos pormenores da guerra parecia agora enfastiado com eles. Uma vez, durante a cimeira no Quebeque, em setembro de 1944, quando Churchill estava a tomar banho, um dos seus ajudantes procurou informá-lo sobre os planos para as zonas de ocupação da Alemanha e ficou admirado ao ver o primeiro-ministro deixar-se escorregar para debaixo de água, tornando-se «surdo a certas passagens»[58].

Em muitas ocasiões, os britânicos reagiram ao seu eclipse amuando. No outono de 1944, o general Brooke teve a atitude infeliz de dizer que o esforço de guerra aliado estava a ser prejudicado por «dois fatores principais... a) A estratégia americana e b) A organização americana»[59].

Além de ser um comentário impertinente, foi uma análise errada da realidade do campo de batalha. E a recomendação de Brooke para resolver estes supostos problemas foi: «temos de tirar o controlo das mãos de Eisenhower»[60]. O mero convencimento de que semelhante coisa seria possível é uma indicação de que Brooke não compreendia o equilíbrio do poder entre os dois países. E outro sinal de que Brooke não percebia os americanos é a nota sobre Eisenhower que ele escreveu na altura para si próprio. Segundo ele, o sucesso da invasão aliada da Alemanha «dependerá muito da forma como o Monty conseguir tratar dele»[61]. Brooke parece ter desconhecido completamente que Eisenhower detestava Montgomery, desconfiava dos seus juízos militares, era crítico da sua incapacidade de abrir o essencial porto belga de Antuérpia e achava que ele não compreendia a forma como os americanos estavam a operar, e pouco tempo depois contemplou seriamente afastá-lo do comando – uma medida para a qual Eisenhower tinha autoridade. No fim, foi Ike quem tratou de Monty e não o contrário.

Esta acidez não foi rara nos meses pós-Dia D. Em outubro de 1944, o tenente-general *Sir* Henry Pownall, um dos comandantes britânicos na Ásia, escreveu no seu diário que os Estados Unidos eram «uma nação muito crua, imatura e inculta, sem código de boas maneiras»[62]. É interessante notar que Pownall ajudou Churchill a escrever os seis volumes das suas memórias de guerra, mas não parece ter tido muita influência sobre o que o texto diz acerca das relações anglo-americanas.

No princípio de 1945, Brooke, o principal conselheiro militar de Churchill, achou-o «com um ar bastante envelhecido, muito divagante nos seus pensamentos e lacrimejante»[63]. De facto, Churchill estava física e mentalmente esgotado.

A velha ordem estava a chegar ao fim. Em fevereiro, Churchill esteve com Roosevelt pela última vez, a bordo do USS *Quincy*, no porto de Alexandria, no Egito, depois da cimeira de Ialta. «Senti que ele já não tinha muito contacto com a vida»,[64] escreveu Churchill. Roosevelt morreu dois meses depois.

De forma inexplicável, Churchill, que durante a guerra tinha viajado tanto e tão facilmente, decidiu não estar presente no funeral de Roosevelt e desculpou-se com assuntos oficiais urgentes. Tendo em conta as suas muitas viagens durante a guerra, esta desculpa não é minimamente credível. Talvez Churchill tenha pensado que depois de cinco anos a fazer vénias aos americanos era altura de serem eles a viajar. «Penso que seria bom que o presidente Truman viesse cá»,[65] escreveu ele quando explicou ao rei a sua decisão de não ir ao funeral de Roosevelt. Mas depois, apesar de ter alegado assuntos oficiais urgentes, foi passar um fim-de-semana ao campo e dançou uma valsa com a filha tão intensamente que ficou tonto, disse «*Stop*» e cambaleou até uma cadeira[66]. Um deputado que esteve com Churchill na altura disse que ele parecia «notavelmente indiferente»[67] à morte de Roosevelt.

Charles Wilson, o médico pessoal de Churchill, desconfiou de que o primeiro-ministro se sentiu sempre um pouco entediado com Roosevelt. «A mentalidade de Roosevelt – falo na sua preocupação com os problemas sociais e com os direitos do homem comum – não dizia nada a Churchill. A única coisa que tinham em comum era a guerra.»[68] Na perspetiva de Wilson, Churchill ficou mais intrigado com Estaline, «um tipo de pessoa que o Winston nunca tinha encontrado; interessou-o, apesar da sua indelicadeza intencional e do seu discurso abrutalhado… O fulano capturou a imaginação dele». Em 1947, Churchill disse a Wilson que Roosevelt era «um homem sem ideias nenhumas»[69].

Roy Jenkins, na sua biografia de Churchill, chegou a uma conclusão semelhante. «É mais provável que o elo emocional entre Churchill e Roosevelt nunca tenha sido tão forte como se costumava pensar», observa ele. «Foi mais uma parceria de circunstância e conveniência do que uma amizade entre indivíduos.»[70]

Talvez esta avaliação não dê o devido valor à amizade entre ambos. Não foi uma amizade habitual e não deve ser julgada nestes termos. Foi uma ligação surpreendentemente estreita entre dois líderes mundiais durante anos de crise. Devem ter reconhecido algo de semelhante um no outro. O que acontece quando dois campeões do monólogo se encontram? Segundo Robert Sherwood, biógrafo de Harry Hopkins, «Churchill foi uma das poucas pessoas que Roosevelt se dignou a ouvir, e vice-versa.»[71]

Algumas pessoas do círculo de Churchill chegaram à conclusão de que o primeiro-ministro subestimou o presidente e deixou-o trocar-lhe as voltas. Na perspetiva de *Sir* Desmond Morton, conselheiro de Churchill durante muito tempo, os antecedentes meio americanos de Churchill poderão «não o ter deixado ver o objetivo de Roosevelt de derrubar o Império Britânico – e que ele alcançou»[72].

Esta visão não é histórica. Antes de Roosevelt aparecer em cena, já o Império Britânico estava em declínio há muitas décadas. A Grã-Bretanha perdeu a sua predominância industrial no fim do século XIX, a Primeira Guerra Mundial deixou-a com poucos recursos humanos e a Segunda levou-lhe o pouco dinheiro que lhe restava.

Além do mais, as indústrias britânicas estavam a estrangular-se a si próprias. Geridas por famílias mais interessadas em obter dividendos do que em investir em maquinaria e noutros equipamentos, «As empresas britânicas não conseguiram adotar tecnologias modernas nem melhores práticas»,[73] conclui o historiador empresarial Alfred D. Chandler Jr. Por conseguinte, em geral, a brilhante investigação universitária britânica não chegou às fábricas. A Grã-Bretanha liderou a primeira Revolução Industrial do carvão e da energia a vapor, mas ficou a ver passar a «Segunda Revolução Industrial» de finais do século XIX e do início do século XX, assente no petróleo, nos químicos, nos metais, na eletricidade, na eletrónica e na maquinaria ligeira, tais como os automóveis. Em finais da década de 40, não tinha um império nem uma economia capazes de competirem com as outras grandes potências. Segundo Correlli Barnett, quando a Segunda Guerra Mundial acabou, os britânicos «já tinham escrito o guião da queda da Grã-Bretanha para quinto lugar no mundo livre como potência industrial, com uma produção fabril de apenas 2/5 da Alemanha Ocidental»[74]. É interessante referir que Barnett foi curador dos Churchill Archives da Universidade de Cambridge entre 1977 e 1995.

A única coisa que estimulou Churchill na fase final da guerra foi visitar a frente de combate. Em março de 1945, plantou-se todo excitado numa ponte sobre o Reno, na Alemanha. O general William Simpson, um texano discreto que é injustamente esquecido entre os comandantes americanos, ficou alarmado. «Senhor primeiro-ministro, há atiradores especiais à sua frente, o inimigo está a bombardear os dois lados da ponte, e agora começou a bombardear a estrada atrás de si. Não posso aceitar a responsabilidade da sua presença aqui e tenho de lhe pedir que se vá embora.»[75] Churchill reagiu com petulância: agarrou-se a uma trave partida da ponte e olhou furiosamente para Simpson. Mas depois da birra, cedeu e deixou calmamente o local. Este tipo de episódio indica que

Churchill foi, como disse Violet Bonham Carter, uma «eterna criança»[76]. Mas podemos perguntar-nos se Churchill reconheceu que não lhe restava muito mais para fazer na terra e pensou que ser morto na frente de combate, perto do fim da guerra, era uma bela forma de sair do palco mundial.

CHURCHILL TROPEÇA NO FIM DA GUERRA

Até que ponto é que Churchill declinou? Quando teve de ser tirado da ponte, já tinha declinado muito. Esta realidade foi confirmada pelo seu último grande discurso sobre a guerra na Europa, proferido a 13 de maio de 1945. Churchill foi péssimo. Há exatamente cinco anos, tinha proferido o seu magnífico discurso do «sangue, trabalho, lágrimas e suor», mas já não era capaz de se elevar aos mesmos píncaros oratórios.

No discurso que proferiu em maio de 1945, Churchill começou por dizer: «Depois da ocorrência de vários episódios, tornou-se claro, na semana passada, que até agora as coisas têm corrido bastante bem.» Parecia quase distraído.

E depois, num momento que era absolutamente histórico, saiu-se com um remoque desnecessário ao presidente do governo irlandês, Éamon de Valera, por causa da neutralidade da Irlanda durante a guerra. «Com uma contenção e um equilíbrio que, segundo creio, terá poucos paralelos na história, o Governo de Sua Majestade nunca foi violento com eles [os irlandeses], embora às vezes isso pudesse ter sido bastante fácil e bastante natural, e deixássemos o governo de Valera a divertir-se à-vontade com os alemães e, mais tarde, com os representantes japoneses.»[77]

Durante a guerra, um dos pontos fortes de Churchill fora estar moral e emocionalmente à altura das ocasiões, mas naquele momento histórico ele falhou por completo. O seu aparte ressabiado contra um pequeno vizinho neutral que fora violentamente oprimido pela Inglaterra não era coisa para o discurso de um grande líder inglês a celebrar uma vitória na Europa que iria determinar o futuro do mundo. As suas palavras incoerentes sugerem que ele improvisou. Aliás, em privado, Churchill até poderia ter tido razões para agradecer a de Valera. No princípio da guerra, os britânicos quiseram basear aviões e navios de combate antisubmarino na Irlanda. Segundo alguns historiadores, se o governo irlandês tivesse sido mais inteligente, talvez tivesse conseguido persuadir Churchill a dar à Irlanda o controlo da Irlanda do Norte em troca das bases e da entrada da Irlanda na guerra ao lado da Grã-Bretanha. Talvez Churchill estivesse irritado porque duas semanas antes, de Valera, no respeito pela cortesia diplomática, tinha transmitido as condolências do governo irlandês à Alemanha pela morte de Hitler.

Ao concluir o seu estranho discurso com um olhar para o futuro, Churchill recuperou algum equilíbrio. Numa passagem que soa um pouco a George Orwell, avisou: «No continente europeu, ainda temos de garantir que os objetivos simples e honrosos pelos quais entrámos na guerra não são descartados nem ignorados nos meses seguintes à nossa vitória, e que as palavras "liberdade", "democracia" e "libertação" não são distorcidas do seu verdadeiro significado tal como as compreendemos.»[78] Churchill regressou em breve a este tema nos discursos que proferiu em Londres e no Missouri, com o seu aviso de uma «cortina de ferro» a dividir a Europa, atrás da qual as pessoas tinham de recear «a polícia a bater-lhes à porta»[79].

A divagação sobre a Irlanda mostrou também que a atitude de Churchill estava a mudar com o fim da guerra no horizonte. Churchill pareceu sentir que podia dar novamente rédea solta aos seus instintos divisivos. No mês seguinte, ao alertar para os perigos de o Partido Trabalhista chegar ao poder, usou uma retórica mais extravagante: «Um governo socialista à frente da vida e do trabalho do país nunca poderá permitir expressões livres, incisivas ou contundentes de descontentamento público. Terá de recorrer a uma espécie de Gestapo.»[80] Foi uma forma inesperada e disparatada de falar dos líderes trabalhistas com os quais ele tinha passado a guerra num governo de coligação e que, aliás, o tinham ajudado a tornar-se primeiro-ministro em 1940 ao negarem-se a apoiar Neville Chamberlain. Os líderes trabalhistas trataram-no melhor do que muitos conservadores. Nas eleições, escreveu Muggeridge, Churchill «descartou o seu papel de líder nacional, que tão merecidamente tinha ganho, em benefício do de líder partidário, para o qual era inadequado e que lhe ficou mal»[81].

Mas mesmo assim, Orwell pensou que Churchill ia ganhar as eleições. «Previ sempre que os conservadores vão ganhar por uma pequena diferença», escreveu ele, poucas semanas antes do escrutínio, «e mantenho o que disse, embora não com tanta convicção como antes porque a maré está manifestamente a correr muito forte na direção oposta. Até é concebível que os trabalhistas vençam as eleições contra a vontade dos seus líderes»[82].

AS LÁGRIMAS DE WINSTON CHURCHILL

Para Churchill, a guerra terminou tal como tinha começado: com lágrimas. Em maio de 1945, com Hitler morto e a Alemanha vencida, Churchill apertou a mão aos membros do seu Gabinete de Guerra. «Agradeceu-nos muito simpaticamente e com lágrimas nos olhos por tudo o que tínhamos feito durante a guerra, pelo trabalho incessante com que tínhamos contribuído "desde El Alamein até onde estamos agora"», escreveu Brooke.

Em maio de 1940, Churchill ofereceu apenas sangue, trabalho, lágrimas e suor, e não há dúvida de que ele próprio deu tudo – menos sangue. Talvez nenhum líder moderno tenha chorado com tanta frequência em público como Churchill enquanto foi primeiro-ministro. Este facto é especialmente notável porque ocorreu, como observa Simon Schama, no âmbito de «uma cultura que considerava essas manifestações emotivas como de péssimo mau gosto»[83]. Churchill chorou com frequência, não apenas durante cerimónias ou momentos de sofrimento pessoal, mas também durante conversas e em alocuções públicas. Terá sido um elemento essencial do seu estilo de liderança, muitíssimo nada britânico e de sobremaneira espantoso num líder britânico. Mas também refletiu a sua estranha falta de separação das esferas pública e privada.

Uma vez, depois de regressar à Grã-Bretanha da convalescença de uma pneumonia em Marrocos, Churchill, mal se sentou no seu lugar na sua querida Câmara dos Comuns, «duas grandes lágrimas começaram a escorrer-lhe pelas bochechas»[84]. Churchill até chorava quando ditava um discurso. «Andava alguns minutos de um lado para o outro a experimentar as frases», recordou um dos seus secretários. «Às vezes, ficava com a voz embargada pela emoção e corria-lhe uma lágrima pela bochecha»[85]. Uma vez, ao explicar ao general Brooke quão difícil e exigente era ser primeiro-ministro em tempo de guerra, Churchill começou a chorar. Brooke disse: «As lágrimas escorriam-lhe pela cara.»[86]

A tendência de Churchill para chorar em público foi, quiçá, um sinal da pressão a que estava sujeito. Mas mesmo assim, não foi uma fraqueza política, foi uma força. O povo de Inglaterra sofreu muito durante a guerra. Cerca de 67 000 civis foram vitimados por bombas e mísseis e pelos incêndios e desmoronamentos consequentes, numa genuína «frente interna»[87]. Ao olharem para Churchill, os britânicos viram que o seu líder tinha sentimentos, um aspeto que não era um dado adquirido numa nação em que existia uma distância e uma desconfiança enormes entre as classes.

Dito isto, é possível que Churchill tenha derramado muitas lágrimas principalmente para si próprio ou para promover os seus propósitos. Churchill compreendeu que se não se emocionasse, os que o rodeavam também não se emocionariam. «O orador é a corporização das paixões da multidão», afirmou ele num dos seus primeiros ensaios publicados, «The Scaffolding of Rhetoric», escrito em 1897. «Para provocar as lágrimas de quem o ouve, as suas têm de correr primeiro. Para convencer quem o ouve, ele próprio tem de acreditar.»[88]

Mas que significado tiveram todas aquelas lágrimas? *Sir* Desmond Morris, que foi próximo de Churchill durante a guerra mas que depois se tornou um dos seus críticos mais duros, chegou à conclusão de que Churchill gostava muito mais do poder do que das pessoas, e que na realidade era praticamente falho de empatia. «O Winston nunca fez ideia nenhuma do trabalho que os outros desenvolveram em seu nome», escreveu ele. «O Winston nunca conseguiu entrar na mente de ninguém.»[89] Outro ex-aliado e assistente, Robert Boothby, chegou a uma conclusão semelhante, e escreveu: «O primeiro e mais significativo dos seus mandamentos foi sempre "Não haverá para ti outros deuses".» Mas Boothby acrescentou que não era um traço inteiramente mau. «Nenhum homem sem um elemento de implacabilidade no caráter teria conseguido fazer frente a Hitler.»[90]

E para aprofundar o paradoxo, o egoísmo essencial de Churchill poderá ter sido um defeito necessário para um líder em tempo de guerra. Um homem mais empático talvez tivesse sido esmagado pelas emoções e pressões de travar uma guerra global ano após ano.

DUAS VISÕES DA MORTE EM POTSDAM

Em julho de 1945, Churchill partiu de Londres para a última cimeira da guerra, em Potsdam, na Alemanha. Durante a conferência, os americanos informaram os britânicos de que tinham testado com êxito a bomba atómica. Churchill ficou impressionado e começou a meditar em voz alta a forma como a nova arma poderia alterar o fim da guerra e até contribuir para conter os russos. Brooke, como era habitual, disse que era mais um «exagero americano»[91]. Brooke expressou no seu diário o receio de que Churchill se deixasse levar pelas implicações da nova era nuclear. «Arrepio-me só de pensar que ele deixe que os resultados insuficientes de uma experiência lhe distorçam a sua perspetiva diplomática!» Foi a visão de um homem convencional incapaz de discernir o significado a longo prazo de mudanças súbitas. O talento de Churchill era precisamente o contrário.

No dia da explosão nuclear, 16 de julho, Churchill deslocou-se a Berlim para ver o *bunker* de Hitler, incluindo a sala na qual o *Führer* tinha morrido.[92] Oito dias depois, sonhou que estava morto, numa morgue e disse ao seu médico: «Eu vi-o – foi muito real –, vi o meu cadáver coberto por um lençol branco em cima de uma mesa numa sala vazia. Reconheci os meus pés a saírem do lençol.»[93]

Foi um sonho premonitório correto. No dia seguinte, Churchill morreu politicamente: o Partido Conservador sofreu uma derrota eleitoral estrondosa. Para Churchill, ser corrido do cargo antes do fim da Segunda Guerra Mundial no Pacífico foi uma rejeição espantosa. «Churchill representava o Império Britânico, a independência britânica e uma visão "anti-socialista" da Grã-Bretanha», conclui o historiador John Charmley. «Mas em julho de 1945, o primeiro estava em declínio, a segunda dependia exclusivamente da América e a terceira desapareceu com a vitória leitoral trabalhista.»[94]

E assim, pela primeira vez em seis anos, Churchill teve de procurar casa em Londres. Foi uma reviravolta devastadora para alguém que tinha conduzido a sua nação a uma grande vitória: a Grã-Bretanha não tinha sido conquistada e ainda era uma democracia. Foi uma dupla vitória memorável. Segundo o historiador Williamson Murray: «Sob a tutela de Churchill, a Grã-Bretanha sobreviveu com os seus valores praticamente intactos. Tendo em conta a sua situação em junho de 1940, foi um feito monumental.»[95]

CAPÍTULO 13
A VINGANÇA DE CHURCHILL

* * *

AS MEMÓRIAS DE GUERRA

Ferido e furioso com as eleições de 1945, Churchill, tal como Orwell, retirou-se para o campo. Mas não foi para as Hébridas. Enfiou-se na sua casa nas colinas suaves e verdes a sul de Londres para escrever o seu relato da guerra.[1] Nos oito anos seguintes, Churchill e a sua equipa de investigadores e escritores produziram uma barragem de 1,9 milhões de palavras impressas em 4823 páginas em seis volumes. Churchill arrogou-se o lugar central no maior conflito bélico da história mundial e, ao contrário de muitos outros memorialistas políticos, deu rédea livre às suas potentes emoções, uma razão pela qual os livros são bons de ler e continuam a ser lidos.

Isto não quer dizer que as memórias sejam totalmente exatas. De facto, já se escreveram livros que esmiúçam os seus erros, exageros e omissões. No entanto, as memórias de Churchill são cativantes por vários motivos. Primeiro de tudo, são o único relato da Segunda Guerra Mundial escrito por um dos grandes líderes da época[2]. Churchill assume uma atitude reminiscente de um antigo rei grego a relatar o seu papel central numa guerra homérica. «Fiquei bastante satisfeito com as principais decisões que o Almirantado tinha tomado»,[3] recorda ele a dada altura, evitando um ato de lesa-majestade só porque usa a primeira pessoa do singular. Mas houve alturas, durante a guerra, em que Churchill empregou um tom régio, por exemplo, quando escreveu à Royal Navy por causa das perdas causadas pelos submarinos alemães: «Estou muito perturbado com estes factos.»[4] A sua prosa até adquire ocasionalmente uma toada homérica, como quando ele conta que o general Bedell Smith, chefe de estado-maior de Eisenhower, chegou «lesto como uma ave do quartel-general de Eisenhower»[5].

Mas existe uma grande tensão entre os acontecimentos da guerra e o relato de Churchill. Churchill teve um desempenho triunfante e foi vitorioso, mas quando se sentou para escrever as suas memórias foi com a certeza crescente de que a Grã-Bretanha já não era um império e que talvez nem fosse uma grande potência. Estava exausta, era relativamente pobre e estava a perder na competição económica. A sua melhor esperança residia na atitude intragável de assumir uma posição secundária em relação aos provincianos, aos políticos desajeitados e aos generais arrogantes dos Estados Unidos, um país de novos-ricos, e tentar orientá-los para o caminho da sabedoria.

VOLUME I: *THE GATHERING STORM*

Os historiadores podem – e devem – contestar a exatidão das memórias de Churchill. Por exemplo, é importante saber que Churchill não se lembrava de ter conhecido Franklin Roosevelt num jantar em Londres, em 1918, mas diz em *The Gathering Storm* a propósito desse encontro: «Fiquei impressionado com a sua presença magnífica.»[6] (Roosevelt tinha uma recordação completamente diferente, e uma vez, para dar graxa a Joe Kennedy, disse-lhe: «antipatizei com ele [Churchill] desde que fui a Inglaterra, em 1918. Foi um nojento durante o jantar, sempre a armar-se em mandão.»[7])

As memórias de Churchill poderão não ser história tradicional, mas são de uma leitura memorável. Nos primeiros volumes, em especial, a voz muito própria de Churchill penetra no nevoeiro da guerra. Ele consegue comprimir uma imagem numa pequena frase, como quando se refere às «asas escamosas»[8] da derrota que bateram sobre a Alemanha no período entre as guerras. Churchill escreve com um enorme sentido do ritmo, por vezes ao ponto de a prosa ter o tom tranquilizante de um adulto a ler a uma criança. «O Reno, o largo, profundo e rápido Reno, fortificado e defendido pelo Exército Francês, seria uma barreira e um escudo por detrás dos quais a França poderia viver e respirar durante gerações. Mas o sentimento e a opinião do mundo anglófono eram muito diferentes.»[9] Os seus erros estilísticos são erros de excesso. Churchill escreve floridamente que nos anos 30 os britânicos se contentaram com «platitudes pias e futilidades enquanto os inimigos forjavam armas»[10]. Churchill nunca usa uma palavra onde duas oferecem uma aliteração melíflua; por exemplo, escreve que o período anterior à guerra ofereceu «um retrato da fatuidade e futilidade britânicas»[11].

Contudo, em geral, a escrita de Churchill é segura e sólida, em especial, no primeiro volume, que é também o mais pessoal. A ascensão de Hitler é ajudada pela «figura truculenta e transitória do magnata [Alfred] Hugenberg»[12]. A Alemanha dos anos 30 é «liderada por um punhado de foras-da-lei vitoriosos»[13].

Churchill não se apressa a desenrolar a sua saga. Onde um historiador convencional poderia dizer simplesmente que a indústria alemã entrou em pé de guerra em 1936, Churchill pinta um quadro: «As fábricas de munições alemãs estavam a trabalhar a toda a pressão. As rodas giravam e os martelos batiam noite e dia, transformando a indústria alemã num arsenal e fundindo a população numa máquina de guerra disciplinada.»[14]

Churchill delineia bem as figuras principais. O primeiro-ministro Neville Chamberlain «era aplicado, profissional, teimoso e autoconfiante a um nível muito elevado... O seu desejo supremo era ficar na história como o Grande Pacificador, e para atingir este desiderato lutou continuamente contra os factos e colocou-se a si próprio e ao seu país em grande risco»[15]. Hitler, que destruiu esta ambição de Chamberlain, é retratado como «o génio-demónio gerado pelo abismo da pobreza, inflamado pela derrota, devorado pelo ódio e pela vingança, e agitado pelo seu desígnio de tornar a raça alemã senhora da Europa ou mesmo do mundo»[16].

Churchill tem um dom para as descrições, injetando-lhes uma fisicalidade potente. Não se limita a escrever que pela primeira vez desde a época de Guilherme, *o Conquistador*, a Inglaterra se viu ameaçada de invasão. Escreve: «Tinham passado quase mil anos desde que a Grã-Bretanha contemplara as fogueiras de um acampamento estrangeiro em solo inglês.»[17]

Churchill retrata os homens das minas e armadilhas – que se metiam em buracos para desencadearem as bombas alemãs que não tinham detonado – com rostos diferentes daqueles que tinham demais homens. «Estavam emaciados, esgazeados, com um tom azulado nos rostos, com os olhos cintilantes e os lábios fortemente cerrados... Quando escrevemos sobre os nossos tempos difíceis, tendemos a usar demasiado a palavra "severo".» Devia ser reservada para as equipas das minas e armadilhas.»[18]

Enquanto escritor, Churchill também teve uma vantagem que poucos historiadores podem almejar. Sentiu e viveu os acontecimentos, e isso permite-lhe colocar o leitor na ação. É o caso, por exemplo, do relato do seu almoço com von Ribbentrop, o embaixador alemão em Londres, em 1937 (que referimos no capítulo 4). Churchill conclui a sua evocação do homem referindo que voltou a almoçar com o diplomata. E observa ele secamente: «foi a última vez que estive com o Sr. von Ribbentrop antes de ele ser enforcado.»[19]

E também ao contrário dos historiadores, Churchill escreve frequentemente com emoção, em especial, nos dois primeiros volumes, que são os melhores. A participação da Polónia no desmembramento da Checoslováquia pelos nazis, em 1939 – uma atitude vergonhosa hoje praticamente esquecida –, é um comportamento de «hiena»[20].

VOLUME II: *THEIR FINEST HOUR*

Os sete meses de 1940 nos quais Winston Churchill foi primeiro-ministro, de maio até ao fim do ano, foram, como vimos, o clímax da sua vida. Talvez o primeiro volume das memórias esteja mais bem escrito, mas a história narrada no segundo, além de igualmente cativante, é mais intensa. Em 1940, Churchill salvou a Grã-Bretanha. Foi ele quem liderou o combate ao domínio nazi da Europa. A Alemanha estava aliada à Itália e ao Japão e em paz com a Rússia. Churchill escreve neste volume: «Nada ultrapassa 1940.»[21] Deu-lhe o título de *Their Finest Hour,* mas também foi a hora de glória dele.

Churchill nunca o diz explicitamente, mas ficou quase sem fala com o choque da queda da França e particularmente horrorizado com o comportamento dos seus líderes. Mas o pior ainda estava para acontecer. «A Batalha de França estava perdida», escreve ele. «A Batalha de Inglaterra estava ganha. Agora, havia que travar a Batalha do Atlântico.»[22] Numa das expressões mais memoráveis de emoção pessoal das memórias, Churchill diz: «A única coisa que me assustou a sério durante a guerra foi a ameaça dos submarinos»[23] – o receio de que os navios que cruzavam o Atlântico fossem dizimados pelos submarinos alemães, e de que a Grã-Bretanha, privada de alimentos, combustíveis e munições, ficasse de joelhos. Os receios de Churchill atingiram o auge em finais de 1940, quando um comboio oriundo do Canadá perdeu vinte dos seus trinta e quatro navios[24].

VOLUME III: *THE GRAND ALLIANCE* E VOLUME IV: *THE HINGE OF FATE*

Depois dos dois primeiros volumes, a escrita torna-se menos pessoal e mais burocrática. A produção das memórias de guerra foi uma iniciativa de equipa na qual Churchill supervisionou um processo colaborativo. Os seus assistentes reuniram documentos, escreveram os seus ditados e redigiram algumas secções. O resultado foi uma obra da qual Churchill é simultaneamente autor e tema, orientador e editor. Segundo David Reynolds, um historiador de Cambridge que escreveu um livro excelente sobre a produção das memórias de guerra, Churchill «dirigiu um grupo de investigação grande e bem financiado, ao nível dos barões da ciência moderna. Não executou pessoalmente todo o trabalho, mas definiu parâmetros, deu orientações e sustentou o ímpeto»[25].

Devido a este processo, as memórias adquirem gradualmente uma toada quase oficial, de récita obrigatória e de redação por comissão, como por exemplo: «A sul do setor britânico, o XIX Corpo Francês ocupou o *djebel* Fkirine; a norte, o II Corpo Americano, que atacou no dia 23, avançou rapidamente sobre Mateur.»[26] É obviamente de esperar este tipo de coisa numa obra com mais de 4000 páginas.

Por vezes, a equipa de escritores desleixa-se. O capítulo sobre as primeiras vitórias americanas no Pacífico conclui-se com uma saudação à Marinha e à Força Aérea dos EUA[27], mas o contributo da Força Aérea não é mencionado no capítulo. Churchill diz que o seu segundo discurso no Congresso foi a 19 de maio de 1943, mas seis parágrafos depois diz que foi no dia 20 de maio[28].

Algumas das escorregadelas são de esperar. A narrativa dos primeiros cinco anos de guerra possui uma força psicológica que não é sustentável. Em 1940, Churchill está encostado à parede. Luta para manter viva a Grã-Bretanha e pela sua sobrevivência pessoal. Impôs-se aos pessimistas e pôs a máquina de guerra britânica em andamento acelerado. Nos anos finais da guerra, a partir de 1942, basta-lhe manter a máquina a funcionar e tentar orientar os americanos nas direções que ele considera melhores.

Dito isto, alguns erros da fábrica de memórias são crassos. O caso mais grave é o do capítulo 16 do volume IV, que oferece um relato conciso das mais importantes «vitórias navais americanas». É história de qualidade, mas não é verdadeiramente de Churchill. Por conseguinte, o título do capítulo tem um sinal ortográfico peculiar: «Capítulo XIV. As vitórias navais americanas*.» O asterisco não tem que ver com a natureza das vitórias, mas sim com a fonte do relato de Churchill. «O capítulo "As vitórias navais americanas" tem muito pouco de Churchill», observa Reynolds. «Ele reescreveu o início e melhorou algumas frases, mas de resto baseou-se no esboço de Gordon Allen, que, por sua vez, se limitou praticamente a parafrasear o volume IV da história das operações navais americanas na Segunda Guerra Mundial escrita por Samuel Eliot Morton.»[29] Mas isto revelou-se problemático porque a história naval de Morison, apesar de escrita com a cooperação das autoridades, não era uma publicação oficial e estava sujeita a direitos de autor, ao contrário da história da guerra publicada pelo Exército dos EUA.

Morison reparou no «empréstimo» da sua obra[30], porque antes de o capítulo ser publicado sob a forma de livro, alguns excertos saíram no *New York Times*. Ao ler o jornal, em outubro de 1950, Morison ficou atónito ao dar com os seus pensamentos e conclusões publicados sob o nome de Churchill. Por exemplo, Morison escreveu: «A Batalha do Mar de Coral será eternamente memorável por ter sido a primeira batalha entre porta-aviões na qual todas as perdas foram causadas pela aviação e nenhum navio encontrou um navio inimigo.»[31]

No relato de Churchill: «Nunca tinha sido visto nada assim. Foi a primeira batalha naval na qual os navios não dispararam uns contra os outros.»[32]

Morison telefonou ao seu advogado que, por sua vez, contactou a editora americana de Churchill. O resultado da conversa foi um bizarro asterisco no título do capítulo, apressadamente acrescentado como reconhecimento tardio da dívida para com Morison: «Veja-se S. E. Morison, *Coral Sea, Midway, and Submarine Actions*.» Nos agradecimentos, foi acrescentada uma frase na qual Churchill diz: «Reconheço a minha dívida para com o capitão Samuel Eliot Morison, U.S.N.R, cujos livros sobre operações navais oferecem uma apresentação clara das operações da armada dos Estados Unidos.» Esta alusão à obra de outro historiador foi, acrescenta Reynolds, «singular nas memórias de Churchill, mas foi essencial para evitar uma acusação de plágio». Morison foi gracioso e deixou as coisas por ali, sem nunca tornar o assunto público.

No fim do volume III, num último «hurra!», Churchill evoca a sua alocação triunfante a três mil soldados britânicos e americanos no imenso anfiteatro romano de Cartago, perto de Tunes. «Aplaudiram-me e aclamaram-me certamente como os seus antecessores faziam há dois mil anos, quando assistiam aos combates de gladiadores.»[33]

VOLUME V: *CLOSING THE RING* E VOLUME VI: *TRIUMPH AND TRAGEDY*

Nem todos os líderes de guerra são analistas perspicazes das suas guerras. Sabem o que fizeram, mas não sabem necessariamente o porquê dos acontecimentos, nem como as peças se juntaram. Em contraste, Churchill era muito bom a fazer isto e em grande escala. Tinha um fascínio pelo funcionamento da guerra e compreendeu, provavelmente melhor do que qualquer outro líder do século XX, a arte misteriosa de criar o que designa, no volume V, por «uma harmonia geral do esforço de guerra, fazendo com que tudo se encaixe»[34].

Este traço anima o relato que Churchill oferece dos preparativos colossais para o Dia D, o clímax da guerra no ocidente e das suas memórias. É a última vez na obra que ele parece estar realmente embrenhado na narrativa. Contudo, mesmo assim, a intensidade emocional é inferior à do período 1939-1941, refletindo mais uma vez a realidade que, na fase de preparação do Dia D, os americanos já dominavam.

No princípio de 1944, as questões foram estratégicas (como lidar com de Gaulle?), operacionais (como impedir os submarinos alemães de afundarem os comboios de tropas durante a travessia do Canal da Mancha?) e pessoais (deveriam Churchill e o rei assistir à invasão aliada?). No dia do desembarque, Churchill disse na Câmara dos Comuns: «Esta vasta operação é, sem dúvida nenhuma, a mais complicada e difícil alguma vez realizada. Envolve marés, ventos, ondas, visibilidade – do ar e do mar – e o empenhamento combinado de forças terrestres, aéreas e navais com um máximo de cooperação e em condições que não puderam nem podem ser inteiramente previstas.»[35]

Mas depois, a pujança das memórias cai muito. Em meados de 1950, Malcolm Muggeridge, que estava a supervisionar a serialização do quinto volume no *Daily Telegraph*, deslocou-se à casa de campo de Churchill para discutir alguns pequenos problemas de produção. O grande homem estava inquieto. Muggeridge escreveu no seu diário que compreendeu rapidamente o enorme problema subjacente:

> O que aconteceu com as Memórias, e o motivo pelo qual ele está tão preocupado, é que na verdade ele se desinteressou e tem andado a colar massas de documentos que escreveu durante a guerra. Os americanos, que pagaram uma quantia colossal pelos direitos da série e dos livros, já protestaram. Durante uma conversa, veio-se a saber que alguns capítulos nem sequer foram escritos por ele, e eu desconfio de que ele está a fazer muito pouca coisa.[36]

No sexto volume, que cobre o fim da guerra na Europa mas não no Pacífico, existe uma mudança invulgar: Churchill torna-se menos autor e mais tema. Uma grande parte deste volume foi escrita pela equipa que o apoiou durante anos na produção das memórias. Quando estava a ser terminado, Churchill encontrava-se novamente perturbado, cumprindo um segundo e medíocre mandato como primeiro-ministro, iniciado em outubro de 1951. Além disso, sofreu um pequeno ataque cardíaco em fevereiro de 1952, e outro bastante grave em junho de 1953.

O volume VI «ainda é um livro de Churchill», diz Reynolds, o historiador das memórias. «Ele pode não ter escrito a maior parte das palavras, mas estabeleceu decisivamente o tom e decidiu quando – e se – seria publicado.»[37]

Em particular, Churchill precisou de ter mais cuidado nas suas críticas duras à forma como o general Eisenhower tinha lidado com o fim da guerra, porque quando o livro foi publicado, Ike já era presidente dos Estados Unidos. Churchill disse a um dos seus assistentes que se tinha visto obrigado a omitir uma parte do que tinha escrito: «Já não podia contar toda a história de como os Estados Unidos, para agradarem aos russos, tinham aberto mão de vastos territórios que haviam ocupado, e que tinham desconfiado dos seus apelos à cautela.»[38] O resultado não é um mau livro, mas um livro bastante diferente dos cinco volumes anteriores. Baseia-se mais em documentos contemporâneos, com breves comentários para os colar. As missivas oficiais são frequentemente separadas por uma única frase, como por exemplo: «Telegrafei a Estaline no mesmo dia» ou «No mesmo dia, chegou o seguinte.»[39]

Fora a excitação dos preparativos para o Dia D, o tom do livro é crescentemente sombrio. A maior surpresa do último volume das memórias de Churchill é a sua tristeza constante. De forma paradoxal, a vitória foi, para Churchill, «um tempo muito triste»[40]. Churchill viu o futuro e receou-o.

A verdade é que no fim da guerra e no pós-guerra imediato Churchill já não estava em forma. A realidade pura e dura do declínio britânico era cada vez mais difícil de ignorar. A oratória de Churchill neste período escreve Simon Schama, «correu o risco de degenerar num estilo bombástico e oco»[41].

Porém, no conjunto, os seis volumes das memórias são brilhantes. Foram publicados mais ou menos anualmente, entre 1948 e 1953-1954, e o último foi publicado nos Estados Unidos cerca de cinco meses antes da edição britânica, em abril de 1954. Nessa altura, Churchill já tinha conseguido colocar no primeiro plano a sua visão da guerra, e colocar-se a si próprio no centro dessa visão. Não é possível considerar a história da Segunda Guerra Mundial sem ter em conta a narrativa de Churchill.

CAPÍTULO 14

ORWELL: TRIUNFO E DECLÍNIO

* * *

1945-1950

Orwell, tal como Churchill, saiu da guerra parcialmente quebrado. O seu declínio foi mais evidente e mais devastador do que o de Churchill. Orwell foi ficando cada vez mais doente enquanto escrevia o seu último livro, que seria o mais perene.

Além do mais, o socialista tuberculoso tornou-se ainda mais pessimista do que o envelhecido ex-primeiro-ministro. Churchill passou os anos do pós-guerra a olhar para o passado das vitórias, mas Orwell olhou para o futuro com horror.

«Chegou a primavera, mesmo em Londres, e eles não podem impedir-nos de a gozar», escreveu ele, em abril de 1946. «As bombas atómicas acumulam-se nas fábricas, a polícia ronda pelas cidades e as mentiras jorram dos altifalantes, mas a terra continua a girar à volta do sol e nem os ditadores, nem os burocratas, por muito que sejam contra este processo, são capazes de o impedir.»[1] Orwell gostava do aspeto «não oficial» da natureza.

Orwell começou a pensar no seu último livro perto do fim da Segunda Guerra Mundial. Em 1946, quando começou a escrevê-lo, Londres era, escreveu o seu amigo Tosco Fyvel, «um lugar destroçado, cinzento e de aspeto cansado»[2]. O racionamento do pão, evitado pela Grã-Bretanha durante a guerra, foi imposto em 1946 para impedir a fome na Europa, em especial, na Alemanha[3]. Em maio, Orwell escreveu:

> Para quem não está nas forças armadas, a vida desde o armistício tem sido fisicamente tão desagradável como foi durante a guerra, ou talvez mais, porque os efeitos de certas carestias são cumulativos. Por exemplo, a escassez de vestuário torna-se cada vez menos suportável à medida que a nossa roupa se vai gastando, e no inverno passado a situação do combustível foi pior do que em qualquer altura durante a guerra.[4]

O Triunfo dos porcos fora um texto político na tradição das fábulas. A obra seguinte de ficção de Orwell seria uma versão política de outro género: a história de terror. O monstro não é um produto da ciência novecentista, como Frankenstein, nem do armamento do século XX, como Godzilla, mas sim da política do século XX, que gera o Estado intrusivo, por vezes terrível, mas quase sempre mais tosco do que inteligente.

Orwell, tal como Churchill, passou o pós-guerra imediato a alertar para os perigos enormes que ainda existiam, apesar da derrota dos nazis. No seu «Discurso da Cortina de Ferro», proferido em março de 1946, Churchill falou num mundo no qual «o poder do Estado é exercido sem restrições, quer por ditadores, quer por oligarquias compactas que operam através de um partido privilegiado e de uma polícia política». Na perspetiva de Churchill, «abateu-se uma sombra sobre os lugares tão recentemente iluminados pela vitória dos Aliados... De Stettin, no Báltico, a Trieste, no Adriático, uma cortina de ferro desceu sobre o continente»[5].

Orwell também viu a sombra da cortina a avançar para ocidente. Viu o futuro e quis avisar que não funcionava, pelo menos para pessoas como ele, que prezavam a privacidade individual e a liberdade de expressão. Orwell vinha pensando há anos na questão da opressão na Europa pós-guerra, e em 1941 tinha avisado: «Estamos na era do Estado totalitário, que não admite e que provavelmente não pode admitir nenhuma liberdade ao indivíduo. Quando falamos em totalitarismos, pensamos imediatamente na Alemanha, na Rússia e na Itália, mas eu julgo que há o risco de este fenómeno se tornar mundial.»[6] Orwell receava que o

Estado todo-poderoso, além de proibir as pessoas de expressarem certos pensamentos, desse o passo adicional para lhes dizer o que pensarem.

Para não se distrair da escrita e talvez por estar a ficar introvertido, Orwell passou a maior parte do tempo possível na ilha de Jura, para tentar acabar o livro. Era «quase o lugar mais remoto que se pode encontrar nas Ilhas Britânicas», disse o seu amigo David Astor, que lhe encontrou a casa. «Nunca imaginei que ele lá ficasse. Só lhe sugeri que fosse lá passar umas pequenas férias porque ele estava obviamente necessitado de férias.»[7] Astor acrescentou que «para uma pessoa com a saúde frágil, foi uma loucura ir para um lugar daqueles»[8].

Na ilha fria e batida pelas tempestades onde Orwell se refugiou, o telefone mais próximo ficava a 40 km a sul e o acesso era por uma estrada em más condições que em algumas partes parecia o trilho de um brejo[9]. No dia 21 de julho de 1946, apesar de ser verão, estava «tanto frio que era bom ter uma lareira em cada sala»[10]. Em janeiro, o vento era «tão violento que custava mantermo-nos de pé»[11].

Orwell não se mudou para a ilha para fazer de anfitrião. Segundo um visitante: «Ele estava com uma disposição autodestrutiva e resmungava muito. Tinha um ferimento na garganta [por ter sido atingido a tiro em Espanha] que sibilava, e quando andava de um lado para o outro, ouvia-se aquele assobio sinistro; e tinha um bigode pendente. E em vez de uma mente viva e agradável, tínhamos de aturar um velho chato e antipático.»[12] Era uma vida pobre, não por falta de dinheiro, mas por causa do racionamento. Orwell pediu a um amigo de Londres que ia visitá-lo para lhe levar farinha: «Desde que começou o racionamento, temos quase sempre falta de pão e farinha.»[13]

A temeridade de Orwell vinha ocasionalmente ao de cima. Em agosto de 1947, apesar dos seus problemas de saúde, passou outro inverno em Jura. «O inverno pode ser bastante severo e às vezes ficamos uma ou duas semanas isolados do continente, mas não faz mal, desde que haja farinha para *scones*»,[14] disse ele a um amigo.

Nesse mês, Orwell levou o filho e alguns visitantes, incluindo o seu sobrinho, Henry Dakin, num passeio de barco a motor que os conduziu aos famosos remoinhos de Corryvreckan, na extremidade norte da ilha. Orwell garantiu levianamente aos seus convidados que tinha lido sobre os perigos do turbilhão, um dos maiores das águas europeias, mas subestimou imenso a força do mar. «Fomos atirados de um lado para o outro», recordou Dakin. «Ouvimos um estrondo e o motor soltou-se e desapareceu no mar.»[15] Remaram até um rochedo, mas o barco virou-se quando Dakin o puxou para terra. O pequeno grupo sentou-se numa ilhota rochosa, encharcado e desconsolado, exceto Orwell, que foi observar a colónia de papagaios-do-mar. Duas horas depois, foram recolhidos por um barco lagosteiro que ia a passar. No dia seguinte, Orwell foi pescar em dois lagos e apanhou doze trutas[16].

Durante a maior parte do tempo que passou em Jura, Orwell esteve gravemente doente. Disse ao senhorio, que era seu amigo, que esperava conseguir acabar o livro antes de morrer[17]. Em maio de 1947, escreveu numa nota ao seu editor: «Estou bastante avançado no livro, já devo ter escrito quase um terço do manuscrito. Não cheguei tão longe como esperava porque tenho tido uns problemas de saúde muito complicados este ano, mais ou menos desde janeiro (é o peito, como sempre), e não consigo ver-me livre disto.»[18] E nunca conseguiu, como mostram algumas das suas entradas no diário nos dois anos seguintes:

- 5 de setembro de 1974: «Adoentado (peito), mal saí de casa.»[19]
- 13 de outubro de 1947: «Adoentado, não saí.»[20]
- 16 de setembro de 1948: «Muito adoentado, temperatura nos 38 ºC todas as noites.»[21]
- 13 de outubro de 1948: «Dor muito forte de lado. Mar calmo.»[22]
- Em 19 de dezembro de 1948, existe uma anotação escrita pouco depois de ele ter terminado a revisão do livro. Depois de um lapso de doze dias, Orwell escreveu: «Não me tenho sentido suficientemente bem para escrever no diário.»[23]

Duas semanas depois, Orwell foi levado para um sanatório para tuberculosos e depois para um hospital, em Londres, onde foi tratado por Andrew Morland, o médico que também tinha cuidado de D. H. Lawrence[24]. Enquanto *1984* começava a ser impresso, Orwell jazia moribundo. Foi o seu último livro, publicado em junho de 1949, no mês em que foi publicado na Grã-Bretanha o segundo volume das memórias de Churchill, *Their Finest Hour*. Orwell tinha menos de sete meses de vida.

1984

O herói de *1984* é um infeliz inglês de meia-idade chamado Winston Smith. Mora num prédio com o nome Mansões Vitória que parece o edifício onde Orwell viveu durante a Segunda Guerra Mundial, perto de Abbey Road. A cerca de três quarteirões a sudoeste do prédio de Orwell localiza-se um pequeno estúdio de gravação com dois andares que os Beatles tornaram famoso nos anos 60: começaram a gravar no estúdio em 1963 e deram o seu nome a um dos álbuns[25].

O livro começa com uma afirmação banal mas inquietante: «Era um dia luminoso e frio de abril e os relógios bateram as treze.» Ou seja, no fim da frase, o leitor é introduzido num mundo diferente e no qual se passa provavelmente algo de muito errado. Orwell, fiel a si próprio, começa o segundo parágrafo com a frase: «O átrio fedia a couves cozidas e capachos velhos.» A sensação de ameaça é confirmada no fim do parágrafo, quando o herói – identificado por duas vezes, sempre como «Winston» – passa por cartazes com a legenda «O GRANDE IRMÃO ESTÁ A VER-TE»[26].

No fim da primeira página do livro, é evidente que o autor sabe o que quer dizer e como. Apresenta-nos um mundo no qual a realidade objetiva não existe, ou pelo menos, é considerada ilegal pelo Estado omnividente. A vigilância é universal e realizada pela «Polícia do Pensamento» através de «telecrãs» com funcionalidades de transmissão e captação e que são suficientemente sensíveis para detetarem uma simples aceleração do batimento cardíaco[27]. «Até era concebível que vigiassem toda a gente durante todo o tempo», escreve Orwell, profetizando o Estado eletronicamente omnisciente dos nossos dias. Winston olha pela janela do apartamento e vê, a um quilómetro de distância, no edifício do Ministério da Verdade, as três palavras de ordem do Partido:

> GUERRA É PAZ
> LIBERDADE É ESCRAVIDÃO
> IGNORÂNCIA É FORÇA[28]

De seguida, o autor descreve os outros departamentos governamentais: o Ministério da Paz, «que tratava da guerra», o Ministério da Fartura e o Ministério do Amor, responsável pelas funções policiais. Este último «era realmente o mais assustador. Não tinha uma única janela»[29]. São estes os braços do monstro da história de terror de Orwell.

Apesar do seu nome, Winston tem muito mais em comum com o seu criador do que este com Churchill[30]. Tal como Orwell, Winston fuma cigarros de enrolar feitos com tabaco barato de péssima qualidade e, com cerca de quarenta anos de idade, o peito silva quando ele se inclina para apanhar uma coisa. E tal como Orwell, lembra-se «vagamente» do pai. Escusado será dizer, como é Orwell a escrever, muitos dos aspetos desagradáveis apresentados no livro são transmitidos pelo cheiro. A cantina do local de trabalho de Winston tresanda a «um cheiro um tanto azedo e compósito de *gin* e café de má qualidade, guisado metálico e roupa suja»[31].

Para Winston, tal como para o autor, o ato mais significativo da vida não é falar ou ser publicado, mas simplesmente observar com exatidão o mundo que o rodeia. Recolher factos é um ato revolucionário. Insistir no direito de o fazer é possivelmente o ato mais subversivo de todos. Sublinhando a ligação entre uma coisa e outra, Winston insiste e escreve enfaticamente no seu diário: «ABAIXO O GRANDE IRMÃO»[32]. Ele é particularmente provocado pela insistência do Partido em que só ele pode determinar o que é ou não real. «O Partido disse-te para rejeitares as provas dos teus olhos e ouvidos», pensa ele. «Foi a sua ordem mais final e mais essencial.» Mas Winston começa perigosamente a pensar pela sua própria cabeça, e escreve no seu diário: «Liberdade é a liberdade de dizer que dois e dois são quatro. Se isto for concedido, o resto virá por acréscimo.»[33]

Winston não sabe e Orwell não diz, mas ele está claramente a raciocinar na tradição da mais britânica das filosofias, o empirismo de John Locke e de David Hume. Mais especificamente, o Estado totalitário levou-o a começar a pensar como John Stuart Mill, o herdeiro intelectual de Locke e Hume.

Uma das obras mais conhecidas de Mill, *Sobre a liberdade* [*On Liberty*], publicada em 1859, é uma meditação sobre como manter a liberdade individual face ao aumento do poder do Estado. No início deste ensaio presciente, Mill declara que o seu tema é «a natureza e os limites do poder que pode ser legitimamente exercido pela sociedade sobre o indivíduo.» Isto, prossegue ele, é «uma questão raramente formulada e quase nunca discutida em termos gerais, mas que... muito provavelmente, será em breve reconhecida como a questão vital do futuro»[34]. No cerne da liberdade reside a esfera do individual, «a esfera interior da consciência... da liberdade de consciência... da liberdade de pensamento e sentimento»[35].

Em *1984*, a questão de Mill torna-se efetivamente vital. A esfera interior está sob o ataque do Estado. Orwell torna a conotação filosófica explícita mais adiante no livro, quando escreve que a sociedade do Grande Irmão não conseguiu garantir ganhos de produtividade porque «o progresso científico e técnico dependia do pensamento empírico, que não podia sobreviver numa sociedade estritamente arregimentada»[36]. Uma sociedade na qual o progresso tecnológico pudesse coexistir com o Estado-vigilante estava fora dos horizontes de Orwell.

Winston apercebe-se de que se está a tornar um dissidente e que é provável que venha a ser descoberto e perseguido pelo Estado. «Ele era um fantasma solitário que dizia uma verdade que nunca ninguém ouviria», escreve Orwell. «Mas enquanto a dizia, a continuidade, de alguma forma obscura, não era quebrada. Não era fazendo-se ouvir, mas mantendo-se são, que se transportava a herança humana.»[37] Nesta passagem, Orwell pressagia dissidentes como Solzhenitsyn, Sakharov e Amalrik, que, ao darem testemunho dos factos que percecionaram, contribuíram para o derrube da União Soviética poucos anos depois de 1984. Em ambos os mundos – o imaginário de *1984* e o real da União Soviética –, questionar a verdade oficial e formular uma alternativa documentando a realidade observável era uma vitória moral. Em ambos os casos, o Estado tinha consciência disto e considerava semelhante ato sedicioso.

A profissão de Winston é reescrever a história. Ele abomina o que faz e a sua rebelião é exacerbada pela repugnância que sente. Na parte inicial do livro, reflete: «Se o Partido conseguisse deitar a mão ao passado e dizer que este ou aquele acontecimento nunca aconteceu, isso seria decerto mais assustador do que a tortura e a morte.»[38] Winston trabalha num cubículo e tem como vizinha uma mulher cujo trabalho é apagar dos registos «os nomes das pessoas que eram vaporizadas, logo, que eram consideradas como nunca tendo existido. Havia uma certa justeza naquilo, dado que o seu marido fora vaporizado uns dois anos antes»[39].

Winston trabalha numa máquina chamada «falascreve», um nome que talvez evoque o *software* de tratamento de texto criado nos anos 80 chamado WordPerfect. Na beira da secretária, tem um «buraco de memórias» para o qual são deitados os documentos que contêm os factos descartados.

Orwell deposita as suas esperanças nos proletários. Winston escreve no seu diário: «Se existe esperança, é nos proles»[40]. Este é o tema do livro, em especial, da primeira metade. Winston pondera repetidamente a frase, sem a compreender por inteiro, pensando mais nela como uma questão de fé. Orwell nunca explica verdadeiramente este pensamento no livro, mas fê-lo em 1942, num ensaio no qual meditou sobre «visões de um futuro totalitário»[41]. Orwell explica neste texto porque é que acha que a classe operária será mais resistente a um Estado intrusivo de direita:

> Para conquistarem para sempre a classe operária, os fascistas terão de melhorar a qualidade de vida, o que não conseguem e provavelmente não querem fazer. A luta da classe operária é como o crescimento de uma planta. A planta é cega e estúpida, mas sabe virar-se para a luz, mesmo perante obstáculos infindáveis.

Orwell retrata os proletários como sendo essencialmente incontroláveis. Em vez de os tentar controlar, o Estado procura distraí-los. «O trabalho físico pesado, os cuidados do lar e dos filhos, as questiúnculas com os vizinhos, os filmes, o futebol, a cerveja e sobretudo o jogo, enchiam o horizonte da mente», reflete Winston. «Eles não eram minimamente suspeitos.»[42] Mas os proletários mantêm sentimentos humanos, não são leais ao partido nem ao país, mas sim «uns aos outros.»[43] Parece ser esta a essência da esperança que Winston e o seu criador depositam neles, mas nem um nem outro parecem saber de que forma a natureza dos proletários lhes permitirá fugir do mundo de pesadelo de *1984*. Segundo Thomas Pynchon, um romancista moderno admirador de Orwell: «Winston Smith não parece conhecer nenhum prole.»[44]

* * *

A segunda metade do livro é dominada pelo desajeitado caso amoroso de Winston com uma mulher chamada Julia. Orwell nunca foi muito bom a escrever sobre as mulheres em geral e ainda menos sobre sexo. Às vezes, parece considerar as relações sexuais um ato que os homens praticam e ao qual as mulheres meramente se submetem. Winston e Julia começam a fazer amor quando entram num bosque isolado durante um passeio pelo campo. «Ele puxou-a para o chão, ela não resistiu minimamente e ele fez tudo o que quis com ela.»[45] Smith vacila mas recompõe-se quando Julia lhe diz que adora sexo.

Para os amantes condenados, as relações sexuais são a forma suprema de rebelião contra o Estado. «O seu amplexo foi uma batalha, o clímax foi uma vitória. Foi um golpe desferido contra o Partido. Foi um ato político.»[46] À primeira vista, isto pode parecer uma forma precoce de comportamento *hippie,* mas talvez seja algo mais. Orwell está correto quando diz que os Estados totalitários têm qualquer coisa de casto e contido. Considere-se a dura imagem pública da mulher de Mao Tsé-tung ou, mais recentemente, a rebelião sexualizada da banda russa de *punk rock* Pussy Riot contra o Estado oligárquico de Vladimir Putin. Contudo, mesmo assim, Orwell consegue tornar o sexo bizarro. Winston diz a Julia, aparentemente à guisa de elogio: «Tu só és rebelde da cintura para baixo.»[47]

Como seria de esperar, estão sob vigilância policial, são detidos e encarcerados sem serem formalmente acusados nem julgados pelos seus pares.

Orwell e Churchill tinham exatamente a mesma opinião sobre a suma importância de não ter ninguém preso sem acusação. Em novembro de 1942, Churchill declarou num memorando oficial:

> O poder do Executivo para meter uma pessoa na prisão sem formular nenhuma acusação consagrada na lei, e em particular, de lhe negar julgamento pelos seus pares, é absolutamente odioso e é a fundação do governo totalitário, quer seja nazi ou comunista... Não existe nada de mais abominável para a democracia do que prender uma pessoa ou mantê-la na prisão por ser impopular. Este é o verdadeiro teste de uma civilização.[48]

Churchill fez esta declaração sucinta ao dizer às autoridades competentes para libertarem o líder fascista britânico Oswald Mosley, que estava preso desde 1940, quando existira o perigo de, em caso de uma invasão alemã, ele chefiar os colaboracionistas. Orwell concordou com Churchill em ambas as ocasiões. «Em 1940, foi completamente apropriado internar o Mosley, e penso que teria sido totalmente apropriado fuzilá-lo se os alemães tivessem posto os pés na Grã-Bretanha.» Mas Orwell acrescentou que em 1943, Mosley já não era uma ameaça, era apenas «um ridículo político falhado com varizes. Mantê-lo na prisão sem julgamento é uma violação de todos os princípios pelos quais estamos supostamente a combater»[49].

Na prisão, Winston e Julia são quebrados com tortura e forçados a denunciarem-se mutuamente. O principal torcionário de Winston chama-se O'Brien[50]. Desconhece-se se o nome tem algum significado. O aparelho soviético estabelecido em Espanha durante a Guerra Civil atribuiu a Hugh O'Donnell, o representante do Partido Comunista Britânico no país – Orwell conheceu-o lá – o nome de código de «O'Brien», mas é duvidoso que Orwell soubesse deste facto. O'Brien diz a Winston, com algum desprezo: «Acreditas que a realidade é uma coisa objetiva, eterna, que existe por direito próprio. E acreditas também que a natureza da realidade é óbvia... Pois deixa-me que te diga, Winston, que a realidade não é externa... O que o Partido diz que é verdade, é verdade. É impossível ver a realidade a não ser pelos olhos do Partido.»[51]

A história acaba com um encontro entre os dois amantes quebrados e desolados. Confessam um ao outro a respetiva traição e depois vai cada um para seu lado. Não há esperança nenhuma.

* * *

O livro foi publicado em 1949. Teve êxito em Inglaterra, mas foi noutras paragens que causou o maior impacto. Foi uma «sensação» na Europa continental, recordou o editor, Fredric Warburg. Naquela altura, disse Warburg, «foi um ato político de enorme importância. É que não nos podemos esquecer de que depois da guerra, a Rússia, que tanto tinha feito para a ganhar, era enormemente poderosa, e, em certos aspetos, admirada, e o livro foi – tal como *O triunfo dos porcos* mas de forma bastante diferente – o texto anticomunismo soviético mais poderoso da época. E os europeus trataram-no como tal»[52]. O livro vendeu aos milhões e foi aclamado como «provavelmente o grande romance do século XX»[53].

Enquanto o livro rumava aos píncaros, Orwell ia declinando. Ele sabia que a sua situação era irremediável. «Tenho estado muito mal, cuspo muito sangue»,[54] disse ele ao seu amigo Richard Rees, no princípio de 1949. Semanas depois, noutra missiva para Rees, disse: «Continuo sem conseguir trabalhar. Há dias em que pego no papel e na caneta e tento escrever algumas linhas, mas é impossível.»[55]

Orwell estava a definhar. Tal como Churchill nos dois últimos volumes das suas memórias, a escrita de Orwell durante e depois de *1984* começa a cansar. A prosa perde vigor e a argumentação torna-se menos incisiva. Em meados de 1948, Orwell abordou o futuro do socialismo da seguinte forma:

> Mesmo que espremamos os ricos ao máximo, as massas terão de consumir menos ou produzir mais. Ou será que exagero o sarilho em que estamos? Talvez esteja a exagerar, quem me dera estar enganado. Mas o que quero dizer é que esta questão não pode ser genuinamente discutida pelas pessoas fiéis à ideologia de esquerda.[56]

Esta passagem não teria sido escrita por um Orwell mais saudável, o homem que dois anos antes tinha escrito «Politics and the English Language».

Orwell passou a maior parte dos seus dois últimos anos de vida a deslizar para a morte. Deitado na cama, ouviu as vozes de visitantes aristocráticos invisíveis (ele chama-lhes a «classe alta») e descreveu-os com uma precisão devastadora:

> E que vozes! Uma espécie de comida a mais, uma autoconfiança imbecil, risinhos e risinhos por nada, e sobretudo uma espécie de peso e riqueza combinados com uma má vontade fundamental – mesmo sem sermos capazes de os ver, sentimos instintivamente que é gente inimiga de tudo o que é inteligente, sensível ou belo.

Importa não esquecer que Orwell, educado em Eton, também tinha aquele sotaque. Mas ele era um escritor demasiado honesto para ignorar o facto e terminou a entrada no diário incluindo-se na crítica: «Não admira que toda a gente nos deteste tanto.»[57]

É a última entrada dos seus diários, no dia 17 de abril de 1949.

Em setembro, Malcolm Muggeridge, que tinha entrado em choque com a esquerda britânica por ter noticiado com honestidade a fome na Ucrânia, em 1933 – coisa que o *New York Times* celebremente não fez –, visitou Orwell no hospital, em Londres. À noite, Muggeridge escreveu no seu diário acerca de Orwell: «Está incrivelmente destruído, e devo dizer que parece uma pessoa que já não tem muito tempo de vida – tem uma estranha claridade na expressão e os traços alongados.»[58]

O último artigo que George Orwell escreveu e publicou foi uma recensão a *Their Finest Hour*, o segundo volume das memórias de guerra de Churchill. Orwell elogiou o político, não obstante a diferença enorme das suas opiniões:

> As reminiscências políticas que ele tem vindo a publicar são sempre muito acima da média, quer na franqueza, quer na qualidade literária. Churchill é, entre outras coisas, um jornalista, com um sentido muito real, embora não muito seletivo, da literatura, e tem uma mente inquieta e inquisitiva, interessada nos factos concretos e na análise dos motivos, que por vezes incluem os dele. Em geral, os escritos de Churchill são mais os de um ser humano do que os de uma figura pública.

Vindo de Orwell é um grande elogio.

De seguida, Orwell passou em revista o desempenho de Churchill em 1940. O feito de Churchill foi compreender, na altura de Dunquerque, que só porque a França estava derrotada isso não significava necessariamente que a Grã-Bretanha também estivesse. Mas Orwell acusa Churchill de não ter percebido que os soviéticos «têm mais ódio aos socialistas do que aos conservadores», nem que o fascismo de Mussolini, «pela sua natureza, tinha de ser hostil à Grã-Bretanha».

As últimas palavras publicadas de Orwell foram praticamente as seguintes:

> Por muito que discordemos dele [Churchill], por muito que estejamos gratos por ele e o seu partido não terem ganho as eleições em 1945, temos de admirar não só a sua coragem, mas também uma certa generosidade e genialidade que sobressai mesmo em memórias formais deste tipo...[59]

Depois desta recensão e de uma meia dúzia de cartas, Orwell calou-se.

No dia 13 de outubro de 1949, Orwell casou-se com Sonia Brownell, uma mulher cheia de vivacidade dos meios literários londrinos e que, tal como ele, tinha nascido na Índia britânica. Ela rejeitou-o da primeira vez que ele se declarou, mas depois aceitou. Segundo um dos biógrafos do autor, «Toda a gente sabia que ela não amava o Orwell»[60]. Um amigo de Orwell que lhe conheceu as duas esposas recordou: «a Sonia era inteligente, bebia bastante, era divertida, perigosa e temperamental – todas as coisas que a Eileen não era.»[61] Outro conhecido recordou Sonia como «no fundo, incrivelmente infeliz»[62].

O diário de Orwell não tem nenhuma entrada sobre Sonia porque ele deixou de escrever cerca de seis meses antes. Aquando da cerimónia, Orwell não se conseguiu ter de pé e ficou sentado na cama[63]. O padrinho do macabro casamento no leito de morte foi David Astor[64]. Orwell tinha um casaco de trazer por casa de veludo cor de malva por cima do pijama.

O escritor passou uma grande parte do outono de cama, a ler *A divina comédia,* de Dante[65]. No dia 14 de novembro, Muggeridge achou que Orwell «começou outra vez a perder peso e parece completamente destruído»[66]. Orwell tinha as canas de pesca num canto do quarto mas nunca mais as usou[67].

ORWELL E A AMÉRICA

Durante uma das visitas de Muggeridge ao hospital, Orwell disse-lhe que tinha cinco livros na cabeça que queria escrever[68]. Uma possibilidade era um estudo sobre o sentimento antibritânico na América. As opiniões de Orwell ter-se-iam quase de certeza alterado com uma viagem aos Estados Unidos, mas não podemos saber quanto. Ele já tinha começado a reconsiderar a sua antipatia pela América do século XX. «Hoje em dia, ser antiamericano é gritar com a turba», escreveu ele cerca de dois anos depois da guerra, num ensaio que não foi publicado na altura. Contudo, prosseguiu ele, se a turba tivesse de escolher entre a Rússia e a América, «apesar da conversa que está hoje na moda, toda a gente sabe no íntimo que devíamos escolher a América»[69].

Se Orwell tivesse visitado os Estados Unidos, talvez se tivesse sentido repugnado com muitos dos seus aspetos – a dimensão colossal e o que ele teria considerado o consumismo, a gabarolice e a presunção omnipresentes. Teria antipatizado sobretudo com o individualismo determinado e egocêntrico da América. O que ele mais gostava na Inglaterra era o seu forte sentido de comunidade privada. Em «The Lion and the Unicorn», Orwell escreveu sobre os ingleses: «Toda a cultura que é mais genuinamente autóctone centra-se em coisas que mesmo sendo comunitárias não são oficiais – o bar, o jogo de futebol, o jardim das traseiras, a lareira e a "boa chávena de chá".»[70]

A imagem que os americanos têm de si próprios é muito menos coletiva. Tem mais que ver com o indivíduo solitário. Isto começa com *The Deerslayer* e *Justiça do Sul* e transforma-se em variações de pistoleiros, tais como *O Homem da Mascarilha*. Todos os *westerns* de série B dos anos 40 e 50 parecem começar ou acabar com um cavaleiro solitário a entrar ou a sair da cidade. A imagem perdura com o motociclista que viaja sozinho por uma autoestrada vazia ou com o montanhista que sobe as Rochosas, como se vê nos anúncios televisivos de hoje. Os americanos, muito mais do que os ingleses, identificam-se com o rebelde e o solitário, como «o Pistoleiro do Diabo» personificado por Clint Eastwood. Uma canção de grande êxito gravada pelo cantor *pop* Dion, em 1961, reduziu esta realidade à sua essência adolescente simplista: «Sim, sou um vagabundo, sim, um vagabundo / ando a vaguear, vaguear, vaguear.» Na América, isto era um comportamento a imitar e não um destino a lamentar.

Se Orwell tivesse visitado a América, também teria tido a possibilidade de ver o capitalismo numa forma diferente, mais robusta e adaptativa.

* * *

Mas não seria assim. Orwell estava a morrer. No dia 21 de dezembro, Muggeridge escreveu no seu diário: «Ele está completamente definhado e um pouco amarelado. Disse com tristeza que estava a levar injeções de penicilina mas que eles se viram aflitos para encontrarem carne para espetarem a agulha.»[71]

Muggeridge visitou Orwell no dia de Natal, e escreveu que «a cara parece quase morta... Havia um fedor a morte no ar, como o cheiro de um jardim no outono»[72]. No dia 19 de janeiro de 1950, depois de outra visita, Muggeridge escreveu no seu diário que duvidava de que voltasse a ver Orwell vivo outra vez. Não se enganou. Orwell morreu por volta das 2h30 do dia 21 de janeiro de 1950. Tinha quarenta e seis anos.

Orwell expirou no início da era que ele ajudou a batizar, «a Guerra Fria»[73]. Ele usou pela primeira vez o termo numa recensão a um livro, em dezembro de 1943, depois em 1945 – dois meses após o fim da Segunda Guerra Mundial –, e uma terceira vez em 1946. Muggeridge tratou do funeral, que se realizou no dia 26 de janeiro, numa igreja sem aquecimento, e foi «uma coisa bastante melancólica e fria»[74]. Outro amigo de Orwell, Anthony Powell, escolheu para o sermão o último livro do Eclesiastes[75]. O capítulo, adequado para a morte de um escritor, numa cerimónia organizada por escritores e com muitos escritores presentes, contém a frase «podem multiplicar-se os livros indefinidamente».

O último desejo de Orwell foi, mais uma vez, um sinal do seu pastoralismo. Quis ser enterrado no cemitério de uma igreja. Ao inteirar-se disto, o seu amigo David Astor comprou dois talhões num cemitério[76]. Um foi ocupado por Orwell. Quando chegou a vez de Astor, em 2001, ele ocupou o segundo. Nas proximidades, está sepultado Herbert Asquith, pai da amiga íntima de Churchill, Violet (Asquith) Bonham Carter.

Depois de ler *1984* pela segunda vez, em fevereiro de 1953, Churchill disse ao seu médico: «É um livro bastante notável.»[77]

CAPÍTULO 15

O FIM DE VIDA PREMATURO DE CHURCHILL

* * *

1950-1965

No ano após a morte de Orwell, Churchill cometeu um dos erros mais tristes da sua vida: aceitou um segundo mandato como primeiro-ministro. Só podemos concluir que ele sentiu necessidade de se vingar da contundente derrota eleitoral de julho de 1945. Foi a primeira vez que se candidatou a primeiro-ministro – em 1940, foi nomeado –, e foi rejeitado de forma absolutamente inequívoca.

Os historiadores não gostam muito de olhar para o segundo mandato de Churchill, que começou em outubro 1951. Churchill era demasiado velho e estava enfraquecido por várias apoplexias e um ligeiro ataque cardíaco. Além disso, não estava particularmente interessado – nem era o homem indicado – nas duas grandes tarefas que tinha pela frente: a reconstrução da economia britânica e a reconfiguração da política externa para se adaptar ao estatuto diminuído do país no pós-guerra. Se os anos 30 foram de travessia do deserto, os anos 50 foram de trapalhadas.

Enquanto primeiro-ministro em tempo de paz, Churchill terá tido saudades da simplicidade da sua missão na Segunda Guerra Mundial: sobreviver e depois prevalecer sobre a Alemanha. E também já não havia um Hitler para enfrentar. Churchill, tal como o pai, era um oportunista nato[1]. Roy Jenkins, que em geral é bastante compreensivo em relação aos atos políticos de Churchill, diz o seguinte: «É impossível analisar os pormenores do desempenho de Churchill como primeiro-ministro do seu segundo governo e não sentir que ele era gloriosamente inapto para o cargo.»[2] Em abril de 1955, até o próprio Churchill, enfraquecido por uma sucessão de apoplexias, teve de admitir que era altura de se afastar.

Sem nenhum cargo público, Churchill dedicou-se aos seus caprichos. Dois anos depois de ele se ter demitido, Evelyn Waugh viu-o num restaurante, em Monte Carlo, a «devorar grandes quantidades de comida rica»[3]. O escritor, numa carta à mulher de Ian Fleming, descreveu desagradavelmente o rosto do velhote como «um elefante cinzento sem expressão nenhuma». Durante a viagem a Monte Carlo, Churchill, enquanto esperava pelo seu automóvel no exterior do casino, foi interpelado por Frank Sinatra, que correu até ele e lhe apertou a mão, dizendo: «Há vinte anos que queria fazer isto»[4]. Depois de o cantor se ir embora, Churchill perguntou a um assistente: «Mas quem é este?»

Churchill continuou a viver bem. Para uma viagem transatlântica de avião, o seu grupo pediu – além das habituais regalias da primeira classe – sete garrafas de vinho e duas de conhaque, e um quilo de queijo Stilton[5].

Mas enquanto o homem e a sua mente iam definhando, a reputação de Churchill aumentou, em parte, devido à popularidade mundial das memórias de guerra, cujo último volume foi publicado nos Estados Unidos em novembro de 1953, o ano em que Churchill recebeu o Prémio Nobel da Literatura.

A seguir, Churchill publicou *A History of the English-Speaking Peoples*, que tinha começado a escrever nos anos 30 e posto de lado ao tornar-se primeiro-ministro. Esta obra, por vezes romântica, por vezes desconexa, é o equivalente literário do seu segundo mandato como primeiro-ministro. O historiador britânico Ronald Lewin, que até é simpático para Churchill, chama-lhe «conto de fadas», e acrescenta: «Nenhum historiador profissional deve recorrer... [a esta obra] como manual.»[6] Outro crítico simpático considerou partes da obra «incorrigivelmente amadorísticas»[7]. Estes quatro volumes foram, ainda mais do que as memórias da Segunda Guerra Mundial, um trabalho de equipa, mas de uma equipa dirigida por um homem que já não gozava das suas plenas capacidades.

Em finais dos anos 50, enquanto Churchill ia declinando mental e fisicamente, alguns dos seus filhos começaram a ter problemas. Dois faleceram antes dele: Marigold, o seu quarto rebento, morreu em 1921, de septicémia. Diana, a mais velha, suicidou-se com barbitúricos, em 1963. Randolph, o segundo mais velho, herdeiro de todos os vícios do pai e de poucas das suas virtudes, candidatou-se seis vezes ao parlamento e perdeu sempre que teve adversário (foi deputado entre 1940 e 1945, quando se candidatou sem oposição por via de um acordo entre os partidos). Depois do fracasso do seu segundo casamento, Randolph de forma característica, classificou a mulher de «reles cabra de classe média, sempre desejosa de agradar mas sem o conseguir por causa das suas péssimas maneiras»[8]. Quando apanhou um susto por causa de um possível cancro e lhe tiraram um tumor benigno, Evelyn Waugh, seu ex-amigo, disse que era típico da ciência moderna descobrir a única parte dele que não era maligna e tirá-la. Randolph foi alcoólico durante a maior parte da sua vida de adulto e morreu três anos depois de Winston (Waugh, que se tinha tornado toxicodependente, morreu antes dele, em abril de 1966, quinze meses depois de Churchill).

A terceira filha, Sarah, uma atriz frustrada, passou por três casamentos imprudentes e seguiu o irmão no declínio alcoólico. A quinta e última filha, Mary, foi a única que parece ter tido uma vida feliz. Este registo sugere que Churchill terá tido muitas falhas como pai, mas também é verdade que ele não tinha grandes exemplos para seguir.

Na esfera pública, a reputação de Churchill foi bastante atingida em finais dos anos 50, quando começou a barragem de livros críticos, provocada, em parte, pelas suas memórias. O caso com mais impacto foi a publicação das memórias do marechal Alan Brooke, em 1957. A seguir, surgiram os imperialistas inveterados que acusaram Churchill de ter vendido a Grã-Bretanha. «A desgraça de Churchill foi o seu sangue misto», acusou R. W. Thompson, um jornalista e historiador aliado do teórico militar Basil Liddell Hart. Segundo Thompson, «O pai inglês e a mãe americana foram os responsáveis pela ominosa divisão da sua lealdade»[9].

Mais recentemente, um pequeno grupo de académicos ofereceu perspetivas revisionistas sobre Churchill com títulos sensacionalistas como *Churchill – The Greatest Briton Unmasked*, mas não parecem ter um grande impacto no grande público ou mesmo em estudiosos de espírito mais estratégico como Eliot Cohen. Estes livros consistem essencialmente em pedir ao leitor que esqueça a floresta da vida de Churchill para se centrar em meia dúzia de árvores que os autores consideram mais importantes.

* * *

Churchill é uma espécie de figura folclórica, uma fonte de sabedoria, o equivalente internacional de Yogi Berra, o jogador de beisebol dos New York Yankes que é quase tão conhecido pelos ditos que lhe são erroneamente atribuídos (tais como: «Já ninguém lá vai. Tem gente a mais»), como pelos que são efetivamente seus. São tantas as citações falsas que o sítio *web* do Churchill Centre tem uma secção de frases comumente atribuídas ao homem, mas que ele nunca disse[10]. É o caso, por exemplo, da famosa história segundo a qual *Lady* Astor terá dito a Churchill que se fosse mulher dele lhe poria veneno no café, ao que ele terá respondido que se fosse casado com ela beberia de bom grado o café. Apurou-se que esta «conversa» é inspirada numa piada publicada num jornal americano em 1900.

Existe uma frase que é persistente e erroneamente atribuída a Churchill e Orwell:[11] «dormimos em paz à noite porque há homens duros a postos para exercerem violência contra aqueles que nos fariam mal.» Na realidade, a frase não é de nenhum deles. Foi escrita pela primeira vez em 1991, por um crítico de cinema, no jornal conservador *Washington Times*. O autor, Richard Grenier, deixou claro no artigo que estava a parafrasear Orwell. Mais especificamente, parece ter aludido a um comentário de Orwell no seu ensaio sobre Kipling: «Ele vê claramente que os homens só podem ser civilizados quando existem outros homens, inevitavelmente menos civilizados, para os proteger e alimentar.»[12] Grenier não usou aspas mas alguns anos depois, dois outros autores conservadores americanos – Kate O'Beirne da *National Review* e o colunista George Will –, repetiram o comentário com aspas. O historiador britânico conservador Andrew Roberts seguiu-lhes o exemplo. Finalmente, em 2006, a *National Review* fechou o círculo ao atribuir erroneamente a frase a Churchill[13].

Mas Churchill é invocado com exatidão noutros lugares, alguns deles inesperados. Em 1964, Fidel Castro revelou que estava a ler as memórias de guerra de Churchill. «Se Churchill não tivesse feito o que fez para derrotar os nazis, vocês não estariam aqui, nenhum de nós estaria aqui», disse ele à multidão que se tinha congregado para ver o novo líder cubano quando ele visitou uma livraria em Havana. «Além do mais, temos de nos interessar especialmente por Churchill porque ele também liderou uma pequena ilha contra um grande inimigo.»[14]

Outra referência surpreendente de um admirador veio de Keith Richards, o guitarrista dos Rolling Stones, que defendeu o seu estilo de vida boémio citando corretamente um comentário de Churchill: «Já tirei muito mais do álcool do que o álcool me tirou de mim.» Richards, que nasceu em 1943, durante o primeiro mandato de Churchill como primeiro-ministro, acrescentou: «Tenho mais ou menos a mesma opinião em relação à droga e a outras coisas assim. Tirei muita coisa delas.»[15] Às vezes, comentários genuínos de Churchill têm um elemento paradoxal que os faz parecer pertencentes a Yogi Berra, tais como: «Há muitas mentiras sobre o mundo, e o pior é que metade é verdadeira.»[16]

Mas a mitificação de Churchill tem custos. Churchill tornou tão icónica a «relação especial» entre a Grã-Bretanha e os Estados Unidos que alguns dos seus sucessores seguiram-na sem terem aparentemente percebido que aquela imagem foi concebida para dar bom aspeto a uma aliança que foi difícil e por vezes tormentosa. Segundo o historiador Max Hastings, «Os governos britânicos preocupam-se de forma obsessiva com os Estados Unidos e com a opinião que os seus governos têm sobre nós»[17].

O ponto mais baixo da prossecução de uma relação especial ocorreu quando contribuiu para incentivar a imprudente invasão do Iraque liderada pelos EUA, em 2003. Tony Blair, primeiro-ministro entre 1997 e 2007, diz nas suas memórias: «Apoiei a América quando a América precisou de apoio.» Seria mais correto dizer que quando os Estados Unidos precisaram dos conselhos sensatos de um amigo verdadeiro, Blair fez de líder de claque. Logo após os ataques de 11 de Setembro, numa tentativa de parecer churchilliano, disse: «Nós... na Grã-Bretanha, devemos estar ombro com ombro com os nossos amigos americanos nesta hora trágica, e nós, tal como eles, não descansaremos até este mal ser expulso do nosso mundo.» Blair exacerbou a retórica nostálgica quando visitou Nova Iorque, em setembro, dizendo falsamente que nos primeiros dias da Segunda Guerra Mundial «houve um país e um povo que nos apoiaram»[18]. Imaginamos o que terão pensado os cidadãos com sentido da história do Canadá, da Austrália, da Nova Zelândia e da África do Sul – nações que ajudaram a Grã-Bretanha durante o *Blitz* – desta afirmação sobre quem ajudou a Grã-Bretanha em 1939 e 1940, uma altura em que o embaixador americano em Londres previu sonoramente a vitória da Alemanha. Segundo o historiador australiano Robin Prior, «em 1940-1941, os defensores da democracia liberal não foram a Grã-Bretanha e os Estados Unidos; foram a Grã-Bretanha e os Domínios. Travaram o combate pela liberdade, enquanto a maior democracia do planeta lhes ia atirando algumas migalhas»[19].

Em julho de 2002, Blair enviou a Bush um memorando sobre a eventualidade de uma guerra contra o Iraque: «Estarei sempre consigo, aconteça o que acontecer.»[20] O memorando foi revelado durante um inquérito oficial britânico às decisões do governo de Blair durante os preparativos para a Guerra do Iraque. Segundo o inquérito, a carta-branca oferecida por Blair tornou «muito difícil ao Reino Unido retirar subsequentemente o seu apoio» à invasão de 23 de março.

Se Blair tivesse sido um estratega tão hábil como Churchill, talvez se tivesse oposto à invasão americana do Iraque, o que teria dificultado muito mais ao governo dos Estados Unidos entrar em guerra. É certo que a curto prazo uma oposição britânica declarada teria afetado os laços transatlânticos, mas a longo prazo a recusa em apoiar os americanos no Iraque teria sido um ato de genuína amizade – e de visão estratégica.

Mas no verão de 2003, enquanto se intensificavam as perguntas sobre o que a América estava a fazer no Iraque, Blair apresentou-se no Congresso dos EUA e incentivou os americanos a seguirem em frente. Não liguem às lições da história, aconselhou ele de forma irresponsável. «Nunca existiu um caso em que… exceto num sentido muito geral, um estudo da história ofereça tão poucos ensinamentos para os dias de hoje.»[21] Ao sublinhar a ideia da relação especial sem aparentemente perceber a sua complexidade, e ao descartar a história quando a devia ter em conta, Blair, de forma paradoxal, prejudicou muitíssimo a relação anglo-americana.

* * *

Churchill manteve-se publicamente leal aos Estados Unidos até à sua morte, em janeiro de 1965, e até no além. No funeral, que ele próprio concebeu, foram arvoradas bandeiras americanas ao lado das britânicas. Durante a cerimónia, «The Battle Hymn of the Republic» ecoou nos arcos dourados e brancos que dominam o interior da Catedral de São Paulo[22]. Porém, o presidente americano, Lyndon Johnson, quiçá recordado da ofensa de Churchill aquando do funeral de Roosevelt, vinte anos antes, negou-se a estar presente e a enviar o seu vice-presidente.

CAPÍTULO 16

A EXTRAORDINÁRIA ASCENSÃO DE ORWELL

* * *

1950-2016

«Era um dia claro e frio de abril, nos relógios batiam as treze.»[1] Assim começa um artigo escrito em abril de 2015 por Zahra Salahuddin no jornal paquistanês *Dawn*. O texto é uma contestação aos novos poderes que o Estado paquistanês se arrogou para monitorizar a Internet. Segundo a autora, o Grande Irmão estava presente, o que a levou a evocar as primeiras palavras de *1984*.

A julgar pelas referências, alusões e homenagens que surgem diariamente nos meios de comunicação social em todo o mundo, George Orwell é uma figura contemporânea da nossa cultura. Aliás, nos últimos anos, até é possível que tenha ultrapassado Churchill, não em termos de significado histórico, mas de influência. É um dos desempenhos póstumos mais extraordinários da história da literatura britânica.

O estatuto atual de Orwell teria deixado os seus contemporâneos chocados. Durante a maior parte da sua vida, ele foi uma figura obscura, mesmo nos meios literários londrinos. Pouco depois da publicação de *O triunfo dos porcos*, Logan Pearsall Smith, um escritor britânico-americano verdadeiramente menor, leu o livro e telefonou a um velho amigo, Cyril Connolly, um editor influente, para saber mais sobre o autor. Pearsall Smith disse que Orwell tinha aparentemente aparecido do nada para «vos ultrapassar a todos»[2].

Talvez Pearsall Smith estivesse num estado de espírito profético, dado que no dia a seguir ao telefonema morreu. O seu comentário captou corretamente a trajetória de Orwell, que foi praticamente desconhecido nos anos 30 e teve um estatuto secundário – se tanto – até meados dos anos 40. Contudo, desde a sua morte, no princípio de 1950, a sua importância tem aumentado de forma constante e inexorável. Em 2014, um colaborador do *Financial Times* escreveu: «A sua influência e o seu exemplo adquirem mais brilho a cada ano que passa.»[3]

Quando Orwell era vivo, as vendas dos seus livros foram na ordem dos milhares. Desde a sua morte, terá vendido cerca de 50 milhões de exemplares[4].

Foram escritos estudos académicos exclusivamente dedicados aos pormenores da ascensão póstuma de Orwell, tais como *George Orwell: The Politics of Literary Reputation,* de John Rodden. Não é minimamente certo que Orwell visse estes livros com bons olhos, em especial, quando contêm passagens opacas como: «Tipicamente, o lema primário é o ponto de partida da evolução das variantes, mas as variantes também podem servir de base para a criação do lema primário. O que distingue certos lemas como «primários» não é a prioridade temporal, mas sim a centralidade e a frequência com que ocorrem numa história de receção.»[5] Mas como é que alguém que leu *Politics and the English Language* consegue escrever isto? No entanto, o estilo reflete o facto de Orwell não ter sido bem servido pelos académicos, e atrai com frequência a atenção de autores de terceira categoria. Segundo o sociólogo Neil MacLaughlin, Orwell tem sido «relativamente ignorado» pelas faculdades universitárias precisamente por ser tão estimado «na cultura popular» – e talvez também por ter sido desde há muito «adotado» pelos conservadores[6]. Em contraste, nas últimas sete décadas, Orwell foi promovido e cuidadosamente analisado por intelectuais de gabarito que trabalham principalmente fora dos meios académicos, tais como Irving Howe, Norman Podhoretz e Christopher Hitchens.

Dos poucos escritores que repararam em Orwell enquanto ele foi vivo destacam-se Muggeridge e Arthur Koestler, que esteve em Espanha como jornalista e espião comunista, tendo sido preso pelos Nacionalistas. Tal como sucedeu com Orwell, a experiência de Koestler na Guerra Civil deixou-o profundamente desiludido com a esquerda e com a direita. O seu rompimento público com o Partido Comunista aconteceu depois de regressar a Inglaterra para proferir discursos sobre Espanha, nos quais se negou a denunciar o POUM, o qual, segundo ele disse mais tarde, «na altura, era considerado o inimigo número um pelos comunistas»[7]. Koestler expressou a sua convicção: os líderes do POUM tinham agido de boa-fé e era estúpido e vil chamar-lhes traidores.

Mas Koestler e Muggeridge foram exceções: repararam em Orwell porque estavam a percorrer o mesmo caminho difícil que ele: tinham começado a opor-se ao comunismo estalinista.

Enquanto Orwell foi vivo, o seu nome não apareceu na edição britânica do *Who's Who*[8]. A edição de *Bartlett's Quotations* de 1955, a primeira publicada depois da sua morte, só tem uma entrada sobre ele[9]. Em 1956, Victor Gollancz, que publicou os primeiros livros de Orwell mas depois o largou por ele criticar o estalinismo, disse à sua filha numa carta: «Penso que o Orwell é muitíssimo sobrevalorizado.»[10]

Em 1963, o poeta e intelectual Stephen Spender classificou Orwell como um prosador de bom estilo, mas mesmo assim uma figura decididamente menor com pouco ou nenhum impacto[11]. Curiosamente, Spender fez este comentário num livro dedicado à viúva de Orwell, Sonia. Durante uma entrevista, quando lhe pediram a sua opinião sobre o escritor, Spender fez-lhe um elogio envenenado: «Quando lemos as suas obras cuidadosamente, somos levados a pensar que ele chega às conclusões certas por razões completamente inadequadas.»[12] Na sua autobiografia atroz, Spender omite toda e qualquer menção a Orwell, mas alonga-se, qual Hemingway de segunda, sobre o seu tempo em Espanha durante a guerra: «Havia sempre... a sensação de viver tão dramaticamente o momento que tudo o resto era esquecido, logo, estávamos presos ao sentimento de algo singularmente espanhol.»[13] E também disse, de forma completamente ilógica: «Os meus poemas de Espanha são poemas de um pacifista que apoia a ação militar.»[14] Não admira que Koestler, durante uma conversa sobre política com Spender, no Café Royal, em Londres (onde Orwell costumava parar), lhe tenha dito com desdém: «Não digas mais nada, não digas mais nada, já sei tudo o que vais dizer nos próximos vinte minutos.»[15]

Poucos críticos subsequentes desdenharam tanto de Orwell como Spender. Nos anos 60, quando Spender o menosprezou, a reputação de Orwell iniciou a sua ascensão de décadas[16]. Pela primeira vez, foram publicadas antologias de ensaios do escritor.

Desde essa altura, a reputação de Orwell tem vindo sempre a crescer. Orwell é considerado hoje uma grande figura do seu tempo, e, por vezes, é apresentado como um dos escritores mais importantes do século. Várias histórias intelectuais retrospetivas do século XX tomam-no como personagem central.

Em *The Modern Mind*, publicado por Peter Watson no ano 2000, Orwell é elevado à posição de figura central, de ponto de referência[17]. A primeira das quatro partes do livro intitula-se «De Freud a Wittgenstein», e a segunda chama-se «De Spengler a *O triunfo dos porcos*». Orwell também é destacado, embora não tanto, no último livro do historiador Tony Judt, *Pensar o século XX*. Uma história da Grã-Bretanha no pós-guerra publicada em 2015 intitula-se *Orwell's Faded Lion*. Tal como referimos, quando a revista conservadora americana *National Review* elaborou uma lista dos livros de não ficção mais importantes do século XX, Orwell teve dois livros nos primeiros dez – foi o único escritor que mereceu estra distinção –, *Homenagem à Catalunha* e *The Collected Essays*[18]. O primeiro lugar foi ocupado pelas memórias de guerra de Churchill. Robert McCrum, editor literário do *Observer* londrino, chamou a Orwell «um dos escritores ingleses mais influentes do século XX». O crítico Philip French foi ainda mais elogioso, escrevendo no *Guardian* que Orwell era «talvez o maior escritor do século XX»,[19] independentemente da sua nacionalidade. Mais recentemente, o *Guardian* referiu-se a *1984* como «possivelmente o romance inglês mais célebre do século XX»[20]. Nas sentenças e recomendações dos juízes atuais do Supremo Tribunal dos EUA, Orwell é o terceiro autor mais citado, a seguir a Shakespeare e Lewis Carroll[21].

Na sua ascensão, Orwell tem sido objeto de algumas análises e comentários particularmente medíocres, mas até isto poderá ser apropriado, dado que poucos grandes escritores escreveram tantos maus livros como ele.

ORWELL NO BLOCO SOVIÉTICO

Um dos motores da ascensão de Orwell foi o efeito que ele teve nos intelectuais de leste-europeus e russos que procuravam compreender e descrever os seus novos governantes comunistas. «Mesmo aqueles que só ouviram falar de Orwell ficam admirados por um escritor que nunca viveu na Rússia ter tido uma perceção tão perspicaz da vida do país», observou o poeta e diplomata polaco Czeslaw Milosz em *Zniewolony-umysl*,* escrito em 1953. Às vezes, o livro de Milosz parece uma explicação de *1984*. «O Partido combate toda e qualquer tendência de imersão nas profundezas do ser humano, em especial, na literatura e na arte», escreve Milosz. «O que não é expressado não existe. Por conseguinte, se proibimos os homens de explorarem as profundezas da natureza humana, destruímos a ânsia que têm de fazer essas explorações, e as próprias profundezas tornam-se lentamente irreais.» O resultado, avisou Milosz, era que «no Leste, não existe fronteira entre o homem e a sociedade»[22].

Numa alusão intencional a Orwell, o dissidente soviético Andrei Amalrik intitulou a sua crítica ao poder soviético, publicada em 1970, *Will the Soviet Union Survive Until 1984?* Amalrik previu corretamente que «qualquer Estado obrigado a dedicar tanta energia ao controlo físico e psicológico de milhões dos seus súbditos não pode sobreviver por tempo indefinido»[23].

* * *

A estrela de Orwell subiu tão alto na década de 80 que se registaram escaramuças intelectuais em relação à área política que poderia reclamá-lo como seu, caso ele tivesse chegado à velhice. Em 1983, Norman Podhoretz, o padrinho do neoconservadorismo, comentou: «Creio que se ele fosse vivo, seria neoconservador.»[24]

Podhoretz baseou este argumento na sua convicção firme de que o tema nuclear de Orwell eram as deficiências dos intelectuais de esquerda, mas uma das armadilhas da crítica literária é atribuirmos as nossas opiniões ao sujeito da nossa crítica. Criticar a esquerda a partir de uma nova

* «A mente cativa.» (*N. do T.*)

perspetiva de direita terá sido o princípio orientador de Podhoretzm, mas não foi o de Orwell. Aliás, o tema profundamente transversal a todos os escritos de Orwell, desde *Dias birmaneses*, passando pelo fim dos anos 30 e depois pelos grandes ensaios, até *O triunfo dos porcos* e *1984*, é o abuso do poder no mundo moderno pela esquerda e pela direita. Por vezes, isto assume a forma de uma análise das relações entre amo e escravo na Birmânia colonial; noutras entre criados e lavadores de pratos na Paris da Grande Depressão, mas o mais frequente, nos ensaios e livros de Orwell a partir de 1937, é a análise da relação entre o Estado e o indivíduo. Foi por esta razão, por exemplo, que o movimento sindicalista polaco reclamou Orwell na década de 80, emitindo selos com a sua imagem para o seu serviço postal[25]. (Além do mais, não se percebe como pôde Podhoretz ignorar a oposição de Orwell à criação de Israel. Tosco Fyvel, que era sionista e amigo de Orwell, recordou que, para Orwell, «os sionistas eram colonos brancos como os britânicos na Índia ou na Birmânia, e os árabes eram como os birmaneses... Ele era contra o nacionalismo judaico – era contra todos os nacionalismos»[26]. Mas Fyvel não explica a aparente contradição de Orwell ter sido um defensor convicto da vida rural inglesa, o que equivale a uma forma de regionalismo, embora não seja nacionalismo.

O aspeto mais duradouro da adoção de Orwell pelos conservadores é que a esquerda moderna nunca se sentiu completamente confortável com o Orwell pós-guerra. É lamentável. Aqueles que acreditam na liberdade de expressão e são céticos em relação ao capitalismo selvagem deviam ter lugar para Orwell nos seus corações e mentes, e não deixar que ele seja exclusivamente reclamado pelos conservadores. Só porque uma fação ou ala de politólogos cita um autor, isto não significa necessariamente que o autor concordasse ou concorde com eles. Quem tiver dúvidas acerca das opiniões políticas de Orwell fará bem em lembrar-se que em novembro de 1945 ele escreveu: «Pertenço à Esquerda e tenho de trabalhar no seio da Esquerda, apesar de odiar o totalitarismo russo.»[27] Orwell não era alguém que, tal como ele disse acerca de outro escritor, se deixasse «empurrar para uma espécie de toryismo perverso por causa das loucuras do partido progressista do momento»[28].

Dito isto, a julgar pelos seus escritos, é possível que Orwell tivesse ficado horrorizado, em finais dos anos 60, com o narcisismo dos *hippies* e com muitos aspetos da Nova Esquerda. «As sociedades hedonistas não perduram»,[29] escreveu ele. Mas é provável que tivesse criticado os anos 60 não como conservador, mas da perspetiva do seu socialismo agrário aldeão. E também é possível que ele tivesse gostado de outros aspetos das décadas de 60 e 70, tais como o movimento de regresso à terra e outras reações contra a agricultura empresarial e a favor do cultivo de alimentos orgânicos pelos pequenos agricultores. Aliás, durante toda a sua vida, Orwell viveu uma espécie de regresso à terra, procurando pescar e cultivar alimentos na Escócia apesar dos seus problemas de saúde. E tendo em conta o seu amor à natureza e a sua desconfiança em relação às grandes empresas, também é provável que se tivesse envolvido na luta contra o aquecimento global.

* * *

O segundo grande impulso que Orwell recebeu foi trinta e quatro anos após a sua morte, em 1984. Nesse ano, *1984* foi novamente campeão de vendas: no princípio do ano, vendeu 50 000 exemplares por dia[30]. Steve Jobs e a Apple deram outro empurrão a Orwell com um anúncio que foi transmitido na final da Super Bowl desse ano. O anúncio, que apresentou o computador Macintosh, evocou as imagens de *1984*, com uma figura tipo Grande Irmão num enorme ecrã cinzento que era partido por um martelo voador atirado por uma jovem vestida com equipamento de corrida de cores garridas. O anúncio só foi mostrado uma vez, mas tornou-se um dos mais célebres de sempre[31].

Se o débil sistema respiratório de Orwell o deixasse ter chegado a 1984, quando faria oitenta e um anos, é provável que tivesse prosseguido o seu trajeto para o não conformismo inglês levemente hipócrita sob a forma da vida agrícola hermética que tentou criar para si nas Hébridas quando começou a morrer. Stephen Spender – desta vez, percebeu bem Orwell – comentou: «O que ele valorizava era o antigo conceito da Inglaterra baseado no campo, no qual ser conservador é ser contra as mudanças em curso, em especial, as mudanças que geram desigualdades. Ele era contra a classe média industrial impudente que surgiu no século XIX.»[32]

E se Orwell tivesse conseguido ver o mundo de hoje, teria quase de certeza aprovado as críticas ao aumento das desigualdades nos Estados

Unidos, na Grã-Bretanha, na Rússia e na China. Tendo em conta a abrangência de *O triunfo dos porcos*, é provável que ele não se tivesse admirado com a odisseia da China moderna, desde a revolução e a Revolução Cultural até à atual aliança profana entre o Partido Comunista e os novos oligarcas bilionários. O que teria Orwell escrito depois de passar um ou dois anos na China de hoje?

* * *

O único golpe grave sofrido pela crescente reputação de Orwell foi a revelação, em 1998 e 2003, de que na parte final da sua vida ele tinha elaborado listas de suspeitos comunistas para o governo britânico[33]. Este ato de informação, feito no seu quarto de hospital, em maio de 1949, torna-se mais compreensível quando visto no contexto da época[34]. Em Espanha, Orwell viu amigos seus serem encarcerados e executados sem julgamento pelos soviéticos, e teve alguns motivos para temer pela sua segurança depois da publicação de *O triunfo dos porcos*, que, como vimos, esbarrou com alguns obstáculos colocados por Peter Smollett, um funcionário público britânico que trabalhava clandestinamente para os soviéticos. Smollett foi recrutado por Kim Philby, que na altura ainda não tinha sido descoberto e era ativo na vida britânica e respeitado, juntamente com outros agentes soviéticos, como Guy Burgess e *Sir* Anthony Blunt. Em setembro de 1949, quando Orwell estava à beira da morte, Philby foi nomeado para o cargo crucial de chefe dos serviços de informações da embaixada britânica em Washington.

No entanto, a verdade é que os pensadores modernos da direita e da esquerda concordam fundamentalmente que a obra de Orwell se tornou central para a nossa compreensão do século passado e deste. A direita neoconservadora saúda-o com frases como «há quem lhe chame o escritor mais importante do século xx»[35]. O esquerdista Hitchens foi ainda mais longe: «O século xx é dele enquanto escritor contra o fascismo, o comunismo e o imperialismo, de uma forma que nenhum outro autor inglês pode reclamar.» Em 2013, na *New Republic*, um articulista comparou Orwell a Montaigne e Shakespeare, e chamou-lhe «Sábio do Século»[36].

A RESSURREIÇÃO DE ORWELL PÓS-11 DE SETEMBRO

Esta questão conduz ao terceiro e, quiçá, mais inesperado dos estímulos póstumos à reputação de Orwell. Alguns críticos profetizaram que Orwell iria perdendo importância depois de 1984, ou pelo menos depois do fim da União Soviética. Em 1987, Harold Bloom previu que *1984* acabaria por ser visto como «uma obra de época como *A cabana do pai Tomás*»[37]. Até o crítico literário Irving Howe, apoiante de longa data de Orwell, disse que depois do fim da Guerra Fria, «talvez *1984* tenha apenas um "interesse histórico"»[38].

Contudo, a geração pós-guerra Fria deu ouvidos às palavras de Orwell. Em vez de perder importância, Orwell aumentou de novo em popularidade. O desaparecimento do contexto histórico de *1984* parece ter libertado o livro e permitido que a sua mensagem seja reconhecida como referente a um problema universal da humanidade.

A prova é que nos últimos anos, leitores e escritores de todo o mundo responderam ao retrato que Orwell ofereceu de um Estado quase omnisciente. Em julho de 2005, um bloguista escreveu: «Vivemos numa nova era da vigilância, na qual o conceito de George Orwell da vida numa sociedade em que todos os cidadãos estão sob vigilância constante se está a tornar assustadoramente prevalecente.»[39] Em 2015, o escritor iraquiano Hassan Abdul disse: «Sei que George Orwell, quando escreveu *1984*, não pensou: "Vou escrever uma história instrutiva para um garoto do Iraque". Mas para mim, o livro explica melhor o Iraque de Saddam do que qualquer outra coisa antes ou depois.»[40] Em 2015, *1984* surgiu numa lista dos dez livros mais vendidos do ano na Rússia[41].

Em 2014, *1984* tornou-se tão popular como símbolo para os manifestantes antigovernamentais na Tailândia que a Philippine Airlines começou a avisar os seus passageiros, numa lista de conselhos úteis, que a posse do livro poderia originar problemas com as autoridades aduaneiras e outras[42]. «Emma Larkin», o pseudónimo literário de uma jornalista americana que trabalha no Sudeste Asiático, escreveu: «Na Birmânia, corre a piada de que Orwell não escreveu só um livro sobre o país, mas sim uma trilogia: *Dias birmaneses*, *O triunfo dos porcos* e *1984*.»[43]

Orwell parece ter uma ressonância especial na China moderna. Desde o ano de 1984, foram publicadas cerca de treze traduções chinesas de *1984*, o qual, bem como *O triunfo dos porcos*, também foi traduzido para tibetano. Ao explicar a relevância de Orwell para a China, um dos tradutores, Dong Leshan, referiu: «O século xx vai terminar em breve, mas o terror político continua vivo e é por isto que *1984* mantém a sua validade.»[44]

As reflexões anteriores de Orwell sobre os abusos do poder político também encontraram um novo público. O radical islâmico Maajid Nawaz, que leu *O triunfo dos porcos* quando estava preso no Egito, compreendeu que Orwell falava às suas dúvidas íntimas. «Comecei a juntar os pontos e a pensar: "Meu Deus, se estes tipos com os quais estou preso chegarem alguma vez ao poder, serão o equivalente islâmico de *O triunfo dos porcos*".»[45] No Zimbabué, um jornal oposicionista sublinhou a ideia da revolução traída publicando uma ilustração na qual o porco Napoleão surge com os grandes óculos usados pelo presidente vitalício do país, Robert Mugabe – a máquina tipográfica do jornal foi destruída com uma mina anticarro.[46] Em 2014, um artista cubano foi parar à cadeia sem julgamento por ter encenado uma versão teatral de *O triunfo dos porcos*. Para ter a certeza de que as autoridades percebiam a mensagem, pintou os nomes «Fidel» e «Raul» em dois porcos[47].

Na era pós-11 de Setembro, *1984*, em particular, ganhou uma nova relevância e uma nova geração de leitores no Ocidente devido a três aspetos interligados.

Para os americanos, o contexto de guerra permanente de *1984* constitui um aviso arrepiante. No livro, tal como na vida americana de hoje, o conflito é nos bastidores e só se ouvem impactos ocasionais de mísseis ao longe: «Winston não se conseguia lembrar ao certo de um tempo em que o seu país não tivesse estado em guerra.»[48] (Aplica-se o mesmo a todos os americanos com vinte e poucos anos de idade ou mais novos. No livro, há até quem desconfie de que o governo simula a existência de uma guerra para se manter no poder.)

Numa época em que a América trava as suas guerras com *drones* que disparam mísseis de precisão e com um número reduzido de SEAL e outras forças de operações especiais no terreno em lugares remotos do Médio Oriente, com atentados bombistas ocasionais em cidades como

Londres, Paris, Madrid e Nova Iorque, esta passagem do livro é assustadoramente presciente:

> É uma guerra com objetivos limitados entre beligerantes que são incapazes de se destruírem uns aos outros e que não têm motivos materiais para combaterem... Envolve um número muito reduzido de pessoas, principalmente especialistas muitíssimo treinados, e causa relativamente poucas baixas. Os combates, quando os há, decorrem nas vagas fronteiras cuja localização é desconhecida para o homem comum. Nos centros da civilização, a guerra não passa... do rebentamento ocasional de um foguete que pode causar algumas dezenas de mortes.[49]

O segundo motor do aumento da popularidade de Orwell depois do 11 de Setembro foi a ascendência do Estado da informação. Vivemos numa época em que o Estado é intrusivo e presunçoso no Oriente e no Ocidente. No princípio da década de 2000, o governo dos Estados Unidos matou rotineiramente pessoas em países com os quais nem sequer estava em guerra, tais como o Paquistão e o Iémen, utilizando veículos aéreos não tripulados. Muitos dos mortos nem sequer foram previamente identificados, a não ser por padrões de comportamento que o governo dos EUA considerou ameaçadores. Estas operações tornaram-se conhecidas por «assassínios seletivos», isto é, têm como alvos indivíduos adultos do sexo masculino que mostram um padrão comportamental associado aos terroristas, tais como falar ao telefone com terroristas conhecidos ou participar numa reunião com eles[50]. Este tipo de ataque foi executado às centenas em países como o Paquistão, o Iémen e a Somália. (Os americanos também referiram, invocando uma argumentação legalista, que os alvos estavam armados, mas isto não colhe porque os alvos encontram-se geralmente em zonas como a fronteira entre o Afegão e o Paquistão, uma espécie de Dodge City moderna onde os homens costumam andar armados). Os «metadados» – a manipulação de milhares de milhões de bits de informação para reconhecer padrões desconhecidos – permitem aos governos compilar rapidamente dossiês sobre o comportamento de milhões de indivíduos.

É certo que o governo americano utilizou estes modos letais e intrusivos em reação aos ataques de 11 de Setembro. É provável que Orwell denunciasse veementemente os atentados e a resposta em pânico do governo dos EUA. O seu princípio norteador era a liberdade de consciência, contra o controlo do governo e dos extremistas religiosos ou ideológicos. Recorde-se a sua observação citada no fim do primeiro capítulo deste livro: «Se a liberdade significa alguma coisa, é o direito de dizer às pessoas o que não querem ouvir.»[51] Por conseguinte, é significativo que a maior ameaça à liberdade que Winston vê em *1984* não tenha origem no estrangeiro, mas sim no seu próprio governo.

O terceiro aspeto, quiçá o mais chocante, é a forma como o uso da tortura em *1984* prefigura a forma como o Estado a usa hoje na sua interminável «guerra ao terror». Depois de 11 de Setembro, pela primeira vez na história da América, a tortura tornou-se uma política oficial. (Já tinha sido ocasionalmente usada antes, mas sempre ao arremedo da lei, e por vezes a sua utilização acabou em tribunal.) Houve funcionários da CIA que admitiram que recorriam à tortura e quase desafiaram um procurador a acusá-los – o que não aconteceu.

Os especialistas debatem qual foi o autor de meados do século XX que previu mais acertadamente o futuro: Aldous Huxley, em *Admirável mundo novo*, onde as pessoas são controladas pelo Estado através do prazer, ou Orwell, com a sua visão mais negra de um Estado assente na utilização da dor. (Huxley foi durante algum tempo professor de francês de Orwell em Eton.) Na realidade, trata-se de uma falsa distinção: acertaram ambos. A grande maioria das pessoas prefere ser entretida e não contestar o Estado, mas em muitos casos, surge uma minoria dissidente e a sua repressão requer geralmente métodos mais duros. Quase no fim de *1984*, Orwell escreve: «A escolha da humanidade era entre a liberdade e a felicidade e... a maioria esmagadora da humanidade preferia a felicidade.»[52] Diga-se, aliás, que alguns americanos parecem estar mais ou menos confortáveis com a monitorização das suas comunicações privadas pelo aparelho de segurança do Estado. Neste caso e no da utilização da tortura, o povo americano consentiu tacitamente um desvio radical das suas tradições nacionais.

Alguns Estados seguiram o exemplo da América na exploração das possibilidades intrusivas da alta tecnologia de escuta. Durante a turbulência na Ucrânia, em 2014, o governo pró-russo, acossado pelos manifestantes, enviou-lhes uma mensagem absolutamente orwelliana.

Monitorizou a localização dos telemóveis nas zonas dos protestos e enviou uma mensagem de texto em massa com o seguinte aviso: «Caro assinante, foi registado como participante numa agitação de massas.»[53] O «caro» é particularmente evocador da atitude do Grande Irmão.

* * *

Orwell não foi omnisciente. Temia a força bruta do totalitarismo mas, como vimos, nunca visitou a América e talvez por isso não se tenha apercebido da resiliência do capitalismo. Tal como se enganou em relação à adaptabilidade dos soldados americanos durante a Segunda Guerra Mundial, também subestimou a natureza adaptativa da sua sociedade. Noutro contexto, escreveu, em 1943, que «uma economia exclusivamente regida pelo motivo do lucro não consegue rearmar à escala moderna»[54]. Esta afirmação poderia aplicar-se à Grã-Bretanha dos anos 30, cuja economia estava em declínio e não conseguiu financiar adequadamente a inovação, mas nas últimas oito décadas, os Estados Unidos mostraram por três vezes que foi incorreta: na Segunda Guerra Mundial, na era Eisenhower e na reconstrução pós-Vietname das forças armadas americanas, quando as despesas de Reagan se combinaram com Silicon Valley para criarem um poderoso aparelho militar assente no computador.

Por conseguinte, Orwell também subestimou o nível a que os Estados e as empresas ocidentais se podiam tornar intrusivos. Em *O caminho para Wigan Pier*, profetizou erradamente que «o ritmo do progresso mecânico será muito mais rápido depois do estabelecimento do socialismo»[55]. É possível que a sua visão tenha sido restringida pela sua localização. As opiniões sobre as limitações do capitalismo foram influenciadas por aquilo que ele observou na Grã-Bretanha, isto é, um capitalismo estagnado de finais da era industrial. O seu objetivo maior era a eficiência, o que significava que o sistema dependia de os gestores espremerem os sistemas e os trabalhadores para obterem mais dinheiro. «Os processos de fabrico de um avião, por exemplo, são tão complexos que só são possíveis numa sociedade dirigida e centralizada, com todo o aparelho repressivo que isso implica», escreveu Orwell, em 1945. «A menos que se verifique uma mudança imprevisível na natureza humana, a liberdade e a eficiência puxam inevitavelmente em sentidos opostos.»[56]

Orwell não pôde ver que com o advento da era da informação, décadas mais tarde, a eficiência se tornou muito menos significativa em termos económicos do que a inovação e a adaptabilidade. A Apple, a Microsoft, a Google e inúmeras outras empresas criadas em finais do século XX não fabricaram melhores máquinas de escrever: criaram produtos completamente novos, tais como computadores portáteis e respetivas aplicações. Não foram eficientes porque a inovação é necessariamente um processo com desperdícios, gerando muito mais fracassos do que êxitos. Aliás, estas empresas só conseguiram competir cumulando de dinheiro e outras regalias trabalhadores capazes de desenvolverem produtos inovadores. Orwell também não conseguiu ver que estas empresas, paradoxalmente inspiradas numa ideologia californiana de libertação pessoal, começaram rapidamente a criar produtos que se intrometeram muito mais profundamente na vida privada do que os titãs da era industrial, monitorizando constantemente os consumidores para lhes venderem mais produtos. Hoje em dia, a informação, além de ser poderosa, tornou-se colossalmente lucrativa. Em Silicon Valley, diz-se que uma aplicação grátis é coisa que não existe – se é grátis, a pessoa que a usa *é* o produto. Por outras palavras, as empresas de Silicon Valley consideram as pessoas recursos a extrair e explorar, por exemplo, como o carvão no século XIX.

A nova relevância de Orwell parece tê-lo tornado, nos últimos anos, pela primeira vez, uma espécie de celebridade, com uma presença frequente na cultura popular. Um «alerta Google» mantido durante a escrita deste livro gerou um fluxo constante de vinte a trinta citações diárias de Orwell em jornais, revistas, sítios *web* e outros meios em todo o mundo. Havia sempre uma ou mais referências que começavam com a reflexão «Se Orwell fosse vivo…», denunciaria, em geral, aquilo a que o autor do texto se opunha. Nos comentários políticos, Orwell é reduzido a um cacete para cascar nos adversários. Eis um exemplo típico tirado de um editorial do jornal de direita *Wall Street Journal*: «Adaptando as palavras de ordem criadas por George Orwell para a Oceânia: Com o Sr. Obama, os amigos são inimigos, a negação é sabedoria, a capitulação é vitória.»[57] Eis outro exemplo, escrito semanas depois por um estudante universitário liberal: «A América ainda não é uma distopia orwelliana... Mas embora as suas políticas estejam suficientemente próximas para merecerem o "ainda", o voto num candidato republicano é um voto que impele a América para *1984*.»[58] É fácil troçar destas invocações de Orwell, mas isso é perder de vista a razão pela qual elas têm um aspeto importante e benéfico: é evidente que os escritos de Orwell ensinaram muita gente a estar alerta em relação à retórica anestesiante do governo, à vigilância oficial abrangente e, sobretudo, à intrusão do Estado na esfera da vida privada.

Existe um fluxo mais interessante de alusões a Orwell no mundo das artes e do entretenimento. Cumulativamente, estas alusões tornam-no, na prática, numa figura atual da nossa cultura. Em 2013, quando o cantor David Bowie elaborou uma lista dos seus cem livros preferidos, incluiu três de Orwell[59]. O treinador da equipa de futebol do Birmingham City referiu *1984* como o seu livro preferido[60]. Uma estridente banda *rock* de Chicago chamada The Orwells ganhou fama internacional com temas como «Who Needs You?» e «Dirty Sheets», duas canções que Orwell, se fosse dado à música, talvez tivesse escrito. Um duo *indie* canadiano chamado Town Heroes lançou um álbum inspirado no conselho de Orwell de procurarmos ver o que temos à frente do nariz[61].

Talvez a melhor homenagem moderna a Orwell seja o interessante romance *O círculo*, da autoria de David Eggers, que reconfigura *1984* em Silicon Valley. A ação decorre numa empresa chamada Círculo que parece ter absorvido a Apple, a Google e o Facebook, e talvez outras empresas baseadas na informação. O enredo segue a descida de uma jovem mulher chamada Mae ao mundo da vigilância total voluntária. Talvez não seja por coincidência que a nova sede que a Apple está a construir há anos seja um círculo perfeito envolto em vidro[62]. O conceito da Apple ecoa involuntariamente a prisão ideal de Jeremy Bentham, o Panóptico circular[63]. No entanto, tal como Eggers saberá, o edifício da Apple não é para olhar para o interior, para os presos, mas sim para o exterior, para a vida de todos nós.

O enredo é alimentado pelo retrato realista que Eggers oferece da visão que Silicon Valley tem do mundo combinado com a sua opinião de que as atividades das suas empresas acabarão por prejudicar as liberdades das pessoas. «Toda a gente deve ter o direito de saber tudo», diz um dos três líderes da empresa. Além do mais, acrescenta ele, se toda a gente for vigiada, «o resultado será um modo de vida mais moral... Mae, estaremos finalmente obrigados a sermos o melhor de nós próprios».

Eggers envolve astuciosamente este pensamento horrível numa linguagem «californiana»: «Poderemos finalmente realizar o nosso potencial.»

Os supervisores de Mae descobrem que ela não partilhou todos os dados sobre as suas experiências. Interrogam-na em público, numa sessão que é vista pelos que a rodeiam como uma forma de crescimento espiritual. Ela resume para os seus pares o que foi obrigada a aprender:

> SEGREDOS SÃO MENTIRAS
> PARTILHAR É AMAR
> PRIVACIDADE É ROUBO

Talvez não seja de admirar que a publicação setorial *Digital Trends* tenha considerado partes do livro «quase insultuosas»[64].

Os académicos vasculharam os pormenores triviais da carreira de Orwell, tais como o facto de em 1931, quando estava a escrever *Na penúria em Paris e em Londres*, ter sido detido durante uma noite e dado à polícia o nome «Edward Burton»[65]. Um jornalista que investigou a vida de Orwell na aldeia do Hertfordshire descobriu que um vizinho o considerou «um zero»[66] como lojista – ninguém ficou admirado com a descoberta.

Hoje, Orwell poderia viver confortavelmente na sua loja a autografar os seus livros. Em 2014, o seu executor literário disse a uma publicação britânica que as receitas patrimoniais de Orwell tinham aumentado 10% por ano durante os últimos três anos – ultrapassando em muito a situação estagnada da economia[67]. A BBC encomendou uma estátua do seu ex-funcionário Orwell e planeou inaugurá-la em 2016. Feitas as contas, em termos de influência contemporânea, Orwell ultrapassou Churchill.

* * *

Será que estas homenagens sobrevalorizam Orwell? Talvez sim, em especial, nas constantes referências que o retratam como profeta ímpar do totalitarismo. Contudo, a maior parte dos factos milita a favor de Orwell. Um dos motivos pelos quais ele não surge nos relatos dos seus contemporâneos é porque compreendeu a sua era muito melhor do que eles. Na altura, isto era impossível de provar, mas foi validado pelos acontecimentos das seis décadas que decorreram desde que ele deixou de escrever.

No entanto, o contributo mais duradouro de Orwell para a cultura ocidental talvez seja o menos notado. Diz-se com frequência que ele foi um dos poucos escritores que contribuíram com palavras e frases para a nossa linguagem: «duplopensar», «Grande Irmão», «buraco de memórias», «Todos os animais são iguais mas alguns são mais iguais do que outros».

Contudo, é menos referido que o seu estilo distinto, em especial, quando examina a política e a cultura, se tornou a norma no debate destas questões. Em publicações como o *Times Literary Supplement* e a *New York Review of Books* e nos editoriais de centenas de jornais, a abordagem prevalecente é ou pelo menos procura ser como a dele: concisa, declarativa e assente em factos concretos mas ignorados. Esta é uma das razões pelas quais os seus ensaios e recensões têm um ar tão contemporâneo. Considere-se, à guisa de exemplo, o texto seguinte de um politólogo americano do século XXI, Ta-Nehisi Coates: «Mas todo o nosso fraseamento – *relações raciais, fosso racial, justiça racial, perfil racial, privilégios brancos* e até *supremacia branca* – seve para esconder que o racismo é uma experiência visceral, que desloca o cérebro, bloqueia o sistema respiratório, rasga músculos, extrai órgãos, quebra ossos e parte dentes. Nunca te esqueças disto.»[68] O fraseamento, o ritmo e sobretudo a recomendação fundamental de olhar para a forma como o poder é realmente expressado são puro Orwell.

É exagerado – mas talvez não muito – dizer que Churchill e Orwell – juntamente com muitos outros – terão contribuído para as condições que possibilitaram o crescimento económico explosivo de finais do século XX. Churchill, com os seus atos como líder de guerra, possibilitou o mundo pós-guerra. A Guerra Fria foi uma consequência da Segunda Guerra Mundial, cuja conclusão dependeu dos acontecimentos de 1940, nos quais Churchill ocupou um lugar central. A Rússia e os Estados Unidos, que ainda não eram beligerantes, acabaram por ganhar a guerra, mas em 1940 Churchill foi importante por ser «o homem que não a perdeu»,[69] observou o historiador John Lukacs, nascido na Hungria, que esteve cativo dos nazis durante a Segunda Guerra Mundial. O escritor britânico Paul Johnson terá resumido perfeitamente a situação ao escrever: «Toda a gente que preza a liberdade sob o primado da lei e o governo do povo, pelo povo e para o povo, pode encontrar conforto e confiança na sua história de vida.»[70]

O crescimento económico criou espaço para o indivíduo e oportunidades para a expressão pessoal criativa. É muito pouco provável que o fascismo ou o comunismo tivessem conseguido promover o crescimento económico explosivo de finais do século XX. A Internet, não obstante a sua natureza intrusiva, é benéfica por encorajar a expressão individual. Durante a maior parte dos últimos dois séculos, foi geralmente necessário ter posses para publicar. Ora isto deixou de ser verdade. Hoje, qualquer pessoa com acesso a um computador pode transmitir opiniões, factos e imagens para todo o mundo. O aspeto negativo é que os governos e as empresas podem servir-se de todos esses dados e transformar a Internet numa espécie de telecrã transmissor-captador de *1984*, mas ainda mais abrangente, um mecanismo gigante que combina a vigilância do Estado com o capitalismo.

Orwell percebeu que as pessoas se poderiam tornar escravas do Estado, mas não previu que se pudessem tornar outra coisa que também o horrorizaria: produtos de empresas, dados para serem infindavelmente extraídos e vendidos. Orwell teria certamente sido um crítico veemente destas coisas.

POSFÁCIO

O CAMINHO DE CHURCHILL E ORWELL

Quando se viram confrontados com um momento crucial na história, Churchill e Orwell começaram por procurar os factos e depois agiram em função das suas convicções. Enfrentaram uma situação genuinamente apocalíptica na qual o seu modo de vida foi ameaçado de extinção. Muitos dos que os rodeavam acreditaram que o mal ia triunfar e prepararam-se para se entenderem com ele. Churchill e Orwell não. Reagiram com coragem e visão. Se podemos tirar alguma coisa deles, é a sabedoria de utilizar este processo de duas fases, em especial, em tempos de crises colossais: trabalhar diligentemente para discernir os factos e depois agir de acordo com os nossos princípios.

Churchill e Orwell enganaram-se com frequência nos seus juízos, mas procuraram sempre ir ao fundo das questões, o que também é importante[1]. Orwell, em especial, nunca deixou de tentar ver claramente através das mentiras, das dissimulações e das distrações. Em vez de moldar os factos em função das suas opiniões, deixou que os factos modificassem as suas opiniões.

Face ao terrorismo, ao aquecimento global, às desigualdades sociais e ao racismo, e perante políticos assustadiços e líderes demagogos, é bom lembrarmo-nos de como estes dois homens reagiram aos acontecimentos esmagadores do seu tempo. Foram especialmente aptos a reconhecer as ilusões dos respetivos grupos sociais – um talento útil mas impróprio para fazer e manter amizades.

Importa ter presente que quase todos nós, durante a maior parte do tempo, não gostamos das vozes de pessoas como Orwell e Churchill. Quando nos vemos confrontados com uma crise, não aprofundamos a questão. Fugimos-lhe. O apaziguamento dos anos 30 foi precisamente isto, uma forma de fugir à questão, de ignorar os factos duros e inevitáveis.

Taylor Branch, no primeiro volume da sua biografia de Martin Luther King Jr., usa com frequência o termo «fuga psicológica» para descrever a reação do grosso da América branca ao movimento dos direitos civis[2]. O maior problema que os ativistas dos direitos civis enfrentaram nos anos 50 e 60 não foram propriamente os preconceitos, nem sequer no Sul, mas sim a relutância das pessoas bem-intencionadas em lidarem com uma injustiça ulcerosa que não podia esperar mais tempo.

Em abril de 1963, o Dr. King estava preso em Birmingham, no Alabama, acusado de violar a lei com a realização de marchas e protestos sentados no âmbito de uma campanha em prol dos direitos civis. O seu advogado levou-lhe a edição de 13 de abril do *Birmingham News*. Na página 2, King leu o seguinte cabeçalho: CLÉRIGOS BRANCOS APELAM AOS NEGROS PARA QUE NÃO PARTICIPEM NAS MANIFESTAÇÕES. Diversos sacerdotes brancos que se tinham pronunciado a favor da integração eram citados rejeitando a campanha de King, classificando-a de «imprudente e inoportuna»[3]. A atitude correta, diziam os clérigos moderados, era os extremistas de ambos os lados acalmarem-se e darem tempo às pessoas.

King começou a escrever a sua resposta nas margens do jornal – era o único papel que tinha disponível. Terminou quatro dias depois. Na sua «Carta da Cadeia Municipal de Birmingham», King, tal como Orwell e Churchill, pediu simplesmente às pessoas para verem o que tinham à frente do nariz. King começa por explicar o que está a fazer na sua campanha e como. O primeiro passo, ensina ele aos religiosos, é «Recolha de factos para determinar onde existem injustiças». Os restantes três passos, prossegue ele, são: «2) negociação; 3) autopurificação; 4) ação direta.»

Orwell diria que o primeiro passo, a recolha dos factos, é o ato mais revolucionário, tal como é para Winston em *1984*. King argumenta que num mundo assente nos factos, no qual o indivíduo tem o direito de percecionar os factos e decidir sozinho sobre eles, o Estado tem de fazer por merecer a lealdade dos cidadãos. Quando não está à altura da sua retórica, começa a perder o direito a essa lealdade. Esta ideia é ao mesmo tempo profundamente revolucionária e muito americana.

De seguida, King expõe os factos:

> Birmingham é provavelmente a cidade mais segregada dos Estados Unidos. O seu registo nocivo de brutalidade policial é conhecido em todas as partes do país. O seu tratamento injusto dos negros nos tribunais é uma triste realidade. Verificaram-se mais ataques bombistas contra lares e igrejas negros que continuam por esclarecer do que em qualquer outra cidade do país. Estes são os factos duros, brutais e inacreditáveis.

Advogar a violação da lei como forma de obrigar o Estado a tratar decentemente os cidadãos não é uma contradição? De modo nenhum, responde ele, invocando o direito perene de o indivíduo chegar às suas próprias conclusões. «Qualquer lei que eleve a personalidade do homem é justa», afirma ele. «Qualquer lei que degrade a personalidade do homem é injusta.»

É provável que Orwell aprovasse esta distinção, e também teria concordado com o seguinte pensamento de King: «Se eu vivesse num país comunista, onde certos princípios caros à religião cristã são reprimidos, creio que advogaria abertamente a desobediência a essas leis antirreligiosas.»

Algumas páginas depois, King, expressando a sua confiança na vitória final do movimento dos direitos civis, afirma que «o bem derrotado é mais forte do que o mal vitorioso»[4]. Existe aqui um eco da posição de Churchill na primavera de 1940. Tal como seria de esperar, King tornou-se rapidamente uma vítima da vigilância do Estado.

A fuga psicológica com a qual Churchill e Orwell se viram confrontados em relação à ascensão de Hitler e aos defeitos do comunismo demonstra que este tipo de comportamento pode ser muito debilitante para a reação à opressão. Apesar de confrontada com uma ameaça militar iminente, a classe governante britânica foi incapaz de se mostrar determinada a defender o seu modo de vida democrático e liberal. A oposição à ameaça soviética depois da Segunda Guerra Mundial foi um desafio mais complexo mas exigiu, no mínimo, que víssemos o comunismo estalinista como na realidade era, uma ideologia totalitária mortífera que extinguia a liberdade do indivíduo não só de se expressar mas também de pensar, o que para pensadores enérgicos e idiossincráticos como Orwell e Churchill era equivalente à tortura.

Com o passar do tempo, acabamos por reconhecer os verdadeiros heróis do passado recente. Sabemos agora que os verdadeiros líderes dos anos 60 nos Estados Unidos foram Martin Luther King Jr., Bayard Rustin, Malcolm X e outros que não quiseram ser pacientes. No estrangeiro, reconhecemos, entre as pessoas que contribuíram para eliminar o comunismo da Europa de Leste e da Rússia, Václav Havel, Czeslaw Milosz, Lech Walesa, o papa João Paulo II, Aleksandr Solzhenitsyn, Andrei Sakharov e outros dissidentes.

A maior parte dos seus pares seguiu um caminho diferente. Nestas situações, a maioria está quase sempre enganada, pelo menos no princípio. O escritor checo Milan Kundera recorda-nos em *O livro do riso e do esquecimento* que na primavera de 1948, quando os soviéticos impuseram o comunismo estalinista na Checoslováquia, foram bastante saudados pelos «mais dinâmicos, mais inteligentes e melhores. Sim, digam o que disserem, os comunistas eram mais inteligentes. Tinham um programa imponente, um plano para um mundo completamente novo onde toda a gente encontraria o seu lugar. Os seus opositores não tinham um sonho grandioso, somente alguns princípios morais enfadonhos e gastos com os quais tentaram remendar as calças rasgadas da ordem vigente».

Depois de conquistarem o poder, os comunistas checoslovacos deram início a um programa que não teria surpreendido Orwell: apagar sistematicamente o passado. Uma das personagens de Kundera, um historiador prestes a ser enviado para a prisão por muitos anos, põe a questão da seguinte forma: «Começa-se por liquidar um povo... tirando-lhe a sua memória. Destrói-se os seus livros, a sua cultura, a sua história.»[5] Kundera optou pelo exílio.

Recusar andar com o rebanho é geralmente mais difícil do que parece. Romper com os mais poderosos do rebanho exige uma profundidade de caráter e uma clareza de espírito invulgares. Mas é um caminho que todos nós devemos procurar se quisermos preservar o direito de pensar, falar e agir de forma independente, respeitando os ditames da nossa consciência e não os do Estado ou do pensamento da moda. Na maior parte dos lugares e durante a maior parte do tempo, a liberdade não resulta da ação militar. É algo vivo que aumenta ou diminui diariamente na forma como pensamos e comunicamos, como nos tratamos uns aos outros no nosso discurso público, no que valorizamos e recompensamos enquanto sociedade, e na forma como o fazemos. Churchill e Orwell mostraram-nos o caminho. King, na mesma via, encontrou forma de redimir a América, tal como Lincoln tinha feito em Gettysburg cem anos antes.

Todos nós podemos tentar fazer o mesmo, recolhendo os factos, em especial, os relativos ao passado do nosso país[6]. Os factos são impressionantemente duais nos seus efeitos. Encontros de «verdade e reconciliação» na Argentina, na África do Sul e em partes do País Basco espanhol mostraram que os factos são instrumentos maravilhosamente eficazes: podem destruir falsidades, mas também podem lançar as bases para se seguir em frente. Para as democracias prosperarem, a maioria tem de respeitar os direitos das minorias à dissidência. A opinião correta é quase sempre minoritária, pelo menos no princípio. Em muitos casos, os detentores do poder, quer seja na Rússia, na Síria ou mesmo na América, procuram desviar as pessoas dos factos. Porque é que os americanos brancos demoraram tanto tempo para compreenderem que a nossa polícia ainda trata frequentemente os americanos negros como inimigos a intimidar? Porque é que deixamos líderes políticos que não têm a fidelidade de Churchill às instituições tradicionais autoproclamarem-se conservadores?

A luta para ver as coisas como são é, quiçá, o motor fundamental da civilização ocidental. Existe uma linha longa mas reta de Aristóteles e Arquimedes a Locke, Hume, Mill e Darwin, e destes, através de Orwell e Churchill, até à «Carta da Cadeia Municipal de Birmingham». É a aceitação de que a realidade objetiva existe, de que as pessoas de boa vontade a podem percecionar, e de que outras pessoas alterarão as suas opiniões quando confrontadas com os factos.

AGRADECIMENTOS

Estou grato pelas muitas formas de ajuda que me foram dadas na New America por Peter Bergen, Bailey Cahall, Anne-Marie Slaughter e Rachel White. A assistência na investigação foi cabalmente prestada por Emily Schneider e Justin Lynch, da New America. A última ronda da pesquisa esteve a cargo de David Sterman, que também desenvolveu um trabalho de excelência na seleção das fotografias.

Agradeço o apoio que me foi dado pela Arizona State University sob os auspícios da New America.

Registo com agrado o apoio da Bogliasco Foundation, que me providenciou um local maravilhoso para escrever durante um mês, e um grupo de gente boa para conversar à noite.

Agradeço o auxílio na pesquisa inicial prestado por Katherine Kidder e Stuart Montgomery, na altura membros do Center for a New American Security, ao qual também estou grato.

Várias pessoas leram a totalidade ou partes do primeiro manuscrito e ofereceram sugestões úteis. Mais uma vez, Vernon Loeb disponibilizou-se generosamente como voluntário e a sua ajuda criativa contribuiu enormemente para a minha revisão do manuscrito. Os comentários e referências de Lee Pollock ajudaram-me a aperfeiçoar e a aprofundar várias passagens sobre Churchill. As reflexões de Richard Danzig fizeram-me reconsiderar a forma de comparar e contrastar Churchill e Orwell. Os pensamentos de Karin Chenoweth sobre o contexto político dos anos 30 foram úteis e inspiradores. Tim Noah ajudou-me muito a pensar o posfácio. Cullen Murphy explicou-me o que era preciso fazer para tornar o livro mais acessível. Richard Wiebe analisou com perspicácia o primeiro manuscrito, em especial, o fosso entre o que um capítulo prometia e o que oferecia. Michael Abramowitz, Ellen Heffelfinger, Richard Kohn, Anne-Marie Torres, James White e Charles e Tunky Summerall leram o livro e ofereceram contributos valiosos. Seamus Osborne foi admirável como cão de guarda do manuscrito. Nenhum deles é minimamente responsável por nada do que é dito no livro. A escrita de cinco livros ensinou-me que os erros, além de inevitáveis, são sempre meus.

Agradeço também aos úteis sítios web http://georgeorwellnovels.com e www.winstonchurchill.org, bem como às transcrições parlamentares constantes no sítio web http://Hansard.millbanksystems.com.

Reconheço de bom grado a minha dívida para com as centenas de especialistas sobre Churchill, Orwell e a Segunda Guerra Mundial cujas obras li ao escrever este livro. Alguns dos textos aos quais mais recorri foram os de Martin Gilbert, cujos muitos estudos sobre Churchill foram um guia para mim nos últimos anos. Mas desejo acrescentar que a minha biografia predileta de Churchill é a obra em vários volumes de William Manchester, talvez por causa da sua perspetiva americana. Gilbert oferece o registo definitivo, mas Manchester dá vida ao registo. Também fui influenciado pela biografia de Churchill escrita por Roy Jenkins, que é uma glosa influenciada por todas as outras. No entanto, os livros mais memoráveis sobre Churchill são os que ele próprio escreveu.

No tocante a Orwell, quero agradecer a Andy Moursund por me ter oferecido, em 1982, os quatro volumes de ensaios de Orwell.

E pela ajuda com este livro, tal como com os meus cinco anteriores, agradeço a Scott Moyers, um grande editor, e à sua equipa – Christopher Richards, Kiara Barrow e uma formidável equipa de publicidade liderada, no caso deste livro, por Gail Brussel. Sem Scott, o livro teria sido muito diferente e menos interessante. Se a revisão fosse uma prova olímpica, Jane Cavolina ganharia a medalha de ouro. Dependi novamente do aconselhamento de Andrew Wylie, o meu agente literário. E agradeço ao Dow Road Choir pelo seu incentivo semanal.

E como sempre, agradeço à minha mulher por fazer comigo a grande viagem da vida.

NOTAS

CAPÍTULO 1
DOIS WINSTONS

1 Martin Gilbert, *Churchill and America* (Nova Iorque, Free Press, 2005), p. 132.

2 "Bullet in the Neck", *in* Audrey Coppard e Bernard Crick, *Orwell Remembered* (Nova Iorque, Facts on File Publications, 1984), p. 158.

3 Conversas com Steven Wright, University College London, Special Collections, Orwell Archive, 14 de julho de 2015, e com Louise Watling, arquivista do Churchill Archives Centre, Churchill College, Universidade de Cambridge, Cambridge, 15 de julho de 2015.

4 *Sir* Charles Wilson, posteriormente Lorde Moran, *Churchill: Taken from the Diaries of Lord Moran* (Boston, Houghton Mifflin, 1966), p. 426.

5 Violet Bonham Carter, *Winston Churchill: An Intimate Portrait* (Nova Iorque, Harcourt, Brace & World, 1965), p. 416.

6 Isaiah Berlin, "Winston Churchill in 1940", in *Personal Impressions*, 2.ª org. (Princeton, N.J., Princeton University Press, 2001), p. 5.

7 Winston Churchill, *Painting as a Pastime* (Greensboro, N.C., Unicorn Press, 2013), p. 64.

8 Winston Churchill, debate no parlamento, 3 de setembro de 1939, acedido em linha em *Hansard, Parliamentary Debates*; doravante, Hansard.

9 George Orwell, "Literature and Totalitarianism", *The Listener*, 19 de junho de 1941, *in The Collected Essays, Journalism and Letters of George Orwell*, Volume 2: *My Country Right or Left, 1940-1943*, org. Sonia Orwell e Ian Angus (Nova Iorque, Harcourt Brace Jovanovich, 1968), p. 134; doravante, Orwell, *CEJL*, vol. 2.

10 Abordados como tal *in* John Rodden e John Rossi, *The Cambridge Introduction to George Orwell* (Cambridge, Cambridge University Press, 2012), p. 105.

11 Simon Schama, "The Two Winstons", série televisiva da BBC *A History of Britain*, Série 3, apresentada por Simon Schama (2002; AeE Home Video), DVD.

12 Roy Jenkins, *Churchill* (Nova Iorque, Farrar, Straus and Giroux, 2001), p. 849.

13 Veja-se Simon Read, *Winston Churchill Reporting: Adventures of a Young War Correspondent* (Boston, Da Capo, 2015).

14 Rodden e Rossi, *Cambridge Introduction to George Orwell*, p. 107.

CAPÍTULO 2
CHURCHILL, O AVENTUREIRO

1 Winston Churchill, *My Early Life: 1874-1904* (Nova Iorque, Touchstone, 1996), p. 8.

2 Peregrine Churchill e Julian Mitchell, *Jennie: Lady Randolph Churchill, a Portrait with Letters* (Nova Iorque, Ballantine, 1976), pp. 128-129.

3 Churchill, *My Early Life*, p. 31.

4 Randolph S. Churchill, *Winston S. Churchill: Youth, 1874-1900* (Boston, Houghton Mifflin, 1966), p. 79. Veja-se também Martin Gilbert, *Churchill: A Life* (Nova Iorque, Henry Holt, 1991), p. 9.

5 R. Churchill, *Winston S. Churchill: Youth*, p. 119.

6 William Manchester, *The Last Lion: Visions of Glory, 1874-1932* (Nova Iorque, Bantam, 1984), p. 137.

7 Roy Jenkins, *Churchill* (Nova Iorque, Farrar, Straus and Giroux, 2001), p. 8.

8 Palestra de Con Coughlin na New America Foundation, Washington, D.C., 5 de fevereiro de 2014.

9 Michael Shelden, *Young Titan: The Making of Winston Churchill* (Nova Iorque, Simon & Schuster, 2013), p. 34.

10 Paul Johnson, *Churchill* (Nova Iorque, Penguin, 2010), p. 7.

11 R. Churchill, *Winston S. Churchill: Youth*, p. 99.

12 Churchill, *My Early Life*, p. 12.

13 *Ibid.*, p. 13.

14 R. Churchill, *Winston S. Churchill: Youth*, p. 63.

15 *Ibid.*, p. 109.

16 Churchill, *My Early Life*, p. 17.

17 David Freeman, "Putting Canards to Rest", *Finest Hour: The Journal of Winston Churchill* (Downers Grove, Il., The Churchill Centre, Spring 2010), p. 38.
18 Churchill, *My Early Life*, p. 39.
19 *Ibid.*, p. 25.
20 *Ibid.*, p. 35.
21 *Ibid.*
22 R. Churchill, *Winston S. Churchill: Youth*, pp. 188-189.
23 *Ibid.*, p. 191.
24 *Ibid.*, p. 202.
25 *Sir* Charles Wilson, posteriormente Lorde Moran, *Churchill: Taken from the Diaries of Lord Moran* (Boston, Houghton Mifflin, 1966), p. 281.
26 Winston S. Churchill, *Painting as a Pastime* (Greensboro, N.C., Unicorn Press, 2013), p. 20.
27 Churchill, *My Early Life*, p. 109.
28 Jonathan Rose, *The Literary Churchill* (New Haven, Conn., Yale University Press, 2015), p. 24.
29 Churchill, *My Early Life*, p. 111.
30 Edward Gibbon, *The Decline and Fall of the Roman Empire*, vol. III, org. J. B. Bury (Nova Iorque, Heritage Press, 1946), p. 2042.
31 Churchill, *My Early Life*, p. 186.
32 Con Coughlin, *Churchill's First War: Young Winston at War with the Afghans* (Nova Iorque, St. Martin's, 2014), p. 112.
33 George Orwell, "Why I Write", reimpresso *in Orwell and Politics*, org. Peter Davison (Harmondsworth, Penguin Books Limited, 2001), p. 463.
34 Moran, *Churchill*, p. 9.
35 Isaiah Berlin, "Winston Churchill in 1940", *in The Proper Study of Mankind: An Anthology of Essays* (Londres, Pimlico, 1998), p. 6.
36 John Howard Wilson, "'Not a Man for Whom I Ever Had Esteem': Evelyn Waugh on Winston Churchill", *in Waugh Without End: New Trends in Evelyn Waugh Studies*, org. Carlos Villar Flor e Robert Murray Davis (Berna, Peter Lang, 2005), p. 251.
37 Ethel Barrymore, *Memories* (Nova Iorque, Harper, 1955), p. 126.
38 Violet Bonham Carter, *Champion Redoubtable* (Londres, Weidenfeld & Nicolson, 1999), p. 21.
39 Violet Bonham Carter, *Winston Churchill: An Intimate Portrait* (Nova Iorque, Harcourt, Brace & World, 1965), p. 4.
40 Moran, *Churchill*, p. 559; Rose, *The Literary Churchill*, p. 132.
41 R. W. Thompson, *Churchill and Morton* (Londres, Hodder & Stoughton, 1976), p. 71.

42 Bonham Carter, *Winston Churchill*, p. 383.

43 Moran, *Churchill*, pp. 324-335.

44 Churchill, *My Early Life*, p. 212.

45 *Ibid.*

46 Winston Churchill, *The Story of the Malakand Field Force* (Mineola, N.Y., Dover, 2010), p. 131.

47 Coughlin, *Churchill's First War*, p. 204.

48 R. Churchill, *Winston S. Churchill: Youth*, pp. 342, 353-354.

49 Ralph Martin, *Jennie: The Life of Lady Randolph Churchill*, vol. 2 (Englewood Cliffs, N.J., Prentice-Hall, 1971), pp. 125-126, 130.

50 Churchill, *The Story of the Malakand Field Force*, p. 29.

51 *Ibid.*, p. 128.

52 R. Churchill, *Winston S. Churchill: Youth*, p. 365.

53 Simon Read, *Winston Churchill Reporting* (Boston, Da Capo, 2015), p. 90.

54 Churchill, *Winston S. Churchill: Youth*, p. 439.

55 Churchill, *My Early Life*, p. 244.

56 *Ibid.*, p. 259.

57 *Ibid.*, p. 274.

58 *Ibid.*, p. 298.

59 R. Churchill, *Winston Churchill: Youth*, p. 514.

60 Bonham Carter, *Winston Churchill*, p. 6.

61 John Ramsden, *Man of the Century: Winston Churchill and His Legend Since 1945* (Nova Iorque, Columbia University Press, 2002), p. 39.

62 Violet Bonham Carter, *Lantern Slides: The Diaries and Letters of Violet Bonham Carter*, org. Mark Bonham Carter e Mark Pottle (Londres, Phoenix, 1997), p. 162.

63 Bonham Carter, *Winston Churchill*, p. 210.

64 Jenkins, *Churchill*, p. 133.

65 Boris Johnson, *The Churchill Factor: How One Man Made History* (Nova Iorque, Riverhead, 2014), p. 118.

66 Mary Soames (org.), *Winston and Clementine: The Personal Letters of the Churchills* (Boston, Houghton Mifflin, 2001), p. 198.

67 Sonia Purnell, *Clementine: The Life of Mrs. Winston Churchill* (Nova Iorque, Viking, 2015), p. 40, e também pp. 11, 18, 26.

68 Churchill, *Painting as a Pastime*, p. 36.

69 Soames, *Winston and Clementine*, p. 116.

70 Este aspecto foi-me indicado numa conversa, a 9 de março de 2016, por Peter Apps, autor de *Churchill in the Trenches*, Amazon, 2015.

71 Soames, *Winston and Clementine*, pp. 164, 177.

72 *Ibid.*, p. 195. Esta passagem foi-me indicada por Peter Apps.

73 Christopher Ogden, *Life of the Party: The Biography of Pamela Digby Churchill Hayward Harriman* (Nova Iorque, Little, Brown, 1994), p. 121.

74 Martin Gilbert, *Winston S. Churchill: The Prophet of Truth*, Volume V: *1922-1939* (Londres, Minerva, 1990), p. 41.

75 Mary Lovell, *The Churchills in Love and War* (Nova Iorque, W. W. Norton, 2011), p. 344.

76 Lord Beaverbrook, *Politicians and the War, 1914-1916* (Londres, Collins, 1960), p. 25.

CAPÍTULO 3
ORWELL, O POLÍCIA

1 Sarah Deming, "The Economic Importance of Indian Opium and Trade with China on Britain's Economy, 1843-1890", Whitman College, Economics Working Papers 25, primavera de 2011, p. 4.

2 "Mrs. Ida Blair's Diary for 1905", *in* Audrey Coppard e Bernard Crick, *Orwell Remembered* (Nova Iorque, Facts on File Publications, 1984), p. 19.

3 Gordon Bowker, *George Orwell* (Londres, Abacus, 2004), p. 15.

4 "The Brother-in-Law Strikes Back", *in* Coppard e Crick, *Orwell Remembered*, p. 128.

5 George Orwell, "Why I Write", *in Orwell and Politics*, org. Peter Davison (Harmondsworth, Penguin, 2001), p. 457.

6 George Orwell, "Such, Such Were the Joys", *in The Collected Essays, Journalism and Letters of George Orwell*, Volume 4: *In Front of Your Nose, 1945-1950*, org. Sonia Orwell e Ian Angus (Nova Iorque, Harcourt Brace Jovanovich, 1968), p. 360; doravante, Orwell, *CEJL*, vol. 4.

7 *Ibid.*, p. 359.

8 *Ibid.*, pp. 333-334.

9 *Ibid.*, p. 339.

10 *Ibid.*, p. 362.

11 Bowker, *George Orwell*, pp. 91-92.

12 George Orwell, *The Collected Essays, Journalism and Letters of George Orwell*, Volume 1: *An Age Like This, 1920-1940*, org. Sonia Orwell e Ian Angus (Nova Iorque, Harcourt Brace Jovanovich, 1968), p. 45; doravante, Orwell, *CEJL*, vol. 1.

13 Orwell, *CEJL*, vol. 4, p. 114.

14 George Orwell, "Shooting an Elephant", *in Orwell and Politics*, p. 18.

[15] George Orwell, *Burmese Days* (Nova Iorque, Harcourt Brace Jovanovich, 1974), pp. 16-17.

[16] *Ibid.*, p. 17.

[17] *Ibid.*

[18] *Ibid.*, pp. 22-23.

[19] *Ibid.*, p. 29.

[20] *Ibid.*, p. 208.

[21] *Ibid.*, p. 39.

[22] *Ibid.*, p. 43.

[23] *Ibid.*, p. 40.

[24] Orwell, "Why I Write", *in Orwell and Politics*, p. 459.

[25] Orwell, *Burmese Days*, p. 12.

[26] *Ibid.*, p. 118.

[27] *Ibid.*, p. 280.

[28] Orwell, *CEJL*, vol. 1, p. 142.

[29] Orwell, "Shooting an Elephant", *in Orwell and Politics*, p. 22.

[30] "The Brother-in-Law Strikes Back", *in* Coppard e Crick, *Orwell Remembered*, p. 127.

[31] "An Old Burma Hand", *in* Coppard e Crick, *Orwell Remembered*, p. 64; Emma Larkin, *Finding George Orwell in Burma* (Nova Iorque, Penguin, 2005), p. 249.

[32] George Orwell, *The Road to Wigan Pier* (Nova Iorque, Harvest, 1958), p. 148.

[33] Citado *in* Michael Shelden, *Orwell: The Authorized Biography* (Nova Iorque, HarperCollins, 1991), p. 126.

[34] Harold Nicolson, *The War Years: 1939-1945* (Nova Iorque, Atheneum, 1967), p. 234.

[35] Stephen Dorril, *Black Shirt: Sir Oswald Mosley and British Fascism* (Harmondsworth, Penguin, 2007), p. 522. Veja-se também *passim*, Michael Bloch, *Closet Queens: Some 20th Century British Politicians* (Nova Iorque, Little, Brown, 2015).

[36] Nicolson, *The War Years*, p. 57.

[37] *Ibid.*, p. 325.

[38] *Ibid.*, pp. 433, 435.

[39] Orwell, *Down and Out in Paris and London* (Nova Iorque, Mariner Books, 1972), p. 120.

[40] *Ibid.*, p. 14.

[41] "A Philosopher in Paris", *in* Coppard e Crick, *Orwell Remembered*, p. 211. Estranhamente, muitos anos mais tarde, em 1987, Ayer estava numa festa em Nova Iorque e ao olhar para um quarto viu o pugilista Mike Tyson a

tentar violar a modelo Naomi Campbell. Quando ele interveio, Tyson disse-lhe, "Sabes quem eu sou? Sou o campeão mundial de pesos pesados." Ayer respondeu-lhe, "E eu sou ex-Professor Wykeham de Lógica [em Oxford]. Somos ambos os melhores nos nossos campos; sugiro que falemos como pessoas racionais." Ben Rogers, *A. J. Ayer: A Life* (Nova Iorque, Grove, 2000), p. 344. Ayer era padrasto da *chef* televisiva Nigella Lawson. Durante a guerra, foi colega de Malcolm Muggeridge, amigo de Orwell. Muggeridge, *Like It Was: The Diaries of Malcolm Muggeridge*, org. John Bright-Holmes (Londres, Collins, 1981), p. 364.

42 Orwell, *Down and Out*, p. 18.

43 *Ibid.*, pp. 70-71.

44 *Ibid.*, p. 168.

45 *Ibid.*, p. 174.

46 *Ibid.*, p. 89.

47 George Orwell, *Diaries*, org. Peter Davison (Nova Iorque, W. W. Norton, 2012), p. 141.

48 Orwell, *Down and Out*, p. 130.

49 *Ibid.*, p. 132.

50 *Ibid.*, p. 36.

51 *Ibid.*, p. 73.

52 George Orwell, "Antisemitism in Britain", *in The Collected Essays, Journalism and Letters of George Orwell*, Volume 3: *As I Please, 1943-1945*, org. Sonia Orwell e Ian Angus (Nova Iorque, Harcourt Brace Jovanovich, 1968), pp. 332-341; doravante, Orwell, *CEJL*, vol. 3.

53 John Newsinger, "Orwell, Anti-Semitism and the Holocaust", *in The Cambridge Companion to George Orwell*, org. John Rodden (Cambridge, Cambridge University Press, 2007), p. 124.

54 Muggeridge, *Like It Was*, p. 376.

55 Orwell, *Down and Out*, pp. 55-56.

56 *Ibid.*, p. 68.

57 *Ibid.*, pp. 120, 121.

58 George Orwell, *Keep the Aspidistra Flying*, *in* George Orwell Omnibus (Londres, Secker & Warburg, 1976), p. 578.

59 Mary McCarthy, "The Writing on the Wall", *New York Review of Books*, 30 de janeiro de 1969, acedido em linha.

60 Orwell Omnibus (Londres, Secker & Warburg, 1976), p. 255.

61 Bernard Crick, "Orwell: A Photographic Essay", *in Reflections on America, 1984: An Orwell Symposium*, org. Robert Mulvihill (Athens, Ga., e Londres, University of Georgia Press, 1986), p. 76.

62 "Jack Common's Recollections", *in* Coppard e Crick, *Orwell Remembered*, p. 142.
63 "A Memoir by Anthony Powell", *in* Coppard e Crick, *Orwell Remembered*, p. 244.
64 Orwell, *CEJL*, vol. 4, p. 205.
65 Orwell, *Down and Out*, p. 154.
66 Orwell, *Diaries*, p. 29.
67 *Ibid.*, p. 37.
68 Orwell, "In Front of Your Nose", *in CEJL*, vol. 4, p. 125.
69 Shelden, *Orwell*, p. 236.
70 Orwell, *Diaries*, p. 80.
71 Stephen Wadhams (org.), *Remembering Orwell* (Harmondsworth, Penguin, 1984), p. 115.
72 Orwell, *Wigan Pier*, pp. 95-96.
73 Orwell, *Wigan Pier*, p. 104.
74 *Ibid.*, p. 21.
75 *Ibid.*, p. 35.
76 Peter Stansky e William Abrahams, *Orwell: The Transformation* (Palo Alto, Calif., Stanford University Press, 1994), p. 186.
77 Orwell, *Wigan Pier*, p. 174.
78 *Ibid.*, p. 182.
79 Itálico de Orwell, *ibid.*, p. 127.
80 *Ibid.*, p. 128.
81 "Hampstead Friendship", *in* Coppard e Crick, *Orwell Remembered*, p. 102.
82 Victor Gollancz, prefácio a Orwell, *Wigan Pier*, p. xix.
83 *Ibid.*, p. x.
84 Esta última frase inspirou-se numa nota sobre este parágrafo que me foi enviada pelo escritor Timothy Noah.
85 Bernard Crick, *George Orwell: A Life* (Nova Iorque, Penguin, 1980), p. 295.
86 *Ibid.*, p. 204.
87 Shelden, *Orwell*, p. 246.
88 Crick, *George Orwell*, p. 312.

CAPÍTULO 4
CHURCHILL: A TRAVESSIA DO DESERTO NOS ANOS 30

1 Stephen Spender, *The Thirties and After* (Nova Iorque, Random House, 1978), p. 4.

2 Este parágrafo assenta na investigação apresentada por Richard Overy no seu excelente livro *The Twilight Years: The Paradox of Britain Between the Wars* (Nova Iorque, Penguin, 2009), p. 273; comentários de Toynbee, pp. 38, 43; citação de Rowse, p. 273; comentário de Fischer, p. 316; comentário de Woolf, p. 345.

3 Harold Lasswell, *Essays on the Garrison State* (New Brunswick, N.J., Transaction, 1997), p. 43.

4 Harold Nicolson, *Diaries and Letters, 1930-1939*, org. Nigel Nicolson (Londres, Collins, 1966), p. 41.

5 Stanley Weintraub, *Shaw's People: Victoria to Churchill* (University Park, Pa., e Londres, Penn State University Press, 1996), p. 229.

6 Martin Gilbert, *Winston Churchill: The Wilderness Years* (Boston, Houghton Mifflin, 1984), p. 33.

7 Veja-se Winston Churchill, *Blood, Toil, Tears and Sweat: The Great Speeches*, org. David Cannadine (Harmondsworth, Penguin, 1990), p. xxxiv.

8 William Manchester, *The Caged Lion: Winston Spencer Churchill, 1932-1940* (Londres, Abacus, 1994), p. 88.

9 David Reynolds, *In Command of History: Churchill Fighting and Writing the Second World War* (Nova Iorque, Random House, 2005), p. xx.

10 Winston S. Churchill, *The Second World War*, Volume I: *The Gathering Storm* (Boston, Houghton Mifflin, 1948), p. 667.

11 Veja-se, por exemplo, Stuart Ball, "Churchill and the Conservative Party", *in Winston Churchill in the Twenty-First Century*, org. David Cannadine e Roland Quinault (Cambridge, Cambridge University Press, 2004), p. 78.

12 Jonathan Rose, "England His Englands", *in The Cambridge Companion to George Orwell*, org. John Rodden (Cambridge, Cambridge University Press, 2007), p. 37.

13 George Orwell, "Looking Back at the Spanish War", *in Orwell in Spain*, org. Peter Davison (Harmondsworth, Penguin, 2001), p. 358.

14 Robert Rhodes James (org.), *Chips: The Diaries of Sir Henry Channon*, org. Robert Rhodes James (Londres, Weidenfeld & Nicolson, 1967), p. 62.

15 Ian Kershaw, *Making Friends with Hitler: Lord Londonderry, the Nazis and the Road to World War II* (Nova Iorque, Penguin, 2004), pp. 141, 177, 222.

16 *Ibid.*, pp. xvii, 175, 258, 319.

17 Randolph S. Churchill, *Twenty-One Years* (Boston, Houghton Mifflin, 1965), p. 27.

18 Charlotte Mosley (org.), *The Mitfords: Letters Between Six Sisters* (Nova Iorque, HarperCollins, 2007), p. 28.

19 *Ibid.*, pp. 87, 89. Veja-se também David Cannadine, *Aspects of Aristocracy: Grandeur and Decline in Modern Britain* (New Haven, Conn., Yale University Press, 1994), p. 142.

20 Mosley, *The Mitfords*, p. 103.

21 *Ibid.*, p. 68.

22 David Faber, *Munich, 1938* (Nova Iorque, Simon & Schuster, 2010), pp. 88-89.

23 John Ramsden, *Man of the Century: Winston Churchill and His Legend Since 1945* (Nova Iorque, Columbia University Press, 2002), p. 44.

24 Thomas Jones, *A Diary with Letters, 1931-1950* (Oxford, Oxford University Press, 1954), p. 181. Veja-se também William McNeill, *Arnold J. Toynbee: A Life* (Oxford, Oxford University Press, 1989), p. 172.

25 Jones, *A Diary with Letters*, p. 390.

26 Nicolson, *Diaries and Letters, 1930-1939*, pp. 342-343.

27 Jonathan Freedland, "Enemies Within", *The Spectator*, 11 de fevereiro de 2012.

28 Prefácio de Lorde Halifax a John Wrench, *Geoffrey Dawson and Our Times* (Londres, Hutchinson, 1955), p. 12.

29 Sem autor, *The History of The Times*, Volume IV, *The 150th Anniversary and Beyond, Part II: 1921-1948* (Londres, Office of the Times, 1952), p. 887.

30 Wrench, *Geoffrey Dawson and Our Times*, p. 361.

31 *History of The Times*, vol. IV, *part II*, pp. 946, 1009.

32 Citado *in* Anthony Cave Brown, *C: The Secret Life of Sir Stewart Menzies, Spymaster to Winston Churchill* (Nova Iorque, Macmillan, 1987), p. 183.

33 Keith Feiling, *The Life of Neville Chamberlain* (Londres, Macmillan, 1946), p. 323.

34 Kershaw, *Making Friends with Hitler*, p. 243.

35 Jones, *A Diary with Letters*, p. 247.

36 Citado *in* Gilbert, *Churchill: The Wilderness Years*, p. 60.

37 Winston Churchill, debate parlamentar, 7 de novembro de 1933, acedido em linha em *Hansard*, Parliamentary Debates; doravante, *Hansard*.

38 *Hansard*, 28 de novembro de 1934.

39 Faber, *Munich, 1938*, p. 16.

40 Gilbert, *Churchill: The Wilderness Years*, p. 78.

41 *Hansard*, 11 de março de 1935.

42 Gilbert, *Churchill: The Wilderness Years*, p. 215.

43 Martin Gilbert, *Winston S. Churchill: The Prophet of Truth*, Volume V: *1922-1939* (Londres, Minerva, 1990), p. 889.

44 *Hansard*, 24 de março de 1938.

45 Carta de Thomas Jones para Abraham Flexner, *in* Jones, *A Diary with Letters*, p. 125.

46 *Ibid.*, p. 175.

47 *Ibid.*, p. 208.

48 *Ibid.*, p. 219.

49 Tony Judt e Timothy Snyder, *Thinking the Twentieth Century* (Nova Iorque, Penguin Press, 2012), p. 68.

50 *Hansard*, 13 de março de 1930.

51 Gilbert, *Churchill: The Wilderness Years*, p. 113.

52 *Ibid.*, p. 106.

53 W. P. Crozier, *Off the Record: Political Interviews 1933-1943*, org. A. J. P. Taylor (Londres, Hutchinson, 1973), p. 32.

54 *Hansard*, 2 de maio de 1935.

55 Gilbert, *Churchill: The Wilderness Years*, p. 146.

56 *Ibid.*, p. 171.

57 Churchill, *The Second World War*, Vol. I: *The Gathering Storm*, p. 219.

58 *Hansard*, 18 de dezembro de 1934.

59 Informação sobre os antepassados de Ponsonby *in* Overy, *The Twilight Years*, p. 237.

60 *Hansard*, 4 de outubro de 1938.

61 Brian Gardner, *Churchill in Power: As Seen by His Contemporaries* (Boston, Houghton Mifflin, 1970), p. 11.

62 Gilbert, *Churchill: Prophet of Truth*, p. 822.

63 Iona Opie e Peter Opie, *The Lore and Language of Schoolchildren* (Oxford, Oxford University Press, 1959), p. 6.

64 Nicolson, *Diaries and Letters*, p. 280.

65 Churchill, *The Second World War*, Vol. I: *The Gathering Storm*, pp. 222-224.

66 *Hansard*, 14 de abril de 1937.

67 Churchill, *The Second World War*, Vol. I: *The Gathering Storm*, p. 258.

68 *Hansard*, 24 de março de 1938.

69 Faber, *Munich, 1938*, p. 177.

70 Gilbert, *Churchill: Prophet of Truth*, p. 925.

71 Citado *in* A. L. Rowse, *Appeasement: A Study in Political Decline, 1933--1939* (Nova Iorque, W. W. Norton, 1963), p. 83.

72 Gilbert, *Churchill: Prophet of Truth*, 978-979.

73 Todas as citações *in Hansard*, 3 de outubro de 1938.

74 *Hansard*, 5 de outubro de 1938.

75 *Hansard*, 6 de outubro de 1938.

76 Roy Jenkins, *Churchill* (Nova Iorque, Farrar, Straus and Giroux, 2001), pp. 530, 534.

77 Harold Nicolson, *The War Years: 1939-1945* (Nova Iorque, Atheneum, 1967), p. 355.

78 Faber, *Munich, 1938*, p. 432.

79 Jones, *A Diary with Letters*, p. 411.

80 Gilbert, *Churchill: Prophet of Truth*, p. 1016.

81 Faber, *Munich, 1938*, p. 432.

82 Robert Self, *Neville Chamberlain: A Biography* (Londres e Burlington, Vt., Ashgate, 2006), pp. 344-345.

83 Crozier, *Off the Record*, p. 120.

84 Simon Schama, *A History of Britain*, Volume 3: *The Fate of Empire: 1776--2000* (Londres, BBC, 2003), p. 384.

85 Jenkins, *Churchill*, p. 535.

86 Gilbert, *Churchill: Prophet of Truth*, p. 1039.

87 *Ibid.*, p. 1041.

88 L. S. Amery, *My Political Life*, Volume 3: *The Unforgiving Years, 1929-1940* (Londres, Hutchinson, 1955), p. 279.

89 Williamson Murray, "Innovation: Past and Future", *Military Innovation in the Interwar Period*, org. Williamson Murray e Allan Millett (Cambridge, Cambridge University Press, 2006), p. 307.

90 "Bericht ueber Besprechung am 23.5.1939" [Minutas de Conferência de 23 de maio de 1939], Evidence Code Document 79, Nuremberg Documents. Acedido em linha em Harvard Law School Nuremberg Trials Project.

91 Gerhard Weinberg, *A World at Arms: A Global History of World War II*, 2.ª org. (Cambridge, Cambridge University Press, 2006), p. 239 e *passim*.

92 *Hansard*, 8 de junho de 1939.

93 Wrench, *Geoffrey Dawson and Our Times*, p. 394.

94 *Hansard*, 24 de agosto de 1939.

CAPÍTULO 5
ORWELL TORNA-SE «ORWELL»

1 George Orwell, *Homage to Catalonia* (Nova Iorque, Harvest, 1980), p. 6.

2 David Boyd Haycock, *I Am Spain: The Spanish Civil War and the Men and Women Who Went to Fight Fascism* (Londres, Old Street, 2012), p. 67.

3 *Ibid.*, p. 69.

4 George Orwell, *The Collected Essays, Journalism and Letters of George Orwell*, Volume 1: *An Age Like This, 1920-1940*, org. Sonia Orwell e Ian Angus (Nova Iorque, Harcourt Brace Jovanovich, 1968), p. 459; doravante, Orwell, *CEJL*, vol. 1.

5 *Ibid.*, p. 37.

6 *Ibid.*, p. 256.

7 "Jennie Lee to Margaret M. Goalby", *in* George Orwell, *Orwell in Spain*, org. Peter Davison (Harmondsworth, Penguin, 2001), p. 5.

8 Adam Hochschild, *Spain in Our Hearts: Americans in the Spanish Civil War, 1936-1939* (Boston, Houghton Mifflin Harcourt, 2016), p. 65.

9 "With the ILP in Spain", *in* Audrey Coppard e Bernard Crick, *Orwell Remembered* (Nova Iorque, Facts on File Publications, 1984), pp. 146-147.

10 Orwell, *Homage to Catalonia*, p. 16.

11 *Ibid.*, p. 20.

12 Bernard Crick, *George Orwell: A Life* (Nova Iorque, Penguin, 1992), p. 322.

13 Christopher Andrew e Vasili Mitrokhin, *The Sword and the Shield: The Mitrokhin Archive and the Secret History of the KGB* (Nova Iorque, Basic Books, 1999), p. 76.

14 Orwell, *Homage to Catalonia*, p. 18.

15 Gordon Bowker, *George Orwell* (Londres, Abacus, 2004), p. 230.

16 Orwell, *Homage to Catalonia*, p. 72.

17 "In the Spanish Trenches" *in* Audrey Coppard e Bernard Crick, *Orwell Remembered* (Nova Iorque, Facts on File Publications, 1984), p. 149.

18 *Ibid.*

19 Stephen Wadhams (org.), *Remembering Orwell* (Harmondsworth, Penguin, 1984), p. 79.

20 *Ibid.*, p. 85.

21 Michael Shelden, *Orwell: The Authorized Biography* (Nova Iorque, HarperCollins, 1991), p. 258.

22 Orwell, *CEJL*, vol. 1, p. 266.

23 Orwell, *Homage to Catalonia*, p. 109.

24 *Ibid.*, p. 110.

25 Andrew e Mitrokhin, *The Sword and the Shield*, p. 74.

26 Orwell, *Homage to Catalonia*, p. 117.

27 *Ibid.*, p. 121.

28 Geert Mak, *In Europe: Travels Through the Twentieth Century* (Nova Iorque, Vintage, 2008), p. 321. Veja-se também Winston S. Churchill, *The Second World War*, Volume I: *The Gathering Storm* (Boston, Houghton Mifflin, 1948), p. 185. Churchill não identifica o hotel nas suas memórias mas algumas cartas e telegramas depositados nos Churchill Archives, que lhe foram enviados em meados de dezembro de 1935, foram dirigidos ao Colón. Veja-se Churchill Papers, Churchill College, Cambridge, Document CHAR 2/238/131.

29 Orwell, *Homage to Catalonia*, p. 131.

30 *Ibid.*, p. 64.

31 *Ibid.*, p. 147.

32 *Ibid.*, p. 51.

33 *Ibid.*, p. 65.

34 Este e vários parágrafos anteriores refletem conversas entre o autor e a escritora Karin Chenoweth.

35 *Ibid.*, p. 160.

36 Wadhams, *Remembering Orwell*, pp. 88-89.

37 Shelden, *Orwell*, p. 267.

38 Orwell, *Homage to Catalonia*, p. 186.

39 "Bullet in the Neck", *in* Coppard e Crick, *Orwell Remembered*, p. 159.

40 Andrew e Mitrokhin, *The Sword and the Shield*, p. 73.

41 Shelden, *Orwell*, p. 270.

42 Orwell, *Homage to Catalonia*, p. 204.

43 *Ibid.*, pp. 198, 205.

44 *Ibid.*, p. 198.

45 *Ibid.*, p. 208.

46 *Ibid.*, p. 224.

47 Haycock, *I Am Spain*, p. 256.

48 Ernest Hemingway, *For Whom the Bell Tolls* (Nova Iorque, Scribner, 1993), p. 229.

49 *Ibid.*, p. 247.

50 Malcolm Muggeridge, *Chronicles of Wasted Time* (Vancouver, Regent College, 2006), p. 488.

51 "Escape from Spain", *in Orwell in Spain*, p. 26. Para uma tradução ligeiramente diferente, veja-se Bowker, *George Orwell*, p. 227.

52 A parte final deste parágrafo baseia-se numa série de *e-mails* trocados com Karin Chenoweth.

53 Orwell, *Homage to Catalonia*, pp. 231-232.

54 George Orwell, "Review of The Tree of Gernika by G. L. Steer; Spanish Testament by Arthur Koestler", *Time and Tide*, 5 de fevereiro de 1938, *in* Orwell, *CEJL*, vol. 1, p. 296.

55 George Orwell, *Orwell and Politics*, org. Peter Davison (Harmondsworth, Penguin, 2001), p. 26.

56 Hugh Kenner, "The Politics of the Plain Style", *in Reflections on America, 1984: An Orwell Symposium*, org. Robert Mulvihill (Athens, Ga., e Londres, University of Georgia Press, 1986), p. 63.

57 George Orwell, "Spilling the Spanish Beans", *in CEJL*, vol. 1, p. 270.

[58] George Orwell, "Why I Write", *in Orwell and Politics*, org. Peter Davison (Harmondsworth, Penguin, 2001), p. 461.

[59] George Orwell, "Unsigned editorial", *Polemic*, 3 de maio de 1946, *ibid.*, p. 455.

[60] George Orwell, *The Collected Essays, Journalism and Letters of George Orwell*, Volume 2: *My Country Right or Left, 1940-1943*, org. Sonia Orwell e Ian Angus (Nova Iorque, Harcourt Brace Jovanovich, 1968), p. 257; doravante, Orwell, *CEJL*, vol. 2.

[61] Shelden, *Orwell*, p. 281.

[62] Lionel Trilling, introdução a Orwell, *Homage to Catalonia*, p. v.

[63] "The 100 Best Non-Fiction Books of the Century", *National Review*, 3 de maio de 1999.

[64] Bowker, *George Orwell*, p. 237.

[65] Orwell, *Orwell and Politics*, p. 104.

[66] Orwell, *Homage to Catalonia*, p. 181.

[67] *Ibid.*

[68] Orwell, *Orwell in Spain*, p. 171.

[69] Citado *in* Dorothy Boyd Rush, "Winston Churchill and the Spanish Civil War", *Social Science* (Spring 1979), p. 90. Este parágrafo baseia-se nas conclusões do artigo.

[70] Orwell, *CEJL*, vol. 1, p. 539.

[71] A parte final deste parágrafo baseou-se numa troca de *e-mails* com Karin Chenoweth.

[72] Orwell, *Orwell in Spain*, pp. 269-273.

[73] Robert Graves e Alan Hodge, *The Long Week-End: A Social History of Great Britain, 1918-1939* (Londres, Faber & Faber, 1940; reimpressão: Nova Iorque, W. W. Norton, 1963). Veja-se *Sir* Charles Wilson, posteriormente Lorde Moran, *Churchill: Taken from the Diaries of Lord Moran* (Boston, Houghton Mifflin, 1966), p. 319.

[74] Shelden, *Orwell*, p. 359.

[75] George Orwell, *Diaries*, org. Peter Davison (Nova Iorque, W. W. Norton, 2012), pp. 224-225.

[76] *Ibid.*, p. 230.

[77] *Ibid.*, p. 232.

CAPÍTULO 6
CHURCHILL TORNA-SE «CHURCHILL»

1 Martin Gilbert, *Winston S. Churchill: The Prophet of Truth*, Volume V: *1922-1939* (Londres, Minerva, 1990), p. 1013.

2 Walter Thompson, *Beside the Bulldog: The Intimate Memoirs of Churchill's Bodyguard* (Londres, Apollo, 2003), p. 76.

3 Neville Chamberlain, debate parlamentar, 3 de setembro de 1939, acedido em linha em *Hansard*, Parliamentary Debates; doravante, *Hansard.*

4 Winston S. Churchill, *The Second World War*, Volume I: *The Gathering Storm* (Boston, Houghton Mifflin, 1948), p. 409.

5 *Hansard*, 3 de setembro de 1939.

6 George Orwell, "Orwell's Proposed Preface to Animal Farm", *in Orwell and Politics*, org. Peter Davison (Harmondsworth, Penguin, 2001), p. 311.

7 George Orwell, *The Collected Essays, Journalism and Letters of George Orwell*, Volume 3: *As I Please, 1943-1945*, org. Sonia Orwell e Ian Angus (Nova Iorque, Harcourt Brace Jovanovich, 1968), p. 199; doravante, Orwell, *CEJL*, vol. 3.

8 Charlotte Mosley (org.), *The Mitfords: Letters Between Six Sisters* (Nova Iorque, HarperCollins, 2007), p. 143.

9 Warren F. Kimball (org.), *Churchill & Roosevelt: The Complete Correspondence*, Volume 1: *Alliance Emerging, October 1933-November 1942* (Princeton, N.J., Princeton University Press, 1987), p. 24.

10 Churchill, *The Second World War*, Vol. I: *The Gathering Storm*, p. 440. Veja-se também a abordagem a Kennedy *in* Norman Gelb, *Dunkirk: The Complete Story of the First Step in the Defeat of Hitler* (Nova Iorque, William Morrow, 1989), pp. 46-47.

11 Winston S. Churchill, *The Second World War*, Volume II: *Their Finest Hour* (Boston, Houghton Mifflin, 1949), p. 23.

12 David Nasaw, *The Patriarch: The Remarkable Life and Turbulent Times of Joseph P. Kennedy* (Nova Iorque, Penguin Press, 2012), p. 315; veja-se também p. 497.

13 *Ibid.*, p. 373.

14 *Ibid.*, p. 331.

15 David Dilks (org.), *The Diaries of Sir Alexander Cadogan, 1938-1945* (Nova Iorque, G. P. Putnam's Sons, 1972), p. 37.

16 Churchill, *The Second World War*, Vol. I: *The Gathering Storm*, p. 255.

17 *Ibid.*, p. 433. Pormenores adicionais *in* Martin Gilbert, *Winston S. Churchill: Finest Hour*, Volume VI: *1939-1941* (Londres, Heinemann, 1983), p. 32.

18 Paul Johnson, *Churchill* (Nova Iorque, Penguin, 2010), p. 104.

19 Robert Self, *Neville Chamberlain: A Biography* (Londres e Burlington, Vt., Ashgate Publishing, 2006), p. 388.

20 Roy Jenkins, *Churchill* (Farrar, Straus and Giroux, 2001), p. 553.

21 John Colville, *The Fringes of Power: 10 Downing Street Diaries, 1939-1955* (Nova Iorque, W. W. Norton, 1985), p. 143.

22 Citado *in* Harold Nicolson, *The War Years: 1939-1945* (Nova Iorque, Atheneum, 1967), p. 186.

23 *Ibid.*, p. 251.

24 *Sir* Ian Jacob, *in* John Wheeler-Bennett (org.), *Action This Day: Working with Churchill* (Nova Iorque, St. Martin's, 1969), p. 183.

25 As duas páginas seguintes baseiam-se em Gilbert, *Churchill: Finest Hour*, pp. 306-317. Esta fonte assenta no relato de Churchill no fim de *The Gathering Storm*, o primeiro volume das suas memórias da Segunda Guerra Mundial. Foram usadas outras fontes no caso de aspectos específicos desta transição crucial. Sobre a preferência do rei por Halifax, veja-se Joseph Lash, *Roosevelt and Churchill, 1939-1941: The Partnership That Saved the West* (Nova Iorque, W. W. Norton 1976), pp. 110-111, e Brian Gardner, *Churchill in Power: As Seen by His Contemporaries* (Boston, Houghton Mifflin, 1969), p. 39. Sobre o trato de Halifax com a Alemanha caso ele se tivesse tornado primeiro-ministro, veja-se Dennis Showalter, "Phony and Hot War, 1939-1940", *in* Dennis Showalter e Harold Deutsch (eds.), *If the Allies Had Fallen: Sixty Alternate Scenarios of World War II* (Londres/Nova Iorque, Frontline/Skyhorse, 2010). Depois da guerra, num jantar numa embaixada francesa, Clementine Churchill ficou sentada ao lado de Halifax, que se queixou de que o marido se estava a tornar um ónus para o Partido Conservador. Clementine retorquiu com irritação: "Se o país dependesse de si, se calhar, tínhamos perdido a guerra." *Sir* Charles Wilson, posteriormente Lorde Moran, *Churchill: Taken from the Diaries of Lord Moran* (Boston, Houghton Mifflin, 1966), p. 472. Clementine tinha certamente razão. Segundo o historiador Sebastian Haffner, "Se não fosse Churchill em 1940 e 1941, é muito possível que Hitler tivesse ganho a guerra e fundado um grande Estado germânico SS desde o Atlântico aos Urais e não só." Sebastian Haffner, *Churchill* (Londres, Haus, 2003), p. 104.

26 Churchill, *The Second World War*, Vol. I: *The Gathering Storm*, p. 662.

27 *Ibid.*

28 Thompson, *Beside the Bulldog*, p. 84.

29 Colville, *The Fringes of Power*, p. 122.

30 Joshua Levine, *Forgotten Voices of the Blitz and the Battle for Britain* (Londres, Ebury, 2007), p. 37.

31 Anthony Cave Brown, *C: The Secret Life of Sir Stewart Menzies, Spymaster to Winston Churchill* (Nova Iorque, Macmillan, 1987), p. 263.

32 Churchill, *The Second World War*, Vol. I: *The Gathering Storm*, p. 667.

33 Gilbert, *Churchill: Finest Hour*, p. 327.

34 Andrew Roberts, *Eminent Churchillians* (Londres, Phoenix, 1995), p. 159.

35 *Ibid.*, p. 168.

36 Robert Rhodes James (org.), *Chips: The Diaries of Sir Henry Channon* (Londres, Weidenfeld & Nicolson, 1967), p. 252. Veja-se também Richard Toye, *The Roar of the Lion: The Untold Story of Churchill's World War II Speeches* (Oxford, Oxford University Press, 2013), p. 42. Citação de Churchill *in* Churchill, *The Second World War*, Vol. II: *Their Finest Hour*, p. 10.

37 Nicolson, *The War Years*, p. 85.

38 Michael Shelden, *Young Titan: The Making of Winston Churchill* (Nova Iorque, Simon & Schuster, 2013), p. 7.

39 *Hansard*, 13 de maio de 1940.

40 George Orwell, "Letter to the Editor of Time and Tide", *in The Collected Essays, Journalism and Letters of George Orwell*, Volume 2: *My Country Right or Left, 1940-1943*, org. Sonia Orwell e Ian Angus (Nova Iorque, Harcourt Brace Jovanovich, 1968), p. 28; doravante, Orwell, *CEJL*, vol. 2.

41 Gilbert, *Churchill: Finest Hour*, p. 358.

42 Stephen Roskill, *Churchill and the Admirals* (Nova Iorque, William Morrow, 1978), p. 126.

43 Nasaw, *The Patriarch*, p. 447.

44 *Ibid.*, p. 350.

45 Orville Bullitt (org.), *For the President: Personal and Secret: Correspondence Between Franklin D. Roosevelt and William C. Bullitt* (Boston, Houghton Mifflin, 1972), p. 428.

46 Hastings Ismay, *The Memoirs of Lord Ismay* (Londres, Heinemann, 1960), p. 116.

47 Gelb, *Dunkirk*, p. 316.

48 Alistair Horne, *To Lose a Battle: France 1940* (Harmondsworth, Penguin, 2007), p. 610.

49 Hans von Luck, *Panzer Commander: The Memoirs of Colonel Hans von Luck* (Nova Iorque, Dell, 1989), p. 42.

50 Stephen Bungay, *The Most Dangerous Enemy: A History of the Battle of Britain* (Londres, Aurum Press, 2001), p. 31. Veja-se também Levine, *Forgotten Voices of the Blitz*, 19-20.

51 John Lukacs, *Five Days in London, May 1940* (New Haven, Conn., Yale University Press, 2001), pp. 42, 192. Veja-se também Churchill, *The Second World War*, Vol. II: *Their Finest Hour*, p. 76.

52 Carlo D'Este, *Warlord: A Life of Winston Churchill at War, 1874-1945* (Nova Iorque, HarperCollins, 2008), p. 425.

53 Earl Ziemke, "Rundstedt", *in* Correlli Barnett (org.), *Hitler's Generals* (Londres, Weidenfield e Nicolson, 1989), p. 191.

54 B. H. Liddell Hart, *The German Generals Talk* (Nova Iorque, Berkley, 1958), pp. 113, 115.

55 Ian Kershaw, *Fateful Choices: Ten Decisions That Changed the World, 1940-1941* (Nova Iorque, Penguin, 2007), p. 27; Gerhard Weinberg, *A World at Arms: A Global History of World War II*, 2.ª org. (Cambridge, Cambridge University Press, 2006), p. 131.

56 Horne, *To Lose a Battle*, p. 610.

57 Michael Shelden, *Orwell: The Authorized Biography* (Nova Iorque, HarperCollins, 1991), p. 330.

58 *Ibid.*, p. 331.

59 *Ibid.*

60 Kershaw, *Fateful Choices*, p. 41.

61 Colville, *Fringes of Power*, p. 141.

62 Boris Johnson, *The Churchill Factor: How One Man Made History* (Nova Iorque, Riverhead, 2014), p. 22.

63 Jenkins, *Churchill*, p. 602.

64 Dilks, *Diaries of Sir Alexander Cadogan*, p. 291.

65 Jenkins, *Churchill*, p. 604.

66 Lukacs, *Five Days in London*, pp. 149, 155, 182-183.

67 Hugh Dalton, *The Fateful Years* (Londres, Frederick Muller, 1957), p. 336.

68 Churchill, *The Second World War*, Vol. II: *Their Finest Hour*, p. 90.

69 John Charmley, *Churchill: The End of Glory* (Nova Iorque, Harcourt Brace, 1993), p. 400.

70 Simon Schama, *A History of Britain*, Volume 3: *The Fate of Empire: 1776--2000* (Londres, BBC, 2003), p. 398.

71 W. P. Crozier, *Off the Record: Political Interviews, 1933-1943*, org. A. J. P. Taylor (Londres, Hutchinson, 1973), p. 221.

72 Richard Overy, *The Battle of Britain: The Myth and the Reality* (Nova Iorque, W. W. Norton, 2001), p. 17.

73 Bungay, *The Most Dangerous Enemy*, p. 13.

74 *Ibid.*, p. 112. Veja-se também Roberts, *Eminent Churchillians*, pp. 137-138.

75 *Hansard*, 4 de junho de 1940.

76 Anthony Storr, *Churchill's Black Dog, Kafka's Mice, and Other Phenomena of the Human Mind* (Nova Iorque, Ballantine, 1990), p. 9.

77 Bungay, *The Most Dangerous Enemy*, p. 22.

[78] Nicolson, *The War Years*, p. 93.

[79] Levine, *Forgotten Voices of the Blitz*, pp. 43-44.

[80] C. P. Snow, "Winston Churchill", *in Variety of Men* (Londres, Macmillan, 1967), p. 111.

[81] Gelb, *Dunkirk*, p. 213.

[82] *The Allure of Battle: A History of How Wars Have Been Won and Lost* (Nova Iorque, Oxford University Press, 2017), p. 445.

[83] Harold Macmillan, *The Blast of War, 1939-1945* (Nova Iorque, Harper & Row, 1968), p. 81. Veja-se também Gelb, *Dunkirk*, p. 311.

[84] Churchill, *The Second World War*, Vol. II: *Their Finest Hour*, p. 256.

[85] Len Deighton, *Battle of Britain* (Nova Iorque, Coward, McCann & Geoghegan, 1980), p. 84.

[86] Informação dada e citada por Crozier *in Off the Record*, p. 184.

[87] Daniel Todman, *Britain's War: Into Battle, 1937-1941* (Oxford, Oxford University Press, 2016), p. 379.

[88] Levine, *Forgotten Voices of the Blitz*, pp. 57-58.

[89] Gelb, *Dunkirk*, p. 301.

[90] Ismay, *Memoirs of Lord Ismay*, p. 127.

[91] Gardner, *Churchill in Power*, p. 47.

[92] Churchill, *The Second World War*, Vol. II: *Their Finest Hour*, p. 47.

[93] Winston S. Churchill, *Painting as a Pastime* (Greensboro, N.C., Unicorn Press, 2013), p. 48.

[94] Gardner, *Churchill in Power*, p. 47.

[95] Churchill, *The Second World War*, Vol. II: *Their Finest Hour*, p. 243.

[96] *Ibid.*, p. 217.

[97] Walter Millis, *Arms and Men: A Study in American Military History* (New Brunswick, N.J., Rutgers University Press, 1981), p. 275.

[98] *Hansard*, 18 de junho de 1940.

[99] Jenkins, *Churchill*, p. 611. Para um sítio *web* que compara Churchill e Lincoln, veja-se www.lincolnandchurchill.com.

[100] George Orwell, "London Letter", *Partisan Review*, julho-agosto de 1942, *in Orwell and Politics*, p. 162.

[101] Winston Churchill, "Never Give In" (discurso, Harrow School, 29 de outubro de 1941), acedido em linha no sítio *web* da Churchill Society.

[102] George Orwell, *Diaries*, org. Peter Davison (Nova Iorque, W. W. Norton, 2012), p. 286.

[103] *Ibid.*, p. 292.

[104] Gilbert, *Churchill: Finest Hour*, p. 642.

[105] *Sir* Ian Jacob, *in* Wheeler-Bennett, *Action This Day*, p. 159.

106 Todman, *Britain's War*, p. 225.
107 Churchill, *The Second World War*, Vol. I: *The Gathering Storm*, p. 650.
108 Lukacs, *Five Days in London*, p. 190.
109 Lorde Normanbrook, *in* Wheeler-Bennett, *Action This Day*, p. 22.
110 *Sir* Ian Jacob, *ibid.*, p. 168.
111 Churchill, *The Second World War*, Vol. I: *The Gathering Storm*, p. 158.
112 R. W. Thompson, *Churchill and Morton* (Londres, Hodder & Stoughton, 1976), p. 95.
113 Churchill, *The Second World War*, Vol. II: *Their Finest Hour*, p. 243.
114 Winston S. Churchill, *The Second World War*, Volume IV: *The Hinge of Fate* (Boston, Houghton Mifflin, 1950), p. 934.
115 Churchill, *The Second World War*, Vol. II: *Their Finest Hour*, p. 681.
116 David Jablonsky, *Churchill: The Making of a Grand Strategist* (Carlisle, Pa., Strategic Studies Institute, U.S. Army War College, 1990), p. 72.
117 Churchill, *The Second World War*, Vol. I: *The Gathering Storm*, p. 459.
118 *Ibid.*, p. 662.
119 Bungay, *The Most Dangerous Enemy*, p. 101.

CAPÍTULO 7
COMBATENDO OS ALEMÃES, ESTENDENDO A MÃO AOS AMERICANOS

1 Ronald Lewin, *Ultra Goes to War* (Londres, Hutchinson, 1978), p. 86.
2 Stephen Bungay, *The Most Dangerous Enemy: A History of the Battle of Britain* (Londres, Aurum Press, 2001), p. 111; veja-se também p. 152.
3 Martin Gilbert, *Churchill and America* (Nova Iorque, Free Press, 2005), pp. 200-201.
4 Richard Overy, *The Battle of Britain: The Myth and the Reality* (Nova Iorque, W. W. Norton, 2001), p. 45.
5 George Orwell, *Diaries*, org. Peter Davison (Nova Iorque, W. W. Norton, 2012), p. 282.
6 Thomas Jones, *A Diary with Letters, 1931-1950* (Oxford, Oxford University Press, 1954), p. 460.
7 *Ibid.*, p. 466.
8 Sem autor, *The History of The Times*, Volume IV, *The 150th Anniversary and Beyond, Part II: 1921-1948* (Londres, Office of the Times, 1952), p. 1022.
9 *The Collected Essays, Journalism and Letters of George Orwell*, Volume 3: *As I Please, 1943-1945*, org. Sonia Orwell e Ian Angus (Nova Iorque,

Harcourt Brace Jovanovich, 1968), p. 132; doravante, Orwell, *CEJL*, vol. 3. Por exemplo, foi no Café Royal que Frank Harris se encontrou com Oscar Wilde, em 1895, para o persuadir a desistir do seu processo por difamação contra o marquês de Queensberry, dizendo, «Não fazeis ideia do que vos vai acontecer». Wilde recusou furiosamente e deu cabo da sua vida. Stanley Weintraub, *Shaw's People: Victoria to Churchill* (University Park, Pa., e Londres, State University Press, 1996), p. 46. Mais tarde, Harris, um cavalheiro vitoriano bem relacionado com bastantes esqueletos no armário, ajudou Winston Churchill a negociar um lucrativo contrato de publicação. Peter Clarke, *Mr. Churchill's Profession: The Statesman as Author and the Book That Defined the "Special Relationship"* (Londres, Bloomsbury Press, 2012), p. 27. Harris é principalmente recordado como autor de *My Life and Loves*, um relato das suas aventuras sexuais em quatro volumes.

10 Joshua Levine, *Forgotten Voices of the Blitz and the Battle for Britain* (Londres, Ebury, 2007), p. 302.

11 *Hansard*, 20 de agosto de 1940.

12 Overy, *Battle of Britain*, p. 91.

13 Winston S. Churchill, *The Second World War*, Volume II: *Their Finest Hour* (Boston, Houghton Mifflin, 1949), p. 657.

14 Harold Nicolson, *The War Years: 1939-1945* (Nova Iorque, Atheneum, 1967), p. 111.

15 Levine, *Forgotten Voices of the Blitz*, p. 91.

16 Peter Stansky, *The First Day of the Blitz* (New Haven, Conn., Yale University Press, 2007), p. 1.

17 David Nasaw, *The Patriarch: The Remarkable Life and Turbulent Times of Joseph P. Kennedy* (Nova Iorque, Penguin Press, 2012), p. 474.

18 *Ibid.*, p. 477.

19 Peter Ackroyd, introdução a Levine, *Forgotten Voices of the Blitz*, p. 2.

20 Neil Wallington, *Firemen at War: The Work of London's Fire Fighters in the Second World War* (Huddersfield, Jeremy Mills Publishing, 2007), p. 91.

21 Martin Gilbert, *Winston S. Churchill: Finest Hour*, Volume VI: *1939-1941* (Londres, Heinemann, 1983), p. 775.

22 Este relato da visita de Churchill ao quartel-general do Grupo de Caças, em 15 de setembro 1940, baseia-se principalmente em Churchill, *The Second World War*, Vol. II: *Their Finest Hour*, pp. 332-336, mas também noutras fontes: *Sir* Charles Wilson, posteriormente Lorde Moran, *Churchill: Taken from the Diaries of Lord Moran* (Boston, Houghton Mifflin, 1966), pp. 320-321; Levine, *Forgotten Voices of the Blitz*, p. 289; entrada de 15 de setembro de 1940 nos "Fighter Command Operational Diaries" do sítio *web* da Royal Air Force.

23 Churchill, *The Second World War*, Vol. II: *Their Finest Hour*, p. 332.
24 *Ibid.*, p. 336.
25 Bungay, *The Most Dangerous Enemy*, p. 330.
26 Gilbert, *Churchill: Finest Hour*, p. 729.
27 Len Deighton, *Battle of Britain* (Nova Iorque, Coward, McCann & Geoghegan, 1980), p. 174.
28 Bungay, *The Most Dangerous Enemy*, p. 371.
29 James Leutze (org.), *The London Journal of General Raymond E. Lee, 1940-1941* (Boston, Little, Brown, 1971), p. 62.
30 Moran, *Churchill*, p. 348.
31 Field Marshal Lord Alanbrooke, *The War Diaries: 1939-1945*, org. Alex Danchev e Daniel Todman (Berkeley, University of California Press, 2002), p. 107.
32 John Colville, *The Fringes of Power: 10 Downing Street Diaries, 1939-1955* (Nova Iorque, W. W. Norton, 1985), pp. 370, 364, 394, 403, 442, 509.
33 Bungay, *The Most Dangerous Enemy*, pp. 376-384.
34 Robin Prior, *When Britain Saved the West: The Story of 1940* (New Haven, Conn., Yale University Press, 2015), p. 181.
35 Levine, *Forgotten Voices of the Blitz*, p. 137.
36 Bungay, *The Most Dangerous Enemy*, p. 125.
37 *Ibid.*, p. 162.
38 John Lukacs, *The Duel: The Eighty-Day Struggle Between Churchill and Hitler* (Boston, Ticknor & Fields, 1991), p. 158.
39 Levine, *Forgotten Voices of the Blitz*, p. 137.
40 Bungay, *The Most Dangerous Enemy*, p. 244.
41 Levine, *Forgotten Voices of the Blitz*, pp. 199, 239.
42 Bungay, *The Most Dangerous Enemy*, pp. 292, 371-374.
43 Tom Harrisson, *Living Through the Blitz* (Harmondsworth, Penguin, 1990), p. 105.
44 Bungay, *The Most Dangerous Enemy*, p. 115.
45 *Ibid.*, p. 368.
46 Orwell, *Diaries*, p. 319.
47 Churchill, *The Second World War*, Vol. II: *Their Finest Hour*, p. 675.
48 Nasaw, *The Patriarch*, p. 498.
49 Michael Beschloss, *Kennedy and Roosevelt: The Uneasy Alliance* (Nova Iorque, W. W. Norton, 1980), p. 229.
50 Charles Lindbergh, *The Wartime Journals of Charles A. Lindbergh* (Harcourt Brace Jovanovich, 1970), p. 420.
51 Churchill, *The Second World War*, Vol. III: *The Grand Alliance*, p. 22.

52 George McJimsey, *Harry Hopkins: Ally of the Poor and Defender of Democracy* (Cambridge, Mass., Harvard University Press, 1987), p. 316.

53 Descrição de Hopkins como o principal conselheiro do presidente Roosevelt *in* Warren Kimball, *The Juggler: Franklin Roosevelt as Wartime Statesman* (Princeton, N.J., Princeton University Press, 1991), p. 9.

54 "Unsteady" *in* Roy Jenkins, *Churchill* (Farrar, Straus and Giroux, 2001), p. 573; "drunk half the time" *in* David Reynolds, *The Creation of the Anglo--American Alliance 1937-41: A Study in Competitive Co-operation* (Chapel Hill, N.C., University of North Carolina Press, 1982), p. 114.

55 Robert E. Sherwood, *Roosevelt and Hopkins: An Intimate History* (Nova Iorque, Harper & Brothers, 1948), pp. 232, 234, 302. Pormenores sobre as etapas do voo *in* Thomas Parrish, *To Keep the British Isles Afloat: FDR's Men in Churchill's London, 1941* (Londres, Collins, 2009).

56 O significado de Hopkins ter sido recebido por Bracken é sublinhado em Parrish, *To Keep the British Isles Afloat*, p. 133.

57 Citações deste e do parágrafo subsequente *in* Sherwood, *Roosevelt and Hopkins*, p. 238.

58 Gilbert, *Churchill: Finest Hour*, pp. 985-986.

59 Martin Gilbert (org.), *The Churchill War Papers: The Ever-Widening War, 1941* (Nova Iorque, W. W. Norton, 1995), pp. 59, 61, 76.

60 David Dilks (org.), *The Diaries of Sir Alexander Cadogan, 1938-1945*, (Nova Iorque, G. P. Putnam's Sons, 1972), p. 348.

61 Moran, *Churchill*, p. 6. O tom sussurrante da voz de Hopkins é recordado em Hastings Ismay, *The Memoirs of Lord Ismay* (Londres, Heinemann, 1960), p. 216. Cerca de vinte e seis anos depois, Bob Dylan, durante a sua controversa digressão pelo Reino Unido, na qual foi apodado de «Judas» por tocar guitarra elétrica, alojou-se no mesmo hotel de Glasgow, onde gravou várias canções; uma delas tem um título obscuro que Hopkins talvez tivesse apreciado: "What Kind of Friend Is This?" Steve Hendry, "The King in Queen Street", *Glasgow Daily Record*, 4 de outubro de 2015, acedido em linha.

62 Churchill, *The Second World War*, Vol. II: *Their Finest Hour*, p. 690.

63 Parrish, *To Keep the British Isles Afloat*, p. 188.

64 Winston Churchill, *Blood, Toil, Tears and Sweat: The Great Speeches*, org. David Cannadine (Harmondsworth, Penguin, 1990), p. 213.

65 Leutze, *The London Journal of General Raymond E. Lee*, p. 258.

66 Richard Toye, *The Roar of the Lion: The Untold Story of Churchill's World War II Speeches* (Oxford, Oxford University Press, 2013), p. 91.

67 Christopher Thorne, *Allies of a Kind: The United States, Britain, and the War Against Japan, 1941-1945* (Oxford, Oxford University Press, 1979), p. 111.

CAPÍTULO 8
CHURCHILL, ORWELL E A LUTA DE CLASSES NA GRÃ-BRETANHA

1 George Orwell, "The Lion and the Unicorn", *in The Collected Essays, Journalism and Letters of George Orwell*, Volume 2: *My Country Right or Left, 1940-1943*, org. Sonia Orwell e Ian Angus (Nova Iorque, Harcourt Brace Jovanovich, 1968), p. 88; doravante, Orwell, *CEJL*, vol. 2.

2 George Orwell, *The Collected Essays, Journalism and Letters of George Orwell*, Volume 1: *An Age Like This, 1920-1940*, org. Sonia Orwell e Ian Angus (Nova Iorque, Harcourt Brace Jovanovich, 1968), p. 410; doravante, Orwell, *CEJL*, vol. 1.

3 Michael Shelden, *Orwell: The Authorized Biography* (Nova Iorque, HarperCollins, 1991), p. 289.

4 Bernard Crick, *George Orwell: A Life* (Nova Iorque, Penguin, 1980), pp. 391-392.

5 George Orwell, "Letter to John Lehmann", *in CEJL*, vol. 2, p. 29.

6 George Orwell, *Diaries*, org. Peter Davison (Nova Iorque, W. W. Norton, 2012), p. 325.

7 John Rodden e John Rossi, *The Cambridge Introduction to George Orwell* (Cambridge, Cambridge University Press, 2012), p. 26.

8 Orwell, *CEJL*, vol. 1, p. 516.

9 Orwell, *CEJL*, vol. 2, p. 24.

10 Orwell, *Diaries*, p. 308.

11 Shelden, *Orwell*, p. 237.

12 George Orwell, "Letter to the Editor of Time and Tide", *in CEJL*, vol. 2, p. 27.

13 Cyril Connolly, *The Evening Colonnade* (Londres, David Bruce & Watson, 1973), p. 383.

14 Shelden, *Orwell*, p. 330.

15 Orwell, *Diaries*, p. 312.

16 *Ibid.*, p. 313.

17 *Ibid.*, p. 316.

18 Orwell, *CEJL*, vol. 2, p. 54.

19 John Rossi, "'My Country, Right or Left': Orwell's Patriotism", *in The Cambridge Companion to George Orwell*, org. John Rodden (Cambridge, Cambridge University Press, 2007), p. 94.

20 Orwell, "The Lion and the Unicorn", *in CEJL*, vol. 2, p. 67.

21 *Ibid.*, p. 78.

22 George Orwell, "Wells, Hitler and the World State", *ibid*, p. 142.

23 Gordon Bowker, *George Orwell* (Londres, Abacus, 2004), p. 293. Veja-se também Orwell, *Diaries*, p. 366.

24 Stephen Wadhams (org.), *Remembering Orwell* (Harmondsworth, Penguin, 1984), p. xii.

25 Orwell, *Diaries*, p. 344.

26 *Ibid.*, p. 295.

27 Daniel Todman, *Britain's War: Into Battle, 1937-1941* (Oxford, Oxford University Press, 2016), p. 478.

28 Joshua Levine, *Forgotten Voices of the Blitz and the Battle for Britain* (Londres, Ebury, 2007), pp. 345-348, e Churchill, *The Second World War*, Volume II: *Their Finest Hour*, p. 351.

29 Citado *in* Robert Hewison, *Under Siege: Literary Life in London, 1939-45* (Nova Iorque, Oxford University Press, 1977), p. 39.

30 Orwell, "The Lion and the Unicorn", *in* Orwell, *CEJL*, vol. 2, p. 90.

31 Levine, *Forgotten Voices of the Blitz and the Battle for Britain*, 377. Veja-se também o obituário "Squadron Leader 'Stapme' Stapleton", *Telegraph* (Londres), 22 de abril de 2010, acedido em linha.

32 James Leutze (org.), *The London Journal of General Raymond E. Lee, 1940-1941* (Boston, Little, Brown, 1971), p. 339.

33 *Ibid.*, p. 463.

34 Orwell, "The Lion and the Unicorn", *in CEJL*, vol. 2, p. 71.

35 Len Deighton, *Battle of Britain* (Nova Iorque, Coward, McCann & Geoghegan, 1980), p. 32.

36 Evelyn Waugh, *Officers and Gentlemen* (Nova Iorque, Dell, 1961), p. 255.

37 Hugh Dundas, *Flying Start: A Fighter Pilot's War Years* (Nova Iorque, St. Martin's Press, 1989), p. 6.

38 Levine, *Forgotten Voices of the Blitz*, p. 226.

39 George Orwell, "London Letter, 8 May 1942", *in Orwell and Politics*, org. Peter Davison (Harmondsworth, Penguin, 2001), p. 167.

40 Orwell, "The Lion and the Unicorn", *in CEJL*, vol. 2, p. 109.

41 John Colville, *The Fringes of Power: 10 Downing Street Diaries, 1939-1955* (Nova Iorque, W. W. Norton, 1985), p. 282.

42 Deighton, *Battle of Britain*, p. 93.

43 Anthony Cave Brown, *C: The Secret Life of Sir Stewart Menzies, Spymaster to Winston Churchill* (Nova Iorque, Macmillan, 1987), p. 113.

44 Colville, *The Fringes of Power*, p. 278.

45 *Ibid.*, pp. 278, 433.

46 John Ramsden, *Man of the Century: Winston Churchill and His Legend Since 1945* (Nova Iorque, Columbia University Press, 2002), p. 575.

47 Margaret Thatcher, *The Path to Power* (Nova Iorque, HarperCollins, 1995), p. 27.

48 Churchill, *The Second World War*, Vol. I: *The Gathering Storm*, pp. 760-763.

49 Martin Gilbert, *Winston S. Churchill: Finest Hour*, Volume VI: *1939-1941* (Londres, Heinemann, 1983), p. 148.

50 Field Marshal Lord Alanbrooke, *The War Diaries: 1939-1945*, org. Alex Danchev e Daniel Todman (Berkeley, University of California Press, 2002), p. 347.

51 Eliot Cohen, *Supreme Command: Soldiers, Statesmen, and Leadership in Wartime* (Nova Iorque, Anchor, 2003), p. 127.

52 Winston S. Churchill, *The Second World War*, Volume IV: *The Hinge of Fate* (Boston, Houghton Mifflin, 1950), p. 916.

53 Orwell, "Lion and the Unicorn", *in CEJL*, vol. 2, p. 67.

54 *Ibid.*, p. 85.

55 George Orwell, "The English People", *in The Collected Essays, Journalism and Letters of George Orwell*, Volume 3: *As I Please, 1943-1945*, org. Sonia Orwell e Ian Angus (Nova Iorque, Harcourt Brace Jovanovich, 1968), p. 21; doravante, Orwell, *CEJL*, vol. 3.

56 Bowker, *George Orwell*, p. 123.

57 Há quem diga que «britão» não é uma palavra a sério, mas George Marshall usou-a na sua correspondência com funcionários britânicos. Veja-se, por exemplo, a sua nota de 25 de outubro de 1950 para Lorde Louis Mountbatten in *The Papers of George Catlett Marshall*, Volume 7: "The Man of the Age", org. Mark Stoler e Daniel Holt (Baltimore, Md., Johns Hopkins University Press, 2016), p. 26.

58 James Bowman, *Honor: A History* (Nova Iorque, Encounter, 2006), p. 157.

59 Crick, *George Orwell*, p. 431.

60 Estilo de vestuário de Orwell: George Woodcock, *The Crystal Spirit: A Study of George Orwell* (Boston, Little, Brown, 1966), p. 23; Audrey Coppard e Bernard Crick, *Orwell Remembered* (Nova Iorque, Facts on File Publications, 1984), p. 203.

61 George Orwell, "London Letter", *Partisan Review*, julho-agosto de 1943, *in Orwell and Politics*, org. Peter Davison (Harmondsworth, Penguin, 2001), p. 181.

62 Martin Gilbert, *Churchill and America* (Nova Iorque, Free Press, 2005), p. 157.

63 Max Hastings, *Winston's War: Churchill 1940-1945* (Nova Iorque, Vintage, 2011), p. 40.

64 C. P. Snow, *Variety of Men* (Londres, Macmillan, 1967), pp. 112-113.

65 Orwell, *Diaries*, p. 333.
66 *Ibid.*, p. 345.
67 *Ibid.*, p. 316.
68 *Ibid.*, p. 317.
69 *Ibid.*, p. 339.
70 *Ibid.*, p. 342.
71 *Ibid.*, p. 358.
72 Michael Simpson, *A Life of Admiral of the Fleet Andrew Cunningham* (Abingdon e Nova Iorque, Routledge, 2012), p. 62.
73 Winston S. Churchill, *The Second World War*, Volume III: *The Grand Alliance* (Boston, Houghton Mifflin, 1950), p. 242. Itálico do autor.
74 Citado *in* Ronald Lewin, *Churchill as Warlord* (Londres, Scarborough, 1973), p. 72.
75 Alanbrooke, *The War Diaries*, p. 207.
76 *Ibid.*, p. 226.
77 *Ibid.*
78 Winston S. Churchill, *The Second World War*, Volume II: *Their Finest Hour* (Boston, Houghton Mifflin, 1949), p. 443.
79 Alanbrooke, *The War Diaries*, pp. 207, 273.
80 A. L. Rowse, *The Churchills: The Story of a Family* (Nova Iorque, Harper & Row, 1966), p. 471.
81 Churchill, *The Second World War*, Vol. III: *The Grand Alliance*, p. 28.
82 Winston S. Churchill, *Painting as a Pastime* (Greensboro, N.C., Unicorn Press, 2013), pp. 45-46.
83 Churchill, *The Second World War*, Volume II: *Their Finest Hour*, p. 548.
84 Orwell, *Diaries*, p. 354.
85 Winston S. Churchill, *The Second World War*, Vol. III: *The Grand Alliance*, p. 372.
86 Orwell, *Diaries*, p. 353.
87 George Orwell, "Notes on Nationalism", *in* Orwell, *CEJL*, vol. 3, p. 370.
88 George Orwell, *The War Commentaries*, org. W. J. West (Nova Iorque, Schocken Books, 1986), p. 40.
89 *Ibid.*, pp. 213-214.
90 *Ibid.*, p. 138.
91 "That Curiously Crucified Expression", *in* Coppard e Crick, *Orwell Remembered*, p. 171.
92 George Orwell, "Macbeth", 17 de outubro de 1943, *in Orwell: The Lost Writings*, org. W. J. West (Nova Iorque, Arbor House, 1985), pp. 160-161.
93 Bowker, *George Orwell*, p. 294.

94 Orwell, *Diaries*, p. 361.
95 *Ibid.*, pp. 390-391.
96 *Ibid.*, p. 386.
97 Bowker, *George Orwell*, p. 294.
98 George Orwell, *Coming Up for Air*, *in* George Orwell Omnibus (Londres, Secker & Warburg, 1976), p. 476.
99 Orwell, *Diaries*, p. 392.
100 *Ibid.*, pp. 361-362.
101 George Orwell, "Literature and Totalitarianism", *in CEJL*, vol. 2, p. 135.
102 Jeremy Lewis, *David Astor* (Londres, Jonathan Cape, 1980), cap. 2. A versão Kindle carece de números de página.
103 Stephen Pritchard, "Astor and the Observer", *Observer*, 8 de dezembro de 2001.
104 Roger Lewis, "How the Observer's Celebrated Owner-Editor Coped with Being So Rich", *Guardian*, 18 de fevereiro de 2016.
105 "David Astor and the Observer", *in* Coppard e Crick, *Orwell Remembered*, 184.
106 Crick, *George Orwell*, p. 421.

CAPÍTULO 9
CHEGAM OS AMERICANOS

1 Field Marshal Lord Alanbrooke, *The War Diaries: 1939-1945*, org. Alex Danchev e Daniel Todman (Berkeley, University of California Press, 2002), p. 209; Roy Jenkins, *Churchill* (Farrar, Straus and Giroux, 2001), p. 800.
2 Winston S. Churchill, *The Second World War*, Volume III: *The Grand Alliance* (Boston, Houghton Mifflin, 1950), p. 607.
3 Winston Churchill, *Blood, Toil, Tears and Sweat: The Great Speeches*, org. David Cannadine (Harmondsworth, Penguin, 1990), p. 226.
4 *Ibid.*, p. 227.
5 *Ibid.*, pp. 228-229.
6 *Ibid.*, p. 230.
7 *Ibid.*, p. 232.
8 *Sir* Charles Wilson, posteriormente Lorde Moran, *Churchill: Taken from the Diaries of Lord Moran* (Boston, Houghton Mifflin, 1966), p. 16. Veja-se também Churchill, *The Second World War*, Vol. III: *The Grand Alliance*, p. 671.
9 Moran, *Churchill*, p. 17.

10 Churchill, *The Second World War*, Vol. III: *The Grand Alliance*, p. 686.

11 Robert E. Sherwood, *Roosevelt and Hopkins: An Intimate History* (Nova Iorque, Harper & Brothers, 1948), p. 444.

12 Martin Gilbert, *Winston S. Churchill: The Prophet of Truth*, Volume V: *1922-1939* (Londres, Minerva, 1990), p. 301.

13 Mary Soames (org), *Winston and Clementine: The Personal Letters of the Churchills* (Boston, Houghton Mifflin, 2001), pp. 331-332.

14 Winston S. Churchill, *The Second World War*, Volume II: *Their Finest Hour* (Boston, Houghton Mifflin, 1949), p. 553.

15 Andrew Roberts, *Eminent Churchillians* (Londres, Phoenix, 1995), p. 49.

16 George Orwell, *The Collected Essays, Journalism and Letters of George Orwell*, Volume 2: *My Country Right or Left, 1940-1943*, org. Sonia Orwell e Ian Angus (Nova Iorque, Harcourt Brace Jovanovich, 1968), p. 177; doravante, Orwell, *CEJL*, vol. 2.

17 George Orwell, "As I Please", 22 de novembro de 1946, *in The Collected Essays, Journalism and Letters of George Orwell*, Volume 4: *In Front of Your Nose, 1945-1950*, org. Sonia Orwell e Ian Angus (Nova Iorque, Harcourt Brace Jovanovich, 1968), 247; doravante, Orwell, *CEJL*, vol. 4.

18 George Orwell, "Mark Twain – The Licensed Jester", *in CEJL*, vol. 2, p. 326.

19 Bernard Crick, *George Orwell: A Life* (Nova Iorque, Penguin, 1980), p. 247.

20 Randolph S. Churchill, *Winston S. Churchill: Youth, 1874-1900* (Boston, Houghton Mifflin, 1966), pp. 369, 525.

21 Gordon Bowker, *George Orwell* (Londres, Abacus, 2004), p. 62. Veja-se também "Quixote on a Bicycle", *in* Audrey Coppard e Bernard Crick, *Orwell Remembered* (Nova Iorque, Facts on File Publications, 1984), p. 256.

22 Charles Dickens, *The Life and Adventures of Martin Chuzzlewit* (Nova Iorque, Penguin, 1986), p. 338, e pp. 336-337, 346-347, 592, 607.

23 Christopher Hitchens, *Why Orwell Matters* (Nova Iorque, MJF Books, 2002), p. 104.

24 Norman Longmate, *The G.I.'s: The Americans in Britain, 1942-1945* (Nova Iorque, Scribner, 1975), pp. 228, 43, 36.

25 John Charmley, *Churchill: The End of Glory* (Nova Iorque, Harcourt Brace, 1993), p. 449.

26 Debates parlamentares, 27, 28 e 29 de janeiro de 1942, *Hansard, Parliamentary Debates*; doravante, *Hansard*.

27 Harold Nicolson, *The War Years: 1939-1945* (Nova Iorque, Atheneum, 1967), p. 209.

28 *Ibid.*

29 Winston S. Churchill, *The Second World War*, Volume IV: *The Hinge of Fate* (Boston, Houghton Mifflin, 1950), p. 92.

30 Orwell, *CEJL*, vol. 2, p. 209.

31 George Orwell, *Diaries*, org. Peter Davison (Nova Iorque, W. W. Norton, 2012), pp. 396-397.

32 Stephen Wadhams (org), *Remembering Orwell* (Harmondsworth, Penguin, 1984), pp. 129-130.

33 *Ibid.*, p. 130.

34 Crick, *George Orwell*, p. 432.

35 Churchill, *The Second World War*, Vol. IV: *The Hinge of Fate*, p. 209.

36 *Ibid.*, p. 134.

37 *Ibid.*, p. 201.

38 Winston S. Churchill, *The Second World War*, Volume V: *Closing the Ring* (Boston, Houghton Mifflin, 1951), p. 270.

39 Warren F. Kimball (org), *Churchill & Roosevelt: The Complete Correspondence*, Volume 1: *Alliance Emerging, October 1933-November 1942* (Princeton, N.J., Princeton University Press, 1987), pp. 447-448.

40 Orwell, *Diaries*, p. 371.

41 *Hansard*, 2 de julho de 1942.

42 Simon Berthon e Joanna Potts, *Warlords: An Extraordinary Re-creation of World War II Through the Eyes and Minds of Hitler, Churchill, Roosevelt, and Stalin* (Cambridge, Mass., Da Capo, 2006), p. 150.

43 Churchill, *The Second World War*, Vol. IV: *The Hinge of Fate*, pp. 382-383. O presente relato também se baseia em Hastings Ismay, *The Memoirs of Lord Ismay* (Londres, Heinemann, 1960), pp. 254-255; em Sherwood, *Roosevelt and Hopkins*, p. 204; e em Department of State, *Foreign Relations of the United States, The Second Washington Conference* (Washington, D.C., U.S. Government Printing Office, 1968), p. 437.

44 Moran, *Churchill*, p. 41.

45 Kim Philby, *My Silent War* (Nova Iorque, Modern Library, 2002), p. 174. Veja-se também Andrew Marr, *A History of Modern Britain* (Londres, Pan Macmillan, 2009), p. 141.

46 John Charmley, "Churchill and the American Alliance", *in Winston Churchill in the Twenty-First Century*, org. David Cannadine e Roland Quinault (Cambridge, Cambridge University Press, 2004), p. 146.

47 Max Hastings, *Winston's War: Churchill 1940-1945* (Nova Iorque, Vintage, 2011), p. 149.

48 Harold Nicolson, *Diaries and Letters, 1930-1939*, org. Nigel Nicolson (Londres, Collins, 1966), p. 205.

49 *Ibid.*, p. 189.

50 Harold Nicolson, *The War Years: 1939-1945* (Nova Iorque, Atheneum, 1967), p. 328.

51 Harold Macmillan, *The Blast of War, 1939-1945* (Nova Iorque, Harper & Row, 1968), pp. 121, 359.

52 Oliver Harvey, *War Diaries, 1941-1945*, org. John Harvey (Nova Iorque, HarperCollins, 1978), p. 37.

53 *Ibid.*, p. 141.

54 James Boswell, *The Life of Samuel Johnson*, Volume III (Oxford, Talboys and Wheeler, 1826), p. 180.

55 Andrew Roberts, *"The Holy Fox": A Biography of Lord Halifax* (Londres, Weidenfeld & Nicolson, 1991), pp. 281-282.

56 Anthony Eden, *The Reckoning: The Memoirs of Anthony Eden* (Boston, Houghton Mifflin, 1965), pp. 158-159.

CAPÍTULO 10
VISÕES NEGRAS DO MUNDO PÓS-GUERRA

1 Norman Longmate, *The G.I.'s: The Americans in Britain, 1942-1945* (Nova Iorque, Scribner, 1975), p. 62.

2 George Orwell, *The Collected Essays, Journalism and Letters of George Orwell*, Volume 2: *My Country Right or Left, 1940-1943*, org. Sonia Orwell e Ian Angus (Nova Iorque, Harcourt Brace Jovanovich, 1968), p. 236; doravante, Orwell, *CEJL*, vol. 2.

3 *George C. Marshall: Interviews and Reminiscences for Forrest C. Pogue*, org. Larry I. Bland (Lexington, Va., George C. Marshall Foundation, 1996), pp. 608, 613.

4 Martin Gilbert, *Winston S. Churchill: Road to Victory*, Volume VII: *1941-1945* (Londres, Heinemann, 1989), p. 293.

5 Eric Larrabee, *Commander in Chief: Franklin Delano Roosevelt, His Lieutenants, and Their War* (Nova Iorque, Harper & Row, 1987), p. 184.

6 Ronald Lewin, *Churchill as Warlord* (Londres, Scarborough, 1973), p. 184.

7 Hastings Ismay, *The Memoirs of Lord Ismay* (Londres, Heinemann, 1960), p. 288.

8 Field Marshal Lord Alanbrooke, *The War Diaries: 1939-1945*, org. Alex Danchev e Daniel Todman (Berkeley, University of California Press, 2002), p. 364.

9 Gilbert, *Churchill: Road to Victory*, p. 296.

10 "Joint Chiefs of Staff Minutes of a Meeting at the White House, January 7, 1943", *Foreign Relations of the United States: The Conferences at Washington, 1941-1942, and Casablanca, 1943* (Washington, D.C., U.S. Government Printing Office, 1968), p. 510.

11 "Meeting of Roosevelt with the Joint Chiefs of Staff, January 15, 1943, 10 a.m., President's Villa", *Foreign Relations of the United States, Washington and Casablanca Conferences*, p. 559.

12 Steven Rearden, *Council of War: A History of the Joint Chiefs of Staff, 1942-1991* (Washington, D.C., NDU Press, 2012), pp. 13-14.

13 Albert Wedemeyer, *Wedemeyer Reports!* (Nova Iorque, Henry Holt, 1958), 191-192. Muito depois da guerra, Marshall escreveu a Churchill: «Não conheço ninguém com quem eu tenha tido mais discussões do que consigo, mas também não conheço ninguém por quem eu tenha mais admiração.» *The Papers of George Catlett Marshall*, Volume 7: "The Man of the Age", org. Mark Stoler e Daniel Holt (Baltimore, Md., Johns Hopkins University Press, 2016), p. 986.

14 Oliver Harvey, *War Diaries, 1941-1945*, org. John Harvey (Nova Iorque, HarperCollins, 1978), p. 287.

15 Alanbrooke, *The War Diaries*, p. 419.

16 *Sir* Charles Wilson, posteriormente Lorde Moran, *Churchill: Taken from the Diaries of Lord Moran* (Boston, Houghton Mifflin, 1966), p. 767.

17 Alanbrooke, *The War Diaries*, p. 384.

18 Harold Nicolson, *The War Years: 1939-1945* (Nova Iorque, Atheneum, 1967), p. 347.

19 Winston S. Churchill, *The Second World War*, Volume IV: *The Hinge of Fate* (Boston, Houghton Mifflin, 1950), pp. 733-734.

20 "Meeting of the Combined Chiefs of Staff, May 13, 1943, 10:30 a.m., Board of Governors Room, Federal Reserve Building", *Foreign Relations of the United States: The Conferences at Washington and Quebec, 1943* (Washington, D.C., Government Printing Office, 1970), p. 45.

21 Alanbrooke, *The War Diaries*, p. 233.

22 David Dilks (org), *The Diaries of Sir Alexander Cadogan, 1938-1945* (Nova Iorque, G. P. Putnam's Sons, 1972), p. 484.

23 Field Marshal Lord Alanbrooke, *The War Diaries*, p. 370.

24 Violet Bonham Carter, *Winston Churchill: An Intimate Portrait* (Nova Iorque, Harcourt, Brace & World, 1965), p. 172.

25 William Manchester, *The Caged Lion: Winston Spencer Churchill, 1932--1940* (Londres, Abacus, 1994), p. 25.

26 G. S. Harvie-Watt, *Most of My Life* (Londres, Springwood, 1980), p. 53.

27 Eleanor Roosevelt, "Churchill at the White House", *Atlantic Monthly*, março de 1965, acedido em linha.

28 Winston S. Churchill, *The Second World War*, Volume V: *Closing the Ring* (Boston, Houghton Mifflin, 1951), p. 405.

29 Moran, *Churchill*, p. 145.

30 Warren F. Kimball (org), *Churchill & Roosevelt: The Complete Correspondence*, Volume 2: *Alliance Forged, November 1942-February 1944* (Princeton, N.J., Princeton University Press, 1987), p. 596.

31 Robert E. Sherwood, *Roosevelt and Hopkins: An Intimate History* (Nova Iorque, Harper & Brothers, 1948), p. 781. Informação sobre a cor do lápis *in* Richard Overy, *Why the Allies Won* (Nova Iorque, W. W. Norton, 1996), p. 246.

32 Warren F. Kimball (org), *Churchill & Roosevelt: The Complete Correspondence*, Volume 1: *Alliance Emerging, October 1933-November 1942* (Princeton, N.J., Princeton University Press, 1987), pp. 206, 642. Elliott Roosevelt, *As He Saw It* (Nova Iorque, Duell, Sloan and Pearce, 1946), p. 190. É referido como anfitrião do jantar em Jon Meacham, *Franklin and Winston: An Intimate Portrait of an Epic Friendship* (Nova Iorque, Random House, 2004), p. 258. Para um relato relativamente mais censurado do jantar, que nem no formato confidencial menciona a intervenção de Elliott Roosevelt, veja-se U.S. Department of State, *Foreign Relations of the United States: The Conferences at Cairo and Tehran* (Washington, D.C., U.S. Government Printing Office, 1961), pp. 552-555.

33 Churchill, *The Second World War*, Vol. 5: *Closing the Ring*, p. 374.

34 Benjamin Fischer, "The Katyn Controversy: Stalin's Killing Field", Studies in Intelligence, CIA (inverno de 1999-2000), acedido em linha.

35 A sinopse, que não consta nas edições da trilogia, está disponível em linha em www.abbotshill.freeserve.co.uk/USIntro.htm.

36 Dilkes, *Diaries of Sir Alexander Cadogan*, p. 580.

37 Alanbrooke, *The War Diaries*, p. 544.

38 Violet Bonham Carter, *Champion Redoubtable* (Londres, Weidenfeld & Nicolson, 1999), pp. 312-313.

39 John Colville, *The Fringes of Power: 10 Downing Street Diaries, 1939-1955* (Nova Iorque, W. W. Norton, 1985), p. 158.

40 Diana Cooper, *Trumpets from the Steep* (Londres, Century, 1960), p. 154.

41 Moran, *Churchill*, p. 22.

42 Veja-se George Orwell, "Letter to Roger Senhouse", *in The Collected Essays, Journalism and Letters of George Orwell*, Volume 4: *In Front of Your Nose, 1945-1950*, org. Sonia Orwell e Ian Angus (Nova Iorque, Harcourt Brace Jovanovich, 1968), p. 132.

[43] George Orwell, "Letter to L. F. Rushbrook-Williams", *in CEJL*, vol. 2, p. 316.

[44] George Orwell, *The Collected Essays, Journalism and Letters of George Orwell*, Volume 3: *As I Please, 1943-1945*, org. Sonia Orwell e Ian Angus (Nova Iorque, Harcourt Brace Jovanovich, 1968), p. 54.

CAPÍTULO 11
O TRIUNFO DOS PORCOS

[1] Malcolm Muggeridge, *Like It Was: The Diaries of Malcolm Muggeridge*, org. John Bright-Holmes (Londres, Collins, 1981), p. 410.

[2] *Sir* Charles Wilson, posteriormente Lorde Moran, *Churchill: Taken from the Diaries of Lord Moran* (Boston, Houghton Mifflin, 1966), p. 199.

[3] George Orwell, "On Kipling's Death", *in The Collected Essays, Journalism and Letters of George Orwell*, Volume 1: *An Age Like This, 1920-1940*, org. Sonia Orwell e Ian Angus (Nova Iorque, Harcourt Brace Jovanovich, 1968), pp. 159-160; doravante, Orwell, *CEJL*, vol. 1.

[4] Beatrix Potter, *The Tale of Peter Rabbit*, acedido em linha em Project Gutenberg.

[5] Kenneth Grahame, *The Wind in the Willows* (Nova Iorque, Grosset & Dunlap, 1913), p. 3.

[6] *Ibid.*, pp. 11-12.

[7] George Orwell, "Some Thoughts on the Common Toad", *in The Collected Essays, Journalism and Letters of George Orwell*, Volume 4: *In Front of Your Nose, 1945-1950*, org. Sonia Orwell e Ian Angus (Nova Iorque, Harcourt Brace Jovanovich, 1968), p. 142; doravante, Orwell, *CEJL*, vol. 4.

[8] George Orwell, *Diaries*, org. Peter Davison (Nova Iorque, W. W. Norton, 2012), p. 380.

[9] Este duplo aparecimento do Leão Vermelho é referido por Jeffrey Meyers *in Orwell: Life and Art* (Champaign, Ill., University of Illinois Press, 2010), p. 112. No entanto, "Red Lion" é o nome mais comum dos bares britânicos: segundo uma contagem recente do guia Pubs Galore, existem mais de quinhentos, incluindo um em Willingdon.

[10] George Orwell, *Animal Farm* (Nova Iorque, New American Library, 1974), p. 35.

[11] *Ibid.*, pp. 40-41.

[12] Orwell, *Diaries*, p. 471.

[13] Citado *in* Gordon Bowker, *George Orwell* (Londres, Abacus, 2004), pp. 358-359.

14 Orwell, *Animal Farm*, p. 58.

15 *Ibid.*, p. 59.

16 *Ibid.*, p. 83.

17 *Ibid.*, p. 122.

18 *Ibid.*, p. 123.

19 George Orwell, "Literature and Totalitarianism", *The Listener*, 19 de junho de 1941, *in The Collected Essays, Journalism and Letters of George Orwell*, Volume 2: *My Country Right or Left, 1940-1943*, org. Sonia Orwell e Ian Angus (Nova Iorque, Harcourt Brace Jovanovich, 1968), p. 134; doravante, Orwell, *CEJL*, vol. 2.

20 George Orwell, *Orwell and Politics*, org. Peter Davison (Harmondsworth, Penguin, 2001), p. 384.

21 Orwell, *Animal Farm*, p. 128.

22 N.º 3128, "To Dwight Macdonald", 5 de dezembro de 1946, *in* Peter Davison (org), *The Complete Works of George Orwell*, Volume 18 (Londres, Secker & Warburg, 1998), p. 507.

23 Stephen Wadhams (org), *Remembering Orwell* (Harmondsworth, Penguin, 1984), p. 131.

24 E. B. White, "A Letter from E. B. White", no sítio *web* da HarperCollins.

25 Christopher Andrew e Vasili Mitrokhin, *The Sword and the Shield: The Mitrokhin Archive and the Secret History of the KGB* (Nova Iorque, Basic Books, 1999), p. 87.

26 Anthony Cave Brown, *Treason in the Blood: H. St. John Philby, Kim Philby, and the Spy Case of the Century* (Boston, Houghton Mifflin, 1994), p. 222.

27 Andrew e Mitrokhin, *The Sword and the Shield*, p. 67. Veja-se também Brown, *Treason in the Blood*, p. 79.

28 Andrew e Mitrokhin, *The Sword and the Shield*, pp. 74-75.

29 Bernard Crick, *George Orwell: A Life* (Nova Iorque, Penguin, 1980), p. 454.

30 *Ibid.*, p. 458. Veja-se também Alison Flood, "'It Needs More Public-Spirited Pigs': T. S. Eliot's Rejection of Orwell's Animal Farm", *Guardian*, 26 de maio de 2016. Sobre o número total de rejeições das editoras, veja-se John Rodden e John Rossi, *The Cambridge Introduction to George Orwell* (Cambridge, Cambridge University Press, 2012); Crick, *George Orwell*, pp. 452-462.

31 Rodden e Rossi, *Cambridge Introduction to Orwell*, p. 77.

32 George Orwell, *The Collected Essays, Journalism and Letters of George Orwell*, Volume 3: *As I Please, 1943-1945*, org. Sonia Orwell e Ian Angus (Nova Iorque, Harcourt Brace Jovanovich, 1968), p. 141; doravante, Orwell, *CEJL*, vol. 3.

[33] Wadhams, *Remembering Orwell*, p. 131.

[34] Crick, *George Orwell*, p. 465.

[35] Audrey Coppard e Bernard Crick, *Orwell Remembered* (Nova Iorque, Facts on File Publications, 1984), pp. 186-187.

[36] Bowker, *George Orwell*, p. 472. Curiosamente, este texto não está incluído em *Collected Essays, Journalism and Letters* de Orwell.

[37] Bowker, *George Orwell*, p. 329.

[38] Coppard e Crick, *Orwell Remembered*, p. 187.

[39] Orwell, *CEJL*, vol. 3, p. 359.

[40] George Woodcock, *The Crystal Spirit* (Nova Iorque, Schocken Books, 1984), p. 31.

[41] Coppard e Crick, *Orwell Remembered*, p. 197.

[42] Orwell, *CEJL*, vol. 4, p. 104.

[43] Bowker, *George Orwell*, pp. 330-331.

[44] Rodden e Rossi, *Cambridge Introduction to Orwell*, p. 59.

[45] Bowker, *George Orwell*, p. 484.

[46] Wadhams, *Remembering Orwell*, p. 166.

[47] George Orwell, "Politics and the English Language", *in Orwell and Politics*, p. 409.

[48] *Ibid.*, p. 410.

[49] *Ibid.*, p. 406.

[50] Manchester, *The Caged Lion*, p. 26.

[51] *Sir* John Martin, *in* John Wheeler-Bennett (org), *Action This Day: Working with Churchill* (Nova Iorque, St. Martin's, 1969), pp. 146-147.

[52] John Colville, *Winston Churchill and His Inner Circle* (Nova Iorque, Wyndham, 1981), p. 155.

[53] Winston S. Churchill, *The Second World War*, Volume VI: *Triumph and Tragedy* (Boston, Houghton Mifflin, 1953), p. 749.

[54] Winston S. Churchill, *The Second World War*, Volume I: *The Gathering Storm* (Boston, Houghton Mifflin, 1948), p. 166.

[55] Citado *in* Harold Macmillan, *The Blast of War 1939-1945* (Nova Iorque, Harper & Row, 1968), p. 84.

[56] Warren F. Kimball (org), *Churchill & Roosevelt: The Complete Correspondence*, Volume 2: *Alliance Forged, November 1942-February 1944* (Princeton, N.J., Princeton University Press, 1987), p. 712.

[57] Winston S. Churchill, *The Second World War*, Volume II: *Their Finest Hour* (Boston, Houghton Mifflin, 1949), p. 431.

CAPÍTULO 12
CHURCHILL (E A GRÃ-BRETANHA): DECLÍNIO E TRIUNFO

1 John Colville, *The Fringes of Power: 10 Downing Street Diaries, 1939-1955* (Nova Iorque, W. W. Norton, 1985), pp. 471-472.

2 Laurence Bergreen, *As Thousands Cheer: The Life of Irving Berlin* (Nova Iorque, Viking, 1990), p. 431.

3 George Orwell, "London Letter, *Partisan Review*, 17 de abril de 1944", *in The Collected Essays, Journalism and Letters of George Orwell*, Volume 3: *As I Please, 1943-1945*, org. Sonia Orwell e Ian Angus (Nova Iorque, Harcourt Brace Jovanovich, 1968), p. 123; doravante, Orwell, *CEJL*, vol. 3.

4 Artemis Cooper (org), *A Durable Fire: The Letters of Duff and Diana Cooper, 1913-1950* (Londres, HarperCollins, 1983), p. 305.

5 Winston Churchill (discurso, Almoço do *Lord Mayor*, 10 de novembro de 1942), acedido em linha no sítio *web* da Churchill Society.

6 Field Marshal Lord Alanbrooke, *The War Diaries: 1939- 1945*, org. Alex Danchev e Daniel Todman (Berkeley, University of California Press, 2002), p. 515.

7 *Ibid.*, p. 521.

8 *Ibid.*, p. 528.

9 *Ibid.*, p. 534.

10 *Ibid.*, p. 561.

11 *Ibid.*, p. 568.

12 *Ibid.*, p. 590.

13 *Ibid.*, p. 566.

14 Veja-se Carlo D'Este, *Warlord: A Life of Winston Churchill at War, 1874--1945* (Nova Iorque, HarperCollins, 2008), p. 395.

15 Veja-se, por exemplo, o seu memorando de 12 de setembro de 1939, *in* Winston S. Churchill, *The Second World War*, Volume I: *The Gathering Storm* (Boston, Houghton Mifflin, 1948), pp. 434-435.

16 David Reynolds, *In Command of History: Churchill Fighting and Writing the Second World War* (Nova Iorque, Random House, 2005), p. 114.

17 Maurice Ashley, *Churchill as Historian* (Nova Iorque, Scribner, 1969), p. 189.

18 Colville, *The Fringes of Power*, pp. 186-187. Veja-se também Winston S. Churchill, *The Second World War*, Volume III: *The Grand Alliance* (Boston, Houghton Mifflin, 1950), pp. 806-807.

19 R. W. Thompson, *Churchill and Morton* (Londres, Hodder & Stoughton, 1976), p. 48.

20 Veja-se, por exemplo, *Sir* Charles Wilson, posteriormente Lorde Moran, *Churchill: Taken from the Diaries of Lord Moran* (Boston, Houghton Mifflin, 1966), p. 169.

21 *Sir* Ian Jacob, *in* John Wheeler-Bennett (org), *Action This Day: Working with Churchill* (Nova Iorque, St. Martin's, 1969), p. 201.

22 Churchill, *The Second World War*, Vol. I: *The Gathering Storm*, p. 462.

23 Eliot Cohen, *Supreme Command: Soldiers, Statesmen, and Leadership in Wartime* (Nova Iorque, Anchor, 2003), p. 118.

24 Moran, *Churchill*, p. 759.

25 David Fraser, "Alanbrooke", *in Churchill's Generals*, org. John Keegan (Nova Iorque, Grove Weidenfeld, 1991), p. 90. Este episódio é apresentado de forma ligeiramente diferente em Fraser, *Alanbrooke* (Londres, Arrow Books, 1983), p. 295.

26 Simon Heffer, *Like the Roman: The Life of Enoch Powell* (Londres, Weidenfeld & Nicolson, 1998), p. 75.

27 *Ibid.*, p. 62.

28 George Orwell, "Letter from England", *Partisan Review*, 3 de janeiro de 1943, *in The Collected Essays, Journalism and Letters of George Orwell*, Volume 2: *My Country Right or Left, 1940-1943*, org. Sonia Orwell e Ian Angus (Nova Iorque, Harcourt Brace Jovanovich, 1968), pp. 278-279; doravante, Orwell, *CEJL*, vol. 2.

29 Max Hastings, *Winston's War: Churchill, 1940-1945* (Nova Iorque, Vintage, 2011), p. 437.

30 Colville, *The Fringes of Power*, p. 574.

31 Ralph Ingersoll, *Top Secret* (Nova Iorque, Harcourt, Brace, 1946), p. 67.

32 Winston S. Churchill, *The Second World War*, Volume V: *Closing the Ring* (Boston, Houghton Mifflin, 1951), p. 85.

33 *Ibid.*, p. 129.

34 J. Lawton Collins, *Lightning Joe* (Baton Rouge, Louisiana State University Press, 1979), p. 292.

35 Primeira citação de George Orwell, "Wells, Hitler and the World State", *in CEJL*, vol. 2, pp. 143-144. Segunda citação de George Orwell, "Such, Such Were the Joys", *in The Collected Essays, Journalism and Letters of George Orwell*, Volume 4: *In Front of Your Nose, 1945-1950*, org. Sonia Orwell e Ian Angus (Nova Iorque, Harcourt Brace Jovanovich, 1968), p. 336; doravante, Orwell, *CEJL*, vol. 4.

36 Winston S. Churchill, *The Second World War*, Volume VI: *Triumph and Tragedy* (Boston, Houghton Mifflin, 1953), p. 713.

37 Ronald Lewin, *Churchill as Warlord* (Londres, Scarborough, 1973), p. 19.

38 George Trevelyan, *English Social History: A Survey of Six Centuries from Chaucer to Queen Victoria* (Nova Iorque, Longman, 1978), p. 457.

39 Correlli Barnett, *The Audit of War: The Illusion & Reality of Britain as a Great Nation* (Londres, Macmillan, 1986), pp. 161, 164, 180-181.

40 David Edgerton, "The Prophet Militant and Industrial: The Peculiarities of Correlli Barnett", *in Twentieth Century British History* 2, n.º 3 (1991), acedido em linha.

41 Bernard Lewis, "Second Acts", *Atlantic Monthly*, novembro de 2007, p. 25.

42 James Leutze (org), *The London Journal of General Raymond E. Lee, 1940-1941* (Boston, Little, Brown, 1971), pp. 319, 341.

43 Para uma comparação entre as forças britânicas e americanas em campanha na primavera de 1945, veja-se Lorde Normanbrook, *in* Wheeler-Bennett (org), *Action This Day*, p. 32.

44 George Orwell, "London Letter", *Partisan Review*, dezembro de 1944, *in CEJL*, vol. 3, pp. 293, 297.

45 Moran, *Churchill*, p. 614.

46 Churchill, *The Second World War*, Vol. VI: *Triumph and Tragedy*, p. 57.

47 "First Plenary Meeting, November 28, 1943", U.S. Department of State, *Foreign Relations of the United States: The Tehran Conference* (Washington, D.C., U.S. Government Printing Office, 1961), p. 490.

48 Warren F. Kimball (org), *Churchill & Roosevelt: The Complete Correspondence*, Volume 3: *Alliance Declining, February 1944-April 1945* (Princeton, N.J., Princeton University Press, 1987), pp. 228, 263.

49 Harry C. Butcher, *Three Years with Eisenhower* (Nova Iorque, Simon & Schuster, 1946), pp. 634, 644. Veja-se também D.K.R. Crosswell, *Beetle: The Life of General Walter Bedell Smith* (Lexington, University Press of Kentucky, 2010), p. 677.

50 Churchill, *The Second World War*, Vol. VI: *Triumph and Tragedy*, p. 120.

51 *Ibid.*, p. 59.

52 Williamson Murray e Allan R. Millett, *A War to Be Won: Fighting the Second World War* (Cambridge, Mass., Harvard University Press, 2000), p. 433.

53 Steven Zaloga, *Operation Dragoon 1944: France's Other D-Day* (Oxford: Osprey, 2013), p. 6.

54 Roland Ruppenthal, *The European Theater of Operations: Logistical Support of the Armies*, Volume II: *September 1944-May 1945* (Washington, D.C., U.S. Army Center of Military History, 1959), p. 124.

55 Veja-se Moran, *Churchill*, pp. 179-180.

56 Violet Bonham Carter, *Champion Redoubtable* (Londres, Weidenfeld & Nicolson, 1999), p. 314.

57 Moran, *Churchill*, p. 197.

58 Colville, *The Fringes of Power*, p. 513.

59 Alanbrooke, *The War Diaries*, p. 630.

60 *Ibid.*

61 *Ibid.*

62 *Sir* Henry Pownall, *Chief of Staff: The Diaries of Lieutenant General Sir Henry Pownall*, Volume II: *1940-1944* (Hamden, Conn., Archon, 1974), p. 190.

63 Alanbrooke, *The War Diaries*, p. 647.

64 Churchill, *The Second World War*, Vol. VI: *Triumph and Tragedy*, p. 397.

65 Martin Gilbert, *Winston S. Churchill: Road to Victory*, Volume VII: *1941--1945* (Londres, Heinemann, 1989), p. 1294.

66 *Ibid.*, p. 1296.

67 Christopher Thorne, *Allies of a Kind: The United States, Britain, and the War Against Japan, 1941-1945* (Oxford, Oxford University Press, 1979), p. 120.

68 Moran, *Churchill*, p. 322.

69 *Ibid.*, p. 350.

70 Roy Jenkins, *Churchill* (Farrar, Straus and Giroux, 2001), p. 785.

71 Robert E. Sherwood, *Roosevelt and Hopkins: An Intimate History* (Nova Iorque, Harper & Brothers, 1948), p. 442.

72 Thompson, *Churchill and Morton*, p. 30.

73 Alfred D. Chandler Jr., *Scale and Scope: The Dynamics of Industrial Capitalism* (Cambridge, Mass., Harvard University Press, 1994), p. 334.

74 Barnett, *The Audit of War*, p. 304.

75 Alanbrooke, *The War Diaries*, p. 677.

76 Violet Bonham Carter, *Lantern Slides: The Diaries and Letters of Violet Bonham Carter*, org. Mark Bonham Carter e Mark Pottle (Londres, Phoenix, 1997), p. 318.

77 Winston Churchill, *Blood, Toil, Tears and Sweat: The Great Speeches*, org. David Cannadine (Harmondsworth, Penguin, 1990), pp. 259-260.

78 *Ibid.*, p. 266.

79 *Ibid.*, pp. 286, 288.

80 *Ibid.*, p. 274.

81 Malcolm Muggeridge, "Twilight of Greatness", *in Tread Softly for You Tread on My Jokes* (Londres, Collins, 1966), p. 238.

82 George Orwell, *CEJL*, vol. 3, p. 381.

83 Simon Schama, "Rescuing Churchill", *New York Review of Books*, 28 de fevereiro de 2002, acedido em linha.

84 Harold Nicolson, *The War Years: 1939-1945* (Nova Iorque, Atheneum, 1967), pp. 344-345.

85 Richard Toye, *The Roar of the Lion: The Untold Story of Churchill's World War II Speeches* (Oxford, Oxford University Press, 2013), p. 112.

86 Alanbrooke, *The War Diaries*, p. 324.

87 Jasper Copping, "Records of WW2 Dead Published Online", *Daily Telegraph*, 17 de novembro de 2013.

88 Winston Churchill, "The Scaffolding of Rhetoric", acedido em linha no sítio *web* da Churchill Society.

89 Thompson, *Churchill and Morton*, pp. 53, 65. Veja-se também Churchill, *The Second World War*, Vol. I: *The Gathering Storm*, p. 80.

90 Robert Boothby, *I Fight to Live* (Londres, Victor Gollancz, 1947), p. 46.

91 Alanbrooke, *The War Diaries*, p. 709.

92 David Dilks (org), *The Diaries of Sir Alexander Cadogan, 1938-1945* (Nova Iorque, G. P. Putnam's Sons, 1972), p. 763.

93 Moran, *Churchill*, p. 306.

94 John Charmley, *Churchill: The End of Glory* (Nova Iorque, Harcourt Brace, 1993), p. 649.

95 Williamson Murray, "British Grand Strategy, 1933-1942", *in* Williamson Murray, Richard Hart Sinnreich, James Lacey (eds.), *The Shaping of Grand Strategy: Policy, Diplomacy and War* (Cambridge, Cambridge University Press, 2011), p. 180.

CAPÍTULO 13
A VINGANÇA DE CHURCHILL

1 David Reynolds, *In Command of History: Churchill Fighting and Writing the Second World War* (Nova Iorque, Random House, 2005), p. 537.

2 John Keegan, introdução a Winston Churchill, *The Second World War* (Boston, Houghton Mifflin, 1985), p. xi.

3 Winston S. Churchill, *The Second World War*, Volume II: *Their Finest Hour* (Boston, Houghton Mifflin, 1949), p. 447.

4 Winston S. Churchill, *The Second World War*, Volume III: *The Grand Alliance* (Boston, Houghton Mifflin, 1950), p. 834.

5 Winston S. Churchill, *The Second World War*, Volume IV: *The Hinge of Fate* (Boston, Houghton Mifflin, 1950), p. 797.

6 Winston S. Churchill, *The Second World War*, Volume I: *The Gathering Storm* (Boston, Houghton Mifflin, 1948), p. 440.

7 Michael Beschloss, *Kennedy and Roosevelt: The Uneasy Alliance* (Nova Iorque, W. W. Norton, 1980), p. 200.
8 Churchill, *The Second World War*, Vol. I: *The Gathering Storm*, p. 26.
9 *Ibid.*, p. 7.
10 *Ibid.*, p. 85.
11 *Ibid.*, p. 89.
12 *Ibid.*, p. 62.
13 *Ibid.*, p. 209.
14 *Ibid.*, p. 211.
15 *Ibid.*, p. 222.
16 *Ibid.*, p. 249.
17 Churchill, *The Second World War*, Vol. II: *Their Finest Hour*, p. 257.
18 *Ibid.*, p. 362.
19 Churchill, *The Second World War*, Vol. I: *The Gathering Storm*, p. 272.
20 *Ibid.*, p. 347.
21 Churchill, *The Second World War*, Vol. II: *Their Finest Hour*, p. 628.
22 *Ibid.*, p. 630.
23 *Ibid.*, p. 598.
24 *Ibid.*, p. 600.
25 Reynolds, *In Command of History*, p. 501.
26 Churchill, *The Second World War*, Vol. IV: *The Hinge of Fate*, p. 773.
27 *Ibid.*, p. 254.
28 *Ibid.*, pp. 798, 800.
29 Reynolds, *In Command of History*, p. 300.
30 *Ibid.*, pp. 353-354. Reynolds está errado ao dizer que foi um caso único. Na página 202 do Volume VI das memórias existe uma misteriosa nota de rodapé que remete o leitor, sem explicação, para «H. St. G. Saunders, The Green Beret».
31 Samuel Eliot Morison, *History of United States Naval Operations in World War II*, Volume IV: *Coral Sea, Midway and Submarine Actions, May 1942-August 1942* (Boston, Little, Brown, 1975), p. 63.
32 Churchill, *The Second World War*, Vol. IV: *The Hinge of Fate*, p. 247.
33 *Ibid.*, p. 828.
34 Winston S. Churchill, *The Second World War*, Volume V: *Closing the Ring* (Boston, Houghton Mifflin, 1951), p. 426.
35 Winston Churchill, debate parlamentar, 6 de junho de 1944, acedido em linha em *Hansard*, Parliamentary Debates.
36 Malcolm Muggeridge, *Like It Was: The Diaries of Malcolm Muggeridge*, org. John Bright-Holmes (Londres, Collins, 1981), p. 410. Sobre a questão

da serialização, veja-se Muggeridge, *Chronicles of Wasted Time* (Vancouver, Regent College, 2006), p. 167.

37 Reynolds, *In Command of History*, p. 436.

38 John Colville, *Winston Churchill and His Inner Circle* (Nova Iorque, Wyndham, 1981), p. 135.

39 Winston S. Churchill, *The Second World War*, Volume VI: *Triumph and Tragedy* (Boston, Houghton Mifflin, 1953), pp. 214, 216.

40 *Ibid.*, p. 456.

41 Simon Schama, *A History of Britain*, Volume 3: *The Fate of Empire: 1776-2000* (Londres, BBC, 2003), p. 408.

CAPÍTULO 14
ORWELL: TRIUNFO E DECLÍNIO

1 George Orwell, "Some Thoughts on the Common Toad", *in The Collected Essays, Journalism and Letters of George Orwell*, Volume 4: *In Front of Your Nose, 1945-1950*, org. Sonia Orwell e Ian Angus (Nova Iorque, Harcourt Brace Jovanovich, 1968), pp. 142, 144-145; doravante, Orwell, *CEJL*, vol. 4.

2 "Orwell at Tribune", *in* Audrey Coppard e Bernard Crick, *Orwell Remembered* (Nova Iorque, Facts on File Publications, 1984), p. 212.

3 Jonathan Rose, "England His Englands", *in The Cambridge Companion to George Orwell*, org. John Rodden (Cambridge, Cambridge University Press, 2007), p. 41.

4 Orwell, *CEJL*, vol. 4, p. 185.

5 Winston Churchill, "The Sinews of Peace ('Iron Curtain Speech')", acedido em linha no sítio *web* da Churchill Society.

6 George Orwell, "Literature and Totalitarianism", *The Listener*, 19 de junho de 1941, *in The Collected Essays, Journalism and Letters of George Orwell*, Volume 2: *My Country Right or Left, 1940-1943*, org. Sonia Orwell e Ian Angus (Nova Iorque, Harcourt Brace Jovanovich, 1968), p. 134; doravante, Orwell, *CEJL*, vol. 2.

7 "David Astor and the Observer", *in* Coppard e Crick, *Orwell Remembered*, p. 188. A altura da escrita é referida em John Rodden e John Rossi, *The Cambridge Introduction to George Orwell* (Cambridge, Cambridge University Press, 2012); e Crick, *George Orwell*, pp. 29, 81.

8 Stephen Wadhams (org), *Remembering Orwell* (Harmondsworth, Penguin, 1984), p. 170.

9 "His Jura Laird", *in* Coppard e Crick, *Orwell Remembered*, p. 226.

10 George Orwell, *Diaries*, org. Peter Davison (Nova Iorque, W. W. Norton, 2012), p. 427.

11 *Ibid.*, p. 469.

12 Wadhams, *Remembering Orwell*, p. 180.

13 Orwell, *CEJL*, vol. 4, p. 200.

14 *Ibid.*, p. 376.

15 Wadhams, *Remembering Orwell*, pp. 190-192.

16 Orwell, *Diaries*, p. 516.

17 "His Jura Laird", *in* Coppard e Crick, *Orwell Remembered*, p. 227.

18 Orwell, *CEJL*, vol. 4, p. 329.

19 Orwell, *Diaries*, p. 520 (parêntesis de Orwell).

20 *Ibid.*, p. 529.

21 *Ibid.*, p. 551.

22 *Ibid.*, p. 555.

23 *Ibid.*, p. 561.

24 John J. Ross, "Tuberculosis, Bronchiectasis, and Infertility: What Ailed George Orwell?" *Clinical Infectious Diseases* (1 de dezembro de 2005), p. 1602.

25 Tal como o herói de Orwell, um dos líderes da banda, John Lennon, que nasceu no dia 9 de outubro de 1940, perto do fim da Batalha de Inglaterra, foi batizado, em parte, em homenagem a Churchill – o seu nome do meio era Winston, mas em adulto acrescentou-lhe Ono, por causa da sua segunda mulher, Yoko Ono. (Philip Norman, *John Lennon: The Life* [Nova Iorque, Ecco, 2009], p. 598. Veja-se também Ken Lawrence, *John Lennon: In His Own Words* [Kansas City, Mo., Andrews McMeel, 2001], p. 5. Lennon, que leu as memórias de Churchill na adolescência, juntou-se ao seu «homónimo» na lista dos britânicos mais importantes elaborada pela BBC em 2002. Mark Lewisohn, *The Beatles: All These Years*, Volume 1: *Tune In* (Nova Iorque, Crown, 2013), pp. 16, 33. Churchill ficou em primeiro, Lennon em oitavo. (Veja-se «100 Greatest Britons» BBC Poll, 2002, acedido em linha.) Ironicamente, Churchill, o guerreiro e político, morreu na cama, numa idade bastante avançada, ao passo que o compositor e músico foi assassinado com balas de ponta oca aos quarenta anos de idade. Lennon também era um admirador de Orwell e tinha as suas obras em casa. Philip Norman, *John Lennon* (Nova Iorque, Ecco, 2009), p. 383.

26 George Orwell, *1984* (Nova Iorque, Signet, 1981), p. 5.

27 George Orwell, *1984*, *in* George Orwell omnibus (Londres, Secker & Warburg, 1976), p. 789.

28 Orwell, *1984* (Signet), pp. 6-7.
29 *Ibid.*, p. 8.
30 *Ibid.*, p. 27.
31 Orwell, *1984* (Secker & Warburg), p. 777.
32 Orwell, *1984* (Signet), p. 19.
33 Orwell, *1984* (Secker & Warburg), p. 790.
34 John Stuart Mill, *On Liberty*, *in Great Books of the Western World*, Volume 43 (Edimburgo, Encyclopædia Britannica, 1971), p. 267.
35 *Ibid.*, p. 272.
36 Orwell, *1984* (Secker & Warburg), p. 855.
37 Orwell, *1984* (Signet), p. 26.
38 *Ibid.*, p. 32.
39 Orwell, *1984* (Secker & Warburg), p. 767.
40 *Ibid.*, pp. 783, 791.
41 Orwell, *CEJL*, vol. 2, p. 261.
42 Orwell, *1984* (Secker & Warburg), p. 785.
43 *Ibid.*, p. 841.
44 Thomas Pynchon, prefácio a George Orwell, *Nineteen EightyFour* (Nova Iorque, Penguin, 2003), p. xviii.
45 Orwell, *1984* (Secker & Warburg), p. 814.
46 *Ibid.*, p. 818.
47 *Ibid.*, p. 836.
48 Winston Churchill, "Prime Minister to Home Secretary, 21 November 43", reproduzido *in* Winston S. Churchill, *The Second World War*, Volume V: *Closing the Ring* (Boston, Houghton Mifflin, 1951), p. 679.
49 George Orwell, *The Collected Essays, Journalism and Letters of George Orwell*, Volume 3: *As I Please, 1943-1945*, org. Sonia Orwell e Ian Angus (Nova Iorque, Harcourt Brace Jovanovich, 1968), pp. 266-267; doravante, Orwell, *CEJL*, vol. 3.
50 Este facto bizarro é referido em Adam Hochschild, "Orwell: Homage to the 'Homage'", *New York Review of Books*, 19 de dezembro de 2013.
51 Orwell, *1984* (Secker & Warburg), p. 886.
52 "His Second, Lasting Publisher", *in* Coppard e Crick, *Orwell Remembered*, p. 198.
53 Robert McCrum, *Observer*, 10 de maio de 2009, acedido em linha.
54 Orwell, *CEJL*, vol. 4, p. 487.
55 *Ibid.*, p. 498.
56 George Orwell, "Writers and Leviathan", *in Orwell and Politics*, org. Peter Davison (Harmondsworth, Penguin, 2001), p. 486.

57 Orwell, *Diaries*, pp. 564-565.

58 Malcolm Muggeridge, *Like It Was: The Diaries of Malcolm Muggeridge*, org. John Bright-Holmes (Londres, Collins, 1981), p. 353.

59 George Orwell, "Review", *in CEJL*, vol. 4, pp. 491-495.

60 Gordon Bowker, *George Orwell* (Londres, Abacus, 2004), p. 405.

61 Wadhams, *Remembering Orwell*, p. 133.

62 *Ibid.*, p. 165.

63 Michael Shelden, *Orwell: The Authorized Biography* (Nova Iorque, HarperCollins, 1991), p. 440.

64 Malcolm Muggeridge, "Knight of the Woeful Countenance", *in World of George Orwell*, org. Miriam Gross, (Londres, Weidenfeld & Nicolson), p. 174.

65 Bernard Crick, *George Orwell: A Life* (Nova Iorque, Penguin, 1980), p. 577.

66 Muggeridge, *Like It Was*, p. 361.

67 Orwell, *Diaries*, p. 567.

68 Muggeridge, "A Knight of Woeful Countenance", *in* Gross, *The World of George Orwell*, p. 173.

69 George Orwell, "In Defense of Comrade Zilliacus", *CEJL*, vol. 4, pp. 397--398. Veja-se também pp. 309, 323.

70 George Orwell, "The Lion and the Unicorn", *in CEJL*, vol. 2, p. 59.

71 Muggeridge, *Like It Was*, p. 366.

72 *Ibid.*, p. 368.

73 Bowker, *George Orwell*, p. 307.

74 Muggeridge, *Like It Was*, 376. Muggeridge seguiu um caminho interessante depois da morte de Orwell. Tal como Churchill tinha usado a rádio de modo extremamente eficaz nos anos 40, Muggeridge aderiu ao novo meio da televisão nos anos 50 e tornou-se uma figura destacada na Grã-Bretanha, tornando-se talvez o primeiro grande locutor da televisão e um dos jornalistas mais conhecidos da sua geração. Orwell detestou a sua passagem pela BBC, mas Muggeridge atingiu a fama na estação. Por exemplo, durante uma visita a Hamburgo, em junho de 1961, entrou num clube nocturno barulhento chamado The Top Ten. No pequeno palco, estava a atuar uma banda *pop* vestida de cabedal e cheia de anfetaminas. «Eram ingleses, de Liverpool, e reconheceram-me», escreveu ele no seu diário. Se Orwell os tivesse visto e ouvido o seu sotaque, talvez os tivesse considerado «proles». Um deles – o mais provável é que tenha sido John Lennon – perguntou a Muggeridge se ele era comunista. Não, respondeu Muggeridge, mas era oposicionista. «E ganhas dinheiro com isso?», perguntou-lhe o músico. Muggeridge confessou que sim, que ganhava. Muggeridge, *Like It Was*, pp. 524-525. Mais tarde,

no mesmo mês, quando os Beatles entraram pela primeira vez num estúdio de gravação, a editora discográfica entregou-lhes formulários publicitários para eles preencherem. No espaço que perguntava quais eram os seus objetivos de vida, «John W. Lennon» escreveu simplesmente: «Ser rico.» Mark Lewisohn, *All These Years*, Volume 1: *Tune In* (Nova Iorque, Crown, 2013), pp. 434, 446, 451. Passados poucos anos, como é sabido, os Beatles tornaram-se as grandes estrelas mediáticas do seu tempo. Muggeridge tornou-se declaradamente religioso e com os seus trabalhos na televisão e um documentário ajudou a tornar famosa Madre Teresa, a carismática freira de Calcutá. Orwell começou a escrever na Ásia do Sul; Muggeridge encontrou a última fase da sua vida na mesma região. É provável que Muggeridge, durante a sua vida longa e variada, tenha sido a única pessoa que falou com os três grandes «Winstons» da Inglaterra do século XX: Churchill, Orwell e Lennon.

75 Shelden, *Orwell*, p. 443.

76 *Ibid.*, p. 444.

77 *Sir* Charles Wilson, posteriormente Lorde Moran, *Churchill: Taken from the Diaries of Lord Moran* (Boston, Houghton Mifflin, 1966), p. 426.

CAPÍTULO 15
O FIM DE VIDA PREMATURO DE CHURCHILL

1 Veja-se Peregrine Churchill e Julian Mitchell, *Jennie: Lady Randolph Churchill, a Portrait with Letters* (Nova Iorque, Ballantine, 1976), p. 104.

2 Roy Jenkins, *Churchill* (Farrar, Straus and Giroux, 2001), p. 845.

3 Mark Amoy (ed)., *The Letters of Evelyn Waugh* (Boston, Ticknor & Fields, 1980), p. 489.

4 Anthony Montague Browne, *Long Sunset* (Ashford, Podkin Press, 2009), pp. 220-221.

5 John Ramsden, *Man of the Century: Winston Churchill and His Legend Since 1945* (Nova Iorque, Columbia University Press, 2002), p. 327.

6 Ronald Lewin, *Churchill as Warlord* (Londres, Scarborough, 1973), p. 17.

7 Peter Clarke, *Mr. Churchill's Profession* (Nova Iorque, Bloomsbury, 2012), p. 207.

8 Anita Leslie, *Cousin Randolph: The Life of Randolph Churchill* (Londres, Hutchinson, 1985), p. 133.

9 R. W. Thompson, *Generalissimo Churchill* (Nova Iorque, Scribner, 1973), pp. 23, 153.

10 "Quotes Falsely Attributed to Winston Churchill", acedido em linha no sítio *web* da Churchill Society.

11 Este parágrafo baseia-se em "People Sleep Peacefully in Their Beds at Night Only Because Rough Men Stand Ready to Do Violence on Their Behalf", Quote Investigator, acedido em linha.

12 George Orwell, "Rudyard Kipling", *in The Collected Essays, Journalism and Letters of George Orwell*, Volume 2: *My Country Right or Left, 1940-1943*, org. Sonia Orwell e Ian Angus (Nova Iorque, Harcourt Brace Jovanovich, 1968), p. 187.

13 Peter Kirsanow, "The Real Jack Bauers", National Review Online, 11 de setembro de 2006, acedido em linha.

14 Juan de Onis, "Castro Expounds in Bookshop Visit", *New York Times*, 14 de fevereiro de 1964, p. 1.

15 Stephen Rodrick, "Keith Richards: A Pirate Looks at 70", *Men's Journal*, julho de 2013, acedido em linha. Para referências ao comentário de Churchill, veja-se Nigel Knight, *Churchill: The Greatest Briton* Unmasked (Londres, David & Charles, 2008), pp. 144, 374; e Collin Brooks, "Churchill the Conversationalist", *in Churchill by His Contemporaries*, org. Charles Eade, (Simon & Schuster, 1954), p. 248.

16 "Miscellaneous Wit & Wisdom", National Churchill Museum, acedido em linha.

17 Max Hastings, "Defending the 'Essential Relationship': Britain and the United States" (2011 Ruttenberg Lecture, Center for Policy Studies, Londres, 15 de julho de 2011), p. 3, acedido em linha.

18 Tony Blair, *A Journey: My Political Life* (Nova Iorque, Knopf, 2010), pp. 475, 352, 353.

19 Robin Prior, *When Britain Saved the West: The Story of 1940* (New Haven, Conn., Yale University Press, 2015), p. 208.

20 Henry Mance, "Chilcot Report: Tony Blair Rebuked over Iraq Invasion", *Financial Times*, 6 de julho de 2016, acedido em linha.

21 "Text of Blair's Speech", 17 de julho de 2003, acedido em linha no sítio *web* da BBC News.

22 Ramsden, *Man of the Century*, p. 21.

CAPÍTULO 16
A EXTRAORDINÁRIA ASCENSÃO DE ORWELL

1 Zahra Salahuddin, "Will This Blog Be the Last Time I Get to Express Myself", *Dawn*, 21 de abril de 2015, acedido em linha.

2 Michael Shelden, *Friends of Promise: Cyril Connolly and the World of Horizon* (Nova Iorque, Harper & Row, 1989), p. 151.

3 Jason Crowley, "George Orwell's Luminous Truths", *Financial Times*, 5 de dezembro de 2014, acedido em linha.

4 John Rodden e John Rossi, *The Cambridge Introduction to George Orwell* (Cambridge, Cambridge University Press, 2012), p. 98.

5 John Rodden, *George Orwell: The Politics of Literary Reputation* (New Brunswick, N.J., Transaction Publishers, 2006), p. 117.

6 Neil McLaughlin, "Orwell, the Academy and Intellectuals", *in The Cambridge Companion to George Orwell*, org. John Rodden (Cambridge, Cambridge University Press, 2007), p. 170.

7 Arthur Koestler, *The Invisible Writing* (Briarcliff Manor, N.Y., Stein and Day, 1969), p. 466.

8 Rodden, *George Orwell*, p. 45.

9 John Bartlett, *Familiar Quotations*, 13.ª, org. (Boston, Little, Brown, 1955), p. 991.

10 Bernard Crick, *George Orwell: A Life* (Nova Iorque, Penguin, 1980), p. 279.

11 "Stephen Spender Recalls", *in* Audrey Coppard e Bernard Crick, *Orwell Remembered* (Nova Iorque, Facts on File Publications, 1984), p. 264.

12 Stephen Wadhams (org), *Remembering Orwell* (Harmondsworth, Penguin, 1984), p. 104.

13 Stephen Spender, *World Within World: The Autobiography of Stephen Spender* (Nova Iorque, St. Martin's Press, 1994), p. 232.

14 Wadhams, *Remembering Orwell*, p. 105.

15 Michael Scammell, *Koestler: The Literary and Political Odyssey of a Twentieth-Century Skeptic* (Nova Iorque, Random House, 2009), p. 213.

16 Gordon Beadle, "George Orwell and the Neoconservatives", *Dissent*, Winter 1984, p. 71.

17 Peter Watson, *The Modern Mind: An Intellectual History of the 20th Century* (Nova Iorque, HarperCollins, 2002), pp. v-vi.

18 "The 100 Best Non-Fiction Books of the Century", *National Review*, 3 de maio de 1999, acedido em linha.

19 "Pump Up the Volumes", *Guardian*, 26 de novembro de 2000, acedido em linha.

20 Robert McCrum, "The 100 Best Novels – Number 70", *Guardian*, 19 de janeiro de 2015, acedido em linha.

21 Scott Dodson e Ami Dodson, "Literary Justice", *The Green Bag*, 26 de agosto de 2015, acedido em linha.

22 Czesław Miłosz, *The Captive Mind* (Nova Iorque, Vintage, 1990), pp. 42, 215, 218.

23 Andrei Amalrik, *Will the Soviet Union Survive Until 1984?* (Londres, Allen Lane, 1970), acedido em linha.

24 Norman Podhoretz, "If Orwell Were Alive Today", *Harper's*, janeiro de 1983, p. 32.

25 Nota do editor *in* George Orwell, *Orwell and Politics*, org. Peter Davison (Harmondsworth, Penguin, 2001), p. 441.

26 Wadhams, *Remembering Orwell*, p. 122.

27 George Orwell, *The Collected Essays, Journalism and Letters of George Orwell*, Volume 4: *In Front of Your Nose, 1945-1950*, org. Sonia Orwell e Ian Angus (Nova Iorque, Harcourt Brace Jovanovich, 1968), p. 30; doravante, Orwell, *CEJL*, vol. 4.

28 *Ibid.*, p. 207.

29 George Orwell, *The Collected Essays, Journalism and Letters of George Orwell*, Volume 2: *My Country Right or Left, 1940-1943*, org. Sonia Orwell e Ian Angus (Nova Iorque, Harcourt Brace Jovanovich, 1968), p. 30; doravante, Orwell, *CEJL*, vol. 2.

30 Rodden, *George Orwell*, p. 6.

31 A relação entre Orwell e a Apple oferece um apontamento interessante na história dos séculos XX e XXI. Talvez os fãs de Orwell esperassem que o nome da empresa estivesse relacionado com o momento crucial de *O triunfo dos porcos*, quando os porcos decidem ficar com as maçãs, mas a escolha do nome da empresa foi um piscar de olhos à maçã do conhecimento que Eva comeu e à companhia discográfica fundada pelos Beatles. (Steve Rivkin, "How Did Apple Computer Get Its Brand Name?", *Branding Strategy Insider*, 17 de novembro de 2001, acedido em linha.) Ironicamente, trinta e um anos mais tarde, Noel Gallagher, da banda de *rock* britânica Oasis, furioso com a atitude da Apple Computer em relação ao streaming de música, acusou a empresa de ter em curso «uma merda qualquer à George Orwell». (Colin Joyce, "Noel Gallagher Thinks Apple Music Is 'Some George Orwell S–t,'" *Spin*, 4 de agosto de 2015, acedido em linha.) E numa curiosidade final, o local onde existia o velho Hotel Colón, que era a sede do Partido Comunista em Barcelona quando Orwell combateu na cidade, em 1937, e onde ele viu um ninho de metralhadora atrás do segundo «o» do letreiro do hotel, tornou-se uma grande loja da Apple. Tem menos um andar do que um elegante templo grego dedicado ao deus moderno da Informação. É horizontal e feito de pedra lisa mas as partes verticais – janelas, paredes interiores e escadas – são de placa de vidro espessa, e de uma claridade orwelliana. ("Grand Tour of the Apple Retail Palaces of Europe", *Fortune*, 28 de abril de 2014, acedido em linha.) Existe um novo Hotel Colón localizado noutra parte da cidade.

32 Wadhams, *Remembering Orwell*, p. 106.

33 Christopher Hitchens afirma, na página 156 de *Why Orwell Matters*, que a lista foi revelada na biografia de Orwell escrita por Bernard Crick em 1980, mas isto é um exagero: o livro de Crick tem apenas uma frase, na página 556, que refere vagamente uma lista de suspeitos que Orwell escreveu numa agenda.

34 Timothy Garton Ash, "Orwell's List", *New York Review of Books*, 25 de setembro de 2003, acedido em linha.

35 "Orwell's Century", transcrição de Think Tank with Ben Wattenberg, transmitido na PBS em 25 de abril de 2002.

36 William Giraldi, "Orwell: Sage of the Century", *New Republic*, 11 de agosto de 2013, acedido em linha. O artigo também cita Hitchens sobre Orwell ser a figura dominante do século.

37 Harold Bloom (org), *George Orwell: Modern Critical Views* (Nova Iorque, Chelsea House, 1987), p. vii.

38 Irving Howe, *Politics and the Novel* (Chicago: Ivan R. Dee, 2002), p. 251.

39 Gabrielle Pickard, "Police Surveillance of Your Life Is Booming Thanks to Technology", Top Secret Writers (blogue), 8 de julho de 2015, acedidoem linha.

40 Charles Paul Freund, "Orwell's 1984 Still Matters, Though Not in the Way You Might Think", Reason.com, 15 de janeiro de 2015, acedido em linha.

41 "What Books Caught Russia's Imagination in 2015?", Russia Beyond the Headlines, 25 de dezembro de 2015, acedido em linha.

42 Oliver Smith, "Don't Pack George Orwell, Visitors to Thailand Told", *Daily Telegraph*, 6 de agosto de 2014, acedido em linha.

43 Emma Larkin, *Finding George Orwell in Burma* (Nova Iorque, Penguin, 2006), p. 3.

44 Michael Rank, "Orwell and China, 1984 in Chinese", 2 de janeiro de 2014, Ibisbill's blog, acedido em linha.

45 "How Orwell's 'Animal Farm' Led a Radical Muslim to Moderation", entrevista em Fresh Air, NPR.org, 15 de janeiro de 2015, acedido em linha.

46 David Blair, "Mugabe Regime Squeals at Animal Farm Success", *Daily Telegraph*, 15 de julho de 2001, acedido em linha.

47 Pamela Kalkman, "The Art of Resistance in Cuba", *Open Democracy*, 17 de setembro de 2015, acedido em linha.

48 George Orwell, *1984* (Nova Iorque, Signet, 1981), p. 30.

49 George Orwell, *1984*, *in* George Orwell omnibus (Londres, Secker & Warburg, 1976), p. 856.

50 Dan DeLuce e Paul McLeary, "Obama's Most Dangerous Drone Tactic Is Here to Stay", *Foreign Policy*, 5 de abril de 2016, acedido em linha.

51 Rodden e Rossi, *Cambridge Introduction to George Orwell*, p. 107.
52 Orwell, *1984* (Secker & Warburg), p. 895.
53 "Maybe the Most Orwellian Text Message Ever Sent", *Motherboard*, 21 de janeiro de 2014.
54 Orwell, *Orwell and Politics*, p. 207.
55 George Orwell, *The Road to Wigan Pier* (Nova Iorque, Harvest, 1958), p. 206.
56 Orwell, *CEJL*, vol. 4, p. 49.
57 Bret Stephens, "The Orwellian Obama Presidency", *Wall Street Journal*, 23 de março de 2015, acedido em linha.
58 Alec Woodward, "Republicans Follow Orwellian Agenda", *Emory Wheel*, 13 de abril de 2015.
59 "David Bowie's 100 Chart-Topper Books", *London Evening Standard*, 2 de outubro de 2013, acedido em linha.
60 Laurie Whitwell, "Gary Rowett Reads Orwell, Has Banned Mobiles . . . And Rescued Birmingham City After 8-0 Drubbing", *Daily Mail*, 15 de janeiro de 2015.
61 Meaghan Baxter, "Town Heroes Look to George Orwell on Latest Album", *Vue Weekly*, 12 de novembro de 2015. O realizador Paul Greengrass, mais conhecido pelos seus filmes de ação, anunciou em 2014 a intenção de realizar uma nova versão cinematográfica de *1984*. "Paul Greengrass to Direct George Orwell's 1984", *BBC News*, 20 de novembro 2014. O mundo do teatro redescobriu *1984*, com várias produções em Londres, Los Angeles e outros lugares. "1984 Announces Return to the West End for a 12 Week Run", *TNT UK*, 29 de abril de 2015, acedido em linha; Stephen Rohde, "Big Brother is Watching You", *Los Angeles Review of Books*, 4 de janeiro de 2016. Em Leeds, na Inglaterra, uma companhia de ballet criou uma dança de *1984*. Annette McIntyre, "Exclusive Behind the Scenes Access Offered to Northern Ballet's 1984", *Daily Echo*, 9 de agosto de 2015, acedido em linha. Em 2015, o dramaturgo americano Joe Sutton revelou a peça *Orwell in America*, na qual imaginou Orwell numa digressão pelos Estados Unidos para promover *O triunfo dos porcos*. Meg Brazill, "Theater Review: Orwell in America", *Seven Days* (Burlington, Vt., jornal), 18 de março de 2015. Foi publicado um romance intitulado *Burning Down George Orwell's House*, sobre um homem que imita a vida do autor e se muda para a ilha escocesa de Jura. Mark Zuckerberg, o magnata do Facebook, que dirige um clube de leitura que criou para os membros do Facebook, escolheu *Orwell's Revenge*, da autoria de Peter Huberas, como sequela de *1984*. Richard Feloni, "Why Mark Zuckerberg Is Reading 'Orwell's Revenge', an Unofficial Sequel to '1984,'" *BusinessInsider*, 30 de abril de 2015. É provável que Orwell ficasse

amargamente divertido por o maior bar da Grã-Bretanha no século XXI, em Manchester, com capacidade para cerca de 1700 clientes, se chamar Moon Under Water, o título do seu pequeno ensaio de 1943 sobre as características do bar ideal. Veja-se "The Moon Under Water", TheOrwellPrize.co.uk.

62 Katia Savchuk, "Apple's Core: Dissecting the Company's New Corporate Headquarters", *Forbes*, 4 de novembro de 2015.

63 Pelo comentário de que o edifício da Apple parece o Panóptico de Bentham, agradeço a Richard Wiebe, um especialista de San Francisco em direito das comunicações (comunicação pessoal).

64 Andrew Couts, "'Privacy Is Theft' in the Heavy-Handed Social Media Dystopia of 'The Circle'", *Digital Trends*, 19 de novembro de 2013.

65 Luke Seaber, "Method Research: George Orwell Really Did Have a Stint in Jail as a Drunk Fish Porter", *Science 2.0*, 6 de dezembro de 2014, acedido em linha.

66 Sem autor, "George Orwell's Time in Hertfordshire as a 'Pretty Useless' Shopkeeper", *Hertfordshire Mercury*, 31 de janeiro de 2015, acedido em linha.

67 Robert Butler, "Orwell's World", The Economist: More Intelligent Life, janeiro/fevereiro de 2015, acedido em linha.

68 Ta-Nehisi Coates, "Letter to My Son", *Atlantic*, setembro de 2015, p. 84.

69 John Lukacs, *Five Days in London, May 1940* (New Haven, Conn., Yale University Press, 1999), p. 2.

70 Johnson, *Churchill* (Nova Iorque, Penguin, 2009), p. 166.

POSFÁCIO
O CAMINHO DE CHURCHILL E ORWELL

1 Uma grande parte deste parágrafo baseia-se numa troca de *e-mails* com Karin Chenoweth.

2 Taylor Branch, *Parting the Waters: America in the King Years, 1954-1963* (Nova Iorque, Simon & Schuster, 1989), pp. 54, 173, 332, 402, 486.

3 Jeffrey Aaron Snyder, "Fifty Years Later: Letter from Birmingham Jail", *New Republic*, 19 de abril de 2013; pormenores adicionais *in* Branch, *Parting the Waters*, p. 737.

4 Martin Luther King Jr., "Letter from Birmingham City Jail", Martin Luther King Jr. Research and Education Institute, Stanford University, acedido em linha.

5 Milan Kundera, *The Book of Laughter and Forgetting* (Nova Iorque, HarperPerennial, 1999), pp. 10-11, 218.

6 Este parágrafo deve muito às minhas conversas com o escritor Timothy Noah.

ÍNDICE REMISSIVO

Escritos de Churchill em Churchill, Winston, escritos de; escritos de Orwell em Orwell, George, escritos de.

FONTES DAS IMAGENS

Páginas 1, em baixo; 3 e 4; 6; 8; 9, em cima: Orwell Archive, UCL Library Services, Special Collections

Página 7: Sueddeutsche Zeitung Photo/Alamy

Página 13, em cima e em baixo: Harry S. Truman Library

Página 14, em cima: Matthew Chattle/REX/Shutterstock/Associated Press; em baixo: Wason Wanichakorn/Associated Press

Página 15: David von Blohn/NurPhoto/Sipa USA/Associated Press

Página 16, em cima: ullstein bild/Getty Images; em baixo: *Pause For Thought* – Winston Churchill (1874 - 1965) sentado à sua secretária em Chartwell. (foto Evening Standard/Getty Images)